智能制造车间
集成调度与优化

张天瑞　著

北　京
冶　金　工　业　出　版　社
2024

内 容 提 要

本书详细介绍了智能制造车间集成调度与优化问题，主要内容包括：车间调度问题的产生与发展，车间调度的基本理论，生产与运输集成调度模型构建与求解，绿色智能车间生产调度模型构建与求解，绿色柔性制造车间机器与 AGV 集成调度多目标算法等。

本书可供机械、工业工程专业的管理人员与技术人员阅读，也可供高等院校相关专业的师生参考。

图书在版编目（CIP）数据

智能制造车间集成调度与优化 / 张天瑞著. -- 北京 ：冶金工业出版社，2024. 10. -- ISBN 978-7-5024-9989-1

Ⅰ. F406.2

中国国家版本馆 CIP 数据核字第 2024BC0195 号

智能制造车间集成调度与优化

出版发行 冶金工业出版社　**电　话** （010）64027926
地　址 北京市东城区嵩祝院北巷 39 号　**邮　编** 100009
网　址 www.mip1953.com　**电子信箱** service@mip1953.com

责任编辑 郭冬艳　美术编辑 吕欣童　版式设计 郑小利
责任校对 郑 娟　责任印制 禹 蕊
北京建宏印刷有限公司印刷
2024 年 10 月第 1 版，2024 年 10 月第 1 次印刷
710mm×1000mm 1/16；10.25 印张；200 千字；154 页
定价 66.00 元

投稿电话 （010）64027932　投稿信箱 tougao@cnmip.com.cn
营销中心电话 （010）64044283
冶金工业出版社天猫旗舰店 yjgycbs.tmall.com
（本书如有印装质量问题，本社营销中心负责退换）

前　言

智能制造已经成为当今世界发展的一个重大议题。各国政府和企业积极采取一系列措施推进制造业的优化升级，美国提出的“高端制造业领先战略”，德国提出的“2030 国民工业战略”以及日本提出的“工业 5.0 战略”，都把“智能制造”作为发展战略的主线，试图在新一轮的世界制造业竞争中占据优势。在现代制造业中，生产调度在整个生产流程中扮演着至关重要的角色。生产调度的优化不仅关乎生产效率，还直接影响到企业的经济效益和设备的运行状态。当生产调度出现问题或者未能及时优化时，会直接降低生产线的运转能力和生产能力，从而严重影响生产的连续性和成本的控制。因此，精确高效的生产调度对于增强生产线的运转、提高设备利用率、缩短停机时间、减少维护成本以及提升整体工作效率具有至关重要的作用。

随着经济的发展和技术的进步，特别是在绿色智能制造的大背景下，车间调度问题变得越来越复杂，同时也更加重要。当前，在复杂多变的市场环境下，多品种、小批量、短周期等特点给生产计划的制定带来了新的挑战。在智能制造时代，如何缩短生产周期、提高资源利用效率，已成为制造业发展的重要课题。传统制造车间如何应对智能制造的转型与升级、构建智能灵活的生产车间、实现车间计划与调度，是当前迫切需要解决的问题。在这一背景下，车间调度研究显得尤为重要。它不仅关系到企业能否在激烈的市场竞争中保持优势，还影响到企业能否实现绿色、高效、可持续的生产方式。因此，急需深入探索和研究柔性制造车间的调度问题，解决当前制造业面临的实际问题，并且推动集成调度理论和技术的发展，为制造业的转型升级提供有力的技术支撑和理论指导。

在传统车间调度的基础上，柔性制造车间的调度问题是柔性制造系统的核心挑战，需要在多种资源受限的情况下找到高效的调度方案。这一问题的研究与应用，进一步推动了集成调度的研究与发展。柔性制造系统中机器和自动导引车双资源集成调度问题的研究，主要集中于 AGV 与机器、工件等多种资源的联合调度问题。这对于提高生产计划的合理性，保证生产任务的顺利完成具有至关重要的作用。首先，制造车间生产调度和运输资源的限制是车间生产过程中面临的两个难以约束的问题。其次，在众多相关文献中，工件在机器之间的运输时间被忽略，或者假设作业时间已经包含了工件的运输时间，或者认为运输时间可以忽略不计。这意味着现有的调度解决方案未能有效地适应实际生产情况，从而导致了理论生产调度研究与实际生产调度之间存在着巨大的差距。然而，在实际车间生产中，由于 AGV 的数量有限，机器需要等待 AGV 交付零部件，导致 AGV 运输任务的过程中可能会消耗大量的时间，从而影响任务的完成时间。

调度系统通常涉及的是复杂且动态的环境，包括多个资源、任务、目标和约束条件，使得找到最优调度策略变得异常困难。同时，现有的优化算法在处理大规模、高复杂度的调度问题时存在局限性，可能陷入局部最优解而无法实现全局优化。集成调度系统对实时性和准确性有严格要求，但系统的复杂性和不确定性往往使得实时决策变得极具挑战性。并且，多个目标之间的冲突和不确定性因素的存在，如设备故障、原材料供应波动等，使得调度决策的制定更加复杂和不确定。再者，由于一些集成调度系统的集成度不足，导致子系统间信息无法有效共享和协同工作，影响了整体系统的效率和性能。最后，仿真和试验验证的局限性也是当前集成调度研究需要解决的一个关键问题，如何设计合理的验证方案以准确评估调度算法和系统性能仍是一大挑战。

基于上述原因，本书以智能制造车间集成调度与优化为研究对象，介绍了现代制造业中车间调度问题。旨在探讨生产作业车间在实施集成调度中的理论与实践，特别强调绿色智能制造车间集成调度的关键技术和资源配置策略，重点阐述车间调度问题的产生与发展、绿色智能制造车间集成调度关键技术、生产与运输集成调度模型构建与求解、绿色智能车间调度模型构建、绿色柔性制造车间机器与 AGV 集成调度多目标算法等内容，以期达到优化生产效率、降低能耗、提升企业竞争力等目标，推动智能制造技术在现代工业生产中的应用，同时，本书对制造与交通一体化的排程进行了探讨，其不仅能优化生产流程和资源配置，还可以发挥关键作用，具有重要的理论意义和实际应用价值。

本书共分 6 章。第 1 章在总结绿色智能制造车间调度、多资源约束下的车间调度、集成调度、柔性车间集成调度国内外研究现状的基础上，分析了在生产作业车间实施集成调度的必要性以及集成调度的关键技术等。第 2 章则着重介绍了车间调度的相关理论，包括车间调度的求解方法、特性分析及多目标优化问题理论等。第 3 章建立了以最小化最大完工时间和最小化成本为目标的生产与运输调度数学模型，并对模型的参数及相关约束进行了详细的分析，设计双自适应权重飞蛾扑火算法，有效地平衡了寻优过程中全局和局部搜索能力，能够在求解问题时寻得较优解。第 4 章对车间能耗进行分析并设定了相关约束条件和参数，建立了考虑绿色能耗的多目标生产车间调度模型，为制造过程中的能耗优化奠定基础，并设计改进飞鼠搜索算法和改进 A^* 算法对此类问题进行求解。第 5 章重点关注了绿色制造的重要性，并深入研究了生产过程中的绿色集成调度问题；通过分析工件在生产和运输过程中的能耗，提出了针对绿色柔性制造车间集成调度的多目标优化模型，并设计改进多目标樽海鞘群算法，为复杂调度问题提供了新的解决方案。第6章，对研究内容进行了总结与展望。

本书在撰写过程中参考了有关文献资料，作者已经尽可能详细地在参考文献中列出，在此向这些文献资料的作者表示感谢。同时，感谢研究生牛慧媛、朱广豪、乔文澍、刘玉亭、周连弘、谢薇、刘悦等为本书撰写工作的辛苦付出！

鉴于作者知识水平有限，再加上车间集成调度问题的产线和知识不断发展变化，对它的认识和研究都还在继续深入，因此，书中不妥之处，敬请读者批评指正！

作　者

2024年5月

目　　录

1 绪　　论

车间调度问题在现代制造业中具有重要的研究价值和应用背景，尤其是在多资源约束和绿色智能制造的背景下，这些问题的研究和解决对于提高工作效率和企业效能具有重要意义。随着作业车间复杂性的增加和生产需求的多样化，传统的调度方法已不能满足现代生产的高效率和低成本要求，因此，多目标优化、智能算法和环境友好型调度方法的研究逐渐增多。车间调度问题的研究主要集中在发展高效的多目标调度优化算法，如可变邻域搜索算法、多目标离散萤火虫算法等，这些方法致力于解决排序时间、准备时间和生产效率等多种优化目标。在国内，研究者除了关注这些问题外，也越来越多地将环境因素和绿色生产引入调度问题研究中，如绿色车间调度问题和按订单生产模式下的生产调度。此外，车间调度问题的发展趋势显示出在原有问题基础上加入新的约束条件，如时间、机器和环境约束，以及更为复杂的生产模式，如按订单生产。研究者们正尝试采用新的方法和技术，来优化调度策略，以应对更加复杂和不可预测的生产需求。

在智能制造和绿色制造的大背景下，车间调度问题正成为优化生产效率、降低能耗和提高企业竞争力的关键技术之一。国内外的研究都显示，通过集成智能算法和考虑多资源约束的方法，可以有效提升车间生产的调度效率和经济性，这对于现代化工业的高效运行至关重要。

1.1　车间调度问题的产生与发展

1.1.1　车间调度问题的发展现状与趋势

1.1.1.1　国外车间调度问题的研究现状

针对作业车间调度问题具有极大研究价值，越来越多的学者对此问题进行深入研究，相关成果也日益增多。作业车间调度问题（job shop scheduling problem, JSP）是生产调度和组合优化问题的一个分支[1]。在车间调度领域的研究中，学者们探讨了包括设置时间和准备时间在内的双目标问题，并开发了复杂的多任务调度数学模型，这些模型以最大间隔、最大延迟和平均最长流量为目标。此外，他们还提出了解决最小化加工能源消耗、最大完工时间和不确定性的多目标灵活生产调度优化方法[2-4]。Ahmadian M M[5]针对即时作业车间调度问题，提出可变邻域搜索算法分解子问题，确定操作完成时间，获得子问题执行操作最优或接近最优序列。Álvarez-Gil 等[6]采用多目标离散萤火虫算法，解决灵活作业车间调度问题，实现平衡资源的工作量，解决了机器的利用率问题。Valenzuela-Alcaraz 等[7]提出一种针对无等待作业车间问题的新型合作协同进化方法，目标是最优排序和时间表决策。

同时，针对订单的加工安排，Öner-Közen[8]和 Aboolian[9]根据客户的需求和相关标准排订单的优先生产顺序，从而实现最优订单生产。Firat[10]针对高混杂生产规模的工厂型制造业，研究了一种新型的混合整数线性计划，该模型通过订单接受决策来寻找工作负荷相关的规划水平。Prakash[11]提出一种基于模糊层次分析法和通过与理想解决方案相似性 TOPSIS 排序法进行订单性能模糊技术的方法，识别和排序电子行业采用逆向物流的解决方案。

1.1.1.2　国内车间调度问题的研究现状

国内学者在作业车间领域的研究主要关注如何优化调度问题，以提升生产效率和降低成本。近几年，随着环保意识的增强和工业 4.0 理念的普及，与作业车间相关的环境绿色调度和车间内运输路径问题也逐渐受到了更多的关注。这些新的研究方向在传统的生产调度问题中加入了环境保护和资源最优化的元素，寻求在保持生产效率的同时，最小化对环境的影响。大部分国内研究者致力于开发和完善各种数学模型，以应对生产中遇到的复杂问题和不确定性因素[12-16]。这些数学模型包括但不限于线性规划、整数规划、多目标优化等，能够有效地模拟和解决调度过程中的多变量和多约束条件问题。通过这些模型的应用，可以预测和优化生产流程，从而达到减少能源消耗和物料浪费的目的。

这些研究涵盖了从最小化生产完成时间和成本，到考虑环境因素和人为因素的综合调度问题。通过应用蜂群优化等先进算法，研究者们成功地解决了多目标优化问题，提高了生产效率并优化了资源利用[17]。此外，Huang 等[17]研究集成订单选择和生产调度问题，其制造商必须选择要处理的订单子集，以最大化总利润为目标，由此建立模型求解。对于订单的加工安排处理方式学者们采用不同的方法，冯健[18]运用了约束理论，在多个订单的问题中构建调度的数学模型，在此基础上对订单进行评估和排序，构建多生产的联合模型。

1.1.1.3　车间调度问题的发展趋势

车间调度问题属于生产调度中的 NP-hard 问题范畴，大多学者都会在原有问题的基础上加入不同的约束条件，早些年研究多目标问题，近些年加入时间约束、机器约束、延迟约束等，目标大多为最小化完工时间，其中部分学者考虑了将总成本或延迟约束引入目标优化模型中，经验证，时间因素对于离散作业车间调度优化具有重要影响。车间调度问题的研究和实践随着技术的进步和生产需求的变化不断发展，展现出几个明显的趋势。

(1) 集成化与智能化。随着信息技术和智能制造技术的融合，车间调度正变得更加集成和智能。使用物联网、大数据分析、机器学习和人工智能技术，可以实时监控生产状态，预测设备维护需求，并自动调整生产计划以最大化效率和产出。

（2）绿色与可持续生产。环境保护和可持续发展的需求推动了绿色调度策略的发展。这涉及优化能源使用，减少废物和排放，以及提高材料利用率。绿色调度不仅有助于企业降低运营成本，还能提升其环境责任和市场形象。

（3）多目标优化。车间调度问题正从单一的时间或成本优化，转向多目标优化，如同时考虑成本、时间、质量和环境影响。这要求开发更复杂的数学模型和算法，以平衡和满足这些有时相互冲突的目标。

（4）个性化和灵活性。随着市场对个性化产品需求的增加，车间调度系统必须具备更高的灵活性和适应性，能够快速响应订单变化，支持小批量和定制化生产。这要求调度系统能够实时重新规划和调整，以适应快速变化的生产需求。

（5）增强的人机协作。随着自动化和机器人技术的发展，人机协作在车间调度中变得越来越重要。调度系统需要有效地分配任务给人员和机器人，以充分利用人的灵活性和机器的效率。

1.1.2 绿色智能制造车间生产调度

1.1.2.1 绿色制造的起源

美国制造工程师学会（SME）在 1996 年发布的绿色制造蓝皮书 *Green Manufacturing* 中深入探讨了绿色制造的重要性和实施策略。该蓝皮书明确指出，绿色制造的核心目的是在产品的整个生命周期内——从设计阶段、生产过程、运输方式到最终的废弃处理，将对环境的负面影响降至最低[19]。此外，蓝皮书还强调了通过采用环保材料、优化生产工艺、减少能源消耗和废物产生等措施，加强对环境的保护，提高企业的市场竞争力。通过这些指导方针，SME 鼓励制造业界采纳可持续发展的实践，以实现环境、经济和社会效益的平衡发展。

绿色制造是指在满足经济效益的同时，尽可能减少对环境影响的制造过程和产品生产。随着人们对环保和可持续发展的关注不断提高，绿色制造逐渐成为制造业发展的新趋势。智能制造是指利用先进的信息技术、自动化技术和控制技术，实现产品制造全过程的自动化和智能化的制造方式。智能制造可以提高制造效率和产品质量，同时还能降低制造成本。绿色制造和智能制造是当前制造业的重要发展方向，相关研究在不断深入和推广，有望在未来实现对制造业的全面转型和升级。

1.1.2.2 绿色制造车间调度问题的研究现状

目前，由于制造业的高速发展产生了一些废弃污染物，已经对环境造成了巨大的影响，并且制造业所覆盖的面积较广，整个社会大环境大多都受到了负面影响。而工业领域是主要消耗资源能源和碳排放的领域，绿色发展离不开工业领域的发展。对此，人们对资源的绿色制造这一方面的研究更加重视。图 1-1 是近年来国内外研究人员在绿色制造领域方面的研究。

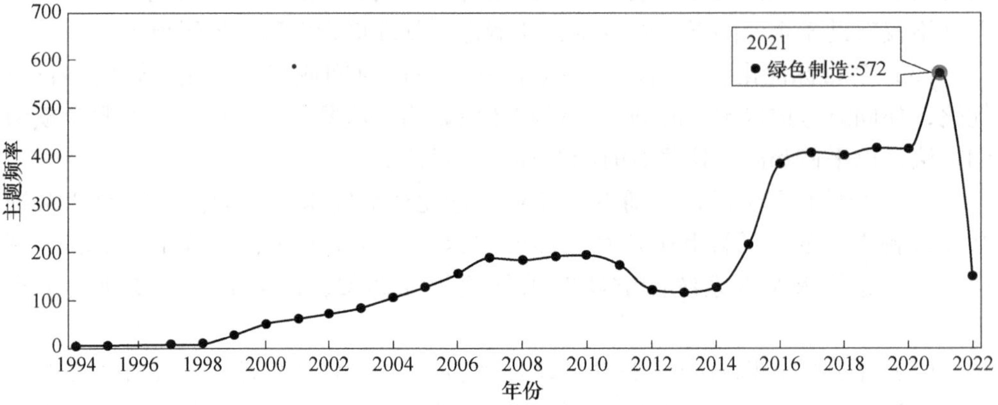

图 1-1　绿色制造关注指数分析图

随着我国“双碳”战略的提出，制造企业面临的压力越来越大，其中，如何节约成本和减少污染是两个至关重要的问题。因此，作为生产系统的重要组成部分，调度问题不再局限于传统的目标函数因素，即时间、效率、成本和质量。在这种情况下，全面构建绿色制造体系，减少能源消耗和碳排放势在必行。在以往的研究中，调度目标主要集中在生产效率，即最大完工时间、工作负荷等方面。为了降低制造业的能源消耗，国内外学者们已经意识到在智能调度中降低能耗的重要性[20]，已经着手考虑绿色车间调度问题。2020 年，Karuppiah K 等[21]通过采用德尔菲方法来识别、分析和排名限制印度中小制造企业实施绿色制造的主要障碍，并使用一种新的综合多标准决策方法框架对这些障碍进行排名和探讨其相互关系。Belhadi A 等[22]基于能力资源观点提出并实证检验了一个框架，探究了精益六西格玛和绿色制造在大数据分析能力和环境绩效之间的中介作用。2021 年，Logesh B 等[23]探讨了在精益制造工具实施后，绿色制造对电子元器件制造业的影响，详细阐述了精益浪费与绿色实践之间的关系。2023 年，黄启斌等[24]探讨智能化转型对制造型企业竞争优势的影响，分析智能制造能力建设的影响及作用机制。李稚等[25]提出了一种针对绿色智能制造的高维多目标动态柔性作业车间调度模型，并采用改进的灰狼优化 IMOGWO 算法求解，算法改进包括反向学习初始化种群策略、多级官员领导机制、POX 交叉和逆序变异算子，以及改进精英保留策略等。谷城等[26]总结研究发现，智能制造对企业绿色创新有积极的影响，可通过提高效率、内部控制和缓解融资压力等途径来实现。

学者们在绿色智能制造车间调度领域取得了显著进展，采用多种创新的算法，以提高生产效率并减少能源消耗[27-28]。这些研究大多关注多目标优化，特别是如何在保持生产效率的同时，最小化能源消耗和完成时间。特别地，一些研究提出了基于节能策略的优化模型，在不改变加工时间的条件下优化机器能量消耗，或者在多品种和小批量生产环境中最小化能耗[29-31]。此外，也有研究针对特定应用，如航空航天工业，开发针对性的调度解决方案，以应对其高复杂性和动态变化的生产需求[32-33]。这些成果展示了现代车间调度研究的深度与广度，同时突出了绿色智能制造在当前和未来工业生产中的重要性和潜力。

1.1.3 多资源约束下的车间生产调度

1.1.3.1 多资源约束车间调度的内涵

目前大多数学者研究生产调度模型时只考虑机器资源的约束，少部分国内外学者考虑到了生产车间的其他资源约束，如人力资源、物料资源、运输资源以及生产资源等资源的约束。多资源约束柔性作业车间调度问题（multi-resources flexible job-shop scheduling problem，MFJSP）是一种较为复杂的考虑多种资源分配和调度的组合优化问题。在 MFJSP 中，需要考虑不同类型的资源（例如人力、机器、工具、车辆等）分配和调度，以最大限度地提高车间生产效率和资源利用率。在这种复杂的环境下，调度算法的设计变得至关重要。

1.1.3.2 多资源约束车间调度的研究现状

研究者们对柔性资源配置与集成调度问题的研究方向主要集中于作业车间调度、AGV 路径规划以及集装箱码头等问题协同调度，分别从建模方法、算法设计以及系统实现等各个方面进行了广泛的研究，逐渐形成了集成调度领域的经典理论和方法。2013 年，袁志玲等[34]针对柔性作业车间调度问题考虑了设备和工人两种资源，提出采用工序排序、机器选择和工人选择的三个子串遗传算法求解该问题。2015 年，高丽等[35]构建了一个基于最小完工时间、最优工人分配、设备最大工作负荷和最小总生产成本等因素的集成优化模型，提出改进的非支配排序遗传算法求解柔性作业车间调度多种资源分配模型。2020 年，为了尽量减少资源分配造成的损失，Ramya 等[36]将生产资源规划和作业车间调度相结合，考虑了物料资源安排的物料需求计划系统、人力资源分配的员工时间表模块和机器配置的制造资源规划，提出一种随机蛙跳启发式算法，以最大限度地降低整体生产成本。2022 年，张守京等[37]考虑了人员操作的差异，设计了一种改进的 NSGA 算法求解以生产时间、生产成本和绿色制造评价系数最小化为目标的人-机双资源柔性车间调度问题，实现了对柔性制造车间进行多目标双资源调度。熊福力等[38]研究了预制并行生产线订单分配和资源配置，提出一种混合果蝇和禁忌搜索算法，解决并行生产线资源配置和生产调度集成问题。李惠等[39]研究了航天产品生产车间柔性资源配置与集成优化问题，提出了改进多目标差分进化算法优化生产调度方案与资源分配方案。2023 年，卫晨昊等[40]建立了考虑设置操作员的混合流水车间双资源集成调度模型，并提出改进樽海鞘群算法求解最小化完工时间、工件、机器和操作员分配方案。Luo 等[41]提出一种基于帕累托的两阶段进化算法解决具有工人协作的 FJSP 通用模型，填补了 FJSP 中一次需要一名或多名工人使用机器的空白。

关于柔性制造系统中机器设备与运输资源集成调度问题，2021 年，Wang 等[42]提出了考虑预防性维修活动和运输过程的柔性作业车间调度问题，建立了一个多目标优化模型，旨在同时优化生产过程的总能耗和完工时间。2022 年，Reddy 等[43]提出一种共生生物搜索算法解决柔性制造系统中的机器、AGV 和工具同时调度问题，该集成调度问题涉及自动导引车和工具的作业操作分配、机器上的作业操作排序，以及 AGV 相关的行程，包括自动导引车的空载行程和负载行程时间。

1.2　生产作业车间实施集成调度的必要性分析

本书进一步探讨生产作业车间实施集成调度问题，一方面，它们之间相互关联的次序是很常见的，而且大部分公司和企业都持续使用这一方式，并且相当一部分企业往往将生产和运输两个环节独立调度，忽略彼此的约束和要求。另一方面，供应链中的生产和运输两者集成调度可以帮助企业显著提升效益和减少浪费，其虽然引起学者们的广泛关注，但由于问题的复杂性，在进行集成调度方面的研究还不够充分，大多只是考虑到供应链中不同阶段的联合，目前还没有建立起一个完整的生产调度与运输的整体体系。为此，本书对生产和运输一体化的排程进行了探讨，对集成调度在生产作业车间的应用具有深远的研究意义，其不仅能优化生产流程和资源配置，还可以在提高效率、降低成本和增强可持续性方面发挥关键作用。

（1）生产调度问题和车辆调度问题，其两个问题都已被证明具有 NP 难（non-deterministic polynomial，NP）特性，将 PSP（production scheduling problem，PSP）与 VRP（vehicle routing problem，VRP）结合起来进行了比较，该问题研究可以为相关问题求解提供借鉴。

（2）在运作层面上考虑生产与运输并建立一个综合的框架模型，大部分学者考虑的是在简单的单机环境和平行机环境上的联合调度问题，而本书将在复杂的生产作业车间背景下考虑生产与车辆集成，对于集成调度的理论体系搭建具有一定的参考意义。

（3）研究在不确定时间下按订单生产的产品送到客户指定的目的地的生产

与运输协调调度问题，具有重要的实践意义。对于客户个性化需求进行产品生产与配送，可缩短产品交货期，减少企业库存，高效利用企业资源，从而为企业的长期发展注入强大的活力和潜力[44]。

（4）降低联合总成本，不仅在合理有效地完成各项任务的同时降低成本，更有利于实现全产业链各环节的利益最大化，实现了协同发展。

1.3　绿色智能制造车间集成调度关键技术

智能制造系统作为企业管理体系的一部分，其系统最终目标都是对企业生产进行服务，达到降低成本和提高产品服务质量的效果。建立智能化生产线将有利于新型制造业的转型与发展，同时，不仅降低了人工成本，企业的生产效率也大幅提高。在当前全球面临的环境挑战和可持续发展目标的背景下，绿色智能制造车间集成调度技术成为关键领域。这些技术不仅促进了生产效率和质量的提升，还显著减少了生产过程中的能源消耗，降低了对环境的影响。以下是绿色智能制造车间集成调度的几项关键技术。

1.3.1　高级调度算法

高级调度算法是实现绿色智能制造的核心技术之一，它涉及多种高效的算法，如遗传算法、粒子群优化和蚁群算法等。这些算法通过模拟自然界的行为和进化原理，有效地解决复杂的生产调度问题，以下为几种常见的调度算法。

（1）遗传算法是一种模拟自然选择和遗传学机制的搜索算法，它通过选择、交叉和变异等操作产生解的新种群，逐渐逼近最优解。在生产调度中，遗传算法可以用于工作站的任务分配、生产线的布局优化等，通过优化调度策略以减少生产延时和提高效率。

（2）粒子群优化算法灵感来源于鸟群的觅食行为，每个粒子代表着潜在的解决方案，通过粒子间的信息共享来更新自己的位置和速度。在绿色智能制造中，粒子群优化可用于动态调整生产过程，优化设备运行状态和能源使用，以实现能耗最小化。

（3）蚁群算法则模拟了蚂蚁觅食时释放信息素以寻找最短路径的行为。这种算法更为适合处理复杂的优化问题，如生产线的物料流动优化和库存管理。通过模拟蚁群的行为，可以发现最有效的资源配置方式，减少物料运输和存储成本。

这些高级调度算法不仅能够优化生产流程和资源分配，还能最小化能源和原材料的使用，同时兼顾生产过程中的环保要求。例如，通过优化算法调整机器的工作时间和负载，可以显著降低能耗和减少废物产生。此外，这些算法还能帮助企业预测和响应市场需求变化，提高生产的灵活性和响应速度，从而在保证环保的同时，增强市场竞争力和经济效益。

1.3.2 实时数据监控与分析

利用物联网技术进行实时数据的收集和监控，是智能制造车间不可或缺的一部分。这种技术通过在关键设备和生产线上安装传感器和智能仪表，能够实现对设备状态、能源消耗和生产效率的实时监控。传感器收集的数据被传输到中央处理系统，通过数据分析和机器学习技术，这些信息可以用来预测设备故障、优化生产流程和提高能效，不仅增强了设备的运行可靠性，还提升了整个生产过程的自动化水平。

此外，物联网系统还能实时监控生产环境，如温度、湿度和其他关键参数，确保生产条件始终保持在最优状态。这有助于保障产品质量，同时减少因环境问题导致的产品缺陷。通过这种方式，智能制造车间可以及时调整生产计划，动态地配置资源和人力，极大地提升生产的灵活性和响应速度。这种环境的智能调节不仅提升了工作效率，也有助于维护员工的工作环境，保证员工的健康安全。

在能源管理方面，物联网技术也显示出巨大的优势。它可以帮助厂房监控能源的实时消耗，分析能耗数据，从而发现节能减排的潜力。例如，通过智能分析，可以识别出设备非生产时间的能源浪费现象，并通过自动调整设备的运行模式来减少不必要的能耗。这样的系统可以进一步与国家电网或可再生能源系统集成，实现能源的最优分配和使用，减轻环境压力。

综上所述，物联网技术不仅可以促进制造企业提升生产效率和改善产品质量，还帮助企业实现了更高的能源效率和更低的运营成本。通过这种全面的数据驱动管理，智能制造车间能够以更高的灵活性和效率，应对市场需求的快速变化。企业通过部署这些智能系统，不仅能够优化生产流程，还能在全球市场中保持竞争力，迎接未来制造业的各种挑战。

1.3.3 生产过程优化

集成调度系统是智能制造中的关键部分，其主要目标是在保证生产质量的同时，优化整个生产过程。这包括通过减少设备的空转和待机时间来提高设备使用效率。系统能够实时监控设备状态，基于预测维护算法提前识别可能的故障和低效运行原因，从而在不影响生产质量的前提下，调整设备的工作计划和维护周期。

此外，集成调度系统还致力于优化生产线布局和物料流动。通过分析生产数据和物流模式，系统可以设计出最佳的物料运输路线和生产流程，减少物料搬运时间和成本，同时提高生产线的灵活性和响应速度。这种优化不仅减少了物料处理的复杂性，还帮助减少在生产过程中的时间浪费。

系统还会根据能源供应的变化动态调整生产速度。在能源供应充足时，可以提高生产速度以缩短生产周期，而在能源成本较高时，系统则能自动降低生产速度或暂时转移到能耗较低的生产线，以此来优化能源使用效率和降低成本。这种智能调节不仅适应了能源市场的波动，也有助于企业实现可持续发展目标。

通过这些策略，集成调度系统最终达到降低能耗和减少排放的目标。系统的这些功能通过减少无效工作和优化能源使用，不仅提升了生产效率，还对环境保护作出了贡献。这样的系统对于追求高效、环保及成本控制的现代制造业来说，是不可或缺的。

1.3.4 人工智能与机器学习

人工智能和机器学习技术在绿色智能制造车间的应用越来越广泛，这些技术不仅仅局限于简单的自动化任务，还逐渐演变成为提高生产效率和可持续性的核心工具。它们可以通过实时数据分析预测设备故障，从而提前安排维护，优化维护计划，显著减少因突发故障带来的停机时间。这种预测性维护通过监测设备性能和磨损情况，预测潜在故障点，从而在问题发生前进行干预，极大地提高了设备的可靠性和生产线的稳定性。

此外，这些技术还能提高能源管理的智能化水平。通过分析生产过程中的能源消耗模式，人工智能系统能够识别能源使用的不足和浪费点。例如，机器学习算法可以学习最佳的能源分配策略，自动调整生产设备的能耗，确保在满足生产需求的同时最大化能源效率。这不仅降低了能源成本，也有助于企业达到其环保和可持续发展目标。

同时，这些先进的技术还在优化生产过程方面扮演着重要角色。通过学习和适应生产线的实际运行情况，人工智能可以不断调整和优化生产流程，减少无效作业和材料浪费。这种优化包括精确控制原材料的使用量，自动调整生产速度和顺序以适应不同的生产需求，以及实现高度个性化的生产。这不仅提高了资源的使用效率，还减少了过程中的废料和环境影响。

综上所述，人工智能和机器学习技术在绿色智能制造车间的应用通过提高设备的运行效率、优化能源使用和精简生产流程，有效地将生产过程推向了高效率和低碳环保的未来。这些技术的应用不仅提升了制造业的竞争力，还符合全球可持续发展的趋势。

1.3.5 系统集成与协同作业

在绿色智能制造车间中，实现各生产单元、设备和系统之间的高效协同工作至关重要。通过集成企业资源规划（ERP）系统、制造执行系统（MES）以及其他先进的制造 IT 解决方案，可以实现跨部门和跨设备的信息流、物流和控制流的无缝连接。这种整合不仅优化了生产流程，还增强了整个制造过程的透明度和响应能力。

这些关键技术的应用和集成使得绿色智能制造车间能够大幅提升生产效率和产品质量，同时显著降低对环境的影响。集成化的技术方案使得制造过程更加精细和高效，通过优化资源使用和减少废物产生，有效降低了原材料的消耗和废料的排放。此外，智能化监控系统能够确保生产过程中的每一个步骤都在最佳状态下运行，从而减少能源浪费。通过精确控制生产过程中的能源和材料输入，最大限度地减轻了对环境的负担。

此外，这种技术集成还带来了更好的数据洞察力，使企业能够更快地做出基于数据的决策。例如，通过实时数据分析，企业可以即时调整生产计划和供应链策略，以应对市场需求的变化。这种灵活性不仅提高了企业的运营效率，还加强了市场适应能力。

因此，绿色智能制造车间的实施不仅提高了企业的市场竞争力，也为企业带来了显著的长期经济利益，并促进了企业向可持续发展的转型。通过这些集成化的技术解决方案，企业不仅能够满足当前的经济需求，还能在全球趋向更加绿色和可持续的制造标准的大环境下，为未来的发展奠定坚实的基础。

1.4　绿色智能制造资源集成调度

1.4.1　生产与运输集成调度

制造业的供应链管理中，一些公司为了提高竞争力，将制造阶段的生产与储运阶段的运输紧密联系，形成了集成系统，使库存成本直线下降。因此，近年来各行各业对于集成调度研究十分重视。

1.4.1.1　国外生产与运输集成调度问题的研究现状

学者们大多将集成调度应用在生产、运输路径规划和能源方面，并分别在领域中有不同角度的研究。但是，根据以往的研究，国内外学者都是分别研究生产和配送环节中的优化问题，并取得了显著成果，缺少了对于生产与运输集成调度的研究内容。在制造企业中，产品的制造与运输是两个重要的过程，而在产品制造过程中，必须在产品交付前制定好生产进度，然后再根据顾客的需求来决定产品的分配路径。过去十多年来，国内外学术界对 IPDS（integrated production dispatching scheduling，IPDS）的各种研究已有了较多的尝试。

2008 年，Geismar 等[45]在将短期库存的产品特性纳入生产与运输协调调度中，使制造和交货的周期最短，同时又能保证顾客的需求。2011 年，Volling 等[46]建立了订单承诺和主生产调度两个定量模型，并在动态环境中对两种模型进行建模和评估，使汽车生产运输与市场需求达到更好的平衡和同步。2013 年，Low 等[47]针对集成调度问题，提出一个非线性数学模型，尽可能地降低完成产品生产、将产品交付至零售商以及再回到物流中心所需要的时间。2014 年，Cakici 等[48]研究供应链综合生产和调度问题，采用并行机器生产环境和单电容车辆分批向多个客户交付产品，建立数学模型，以最大限度地减少总加权完成时间。

2017 年，Hassanzadeh 等[49]建立了两个新指标的数学模式，该模式能够降低资源和能量的消耗量，并降低了物流和运输路线方面的延迟处罚成本。2018 年，Noroozi 等[50]提出了两个混合整数线性规划模型，应用于生产与分销集成调度问题，并且采用田口试验设计来设置算法的适当参数。Gharaei 等[51]为了解决多个厂商配送的多个智能体排序问题的复杂性，使总的延时最小化，同时总分配成本最小，提出混合线性整数规划公式。

2020 年，Izadi 等[52]研究生产阶段考虑并行机器调度，包括允许外包设置时间和分配阶段考虑由相同车辆车队相对于已完成工作的持有成本进行批量交付，建立混合整数线性规划（MILP）公式化模型，并以最小化总成本为目标。Mohammadi 等[53]针对解决具有时间窗口的集成生产调度和车辆路线问题，建立一个双目标混合整数模型。Ali 等[54]研究双代理应用在集成生产调度和分配问题，目标是最小化存在作业延迟和最小化分配总成本，结合问题开发了混合整数线性规划公式求解。Yagmur 等[55]研究一个联合生产和分销问题，开发一个混合整数线性规划表达问题。Ganji 等[56]研究集成供应链调度问题，同时考虑生产和分销时间，截止日期、环境因素、以及客户关联程度，引入了混合整数非线性规划模型。

2021 年，Solina[57]建立考虑转换时间和易腐烂性食品的生产和分销集成调度优化模型，目标函数最小化资源、储存和配送成本。Liu 等[58]研究由单个供应商和一组血液中心组成的供应链网络中的血液综合库存路由，建立一个数学模型来决定最佳的血液供应量、交付计划、库存水平和血液中心之间转运的产品数量，目标是总成本最小化。Raheleh[59]针对生产和分销计划两部分集成问题，在混合流水车间环境中每个机器具有相同的生产调度并具有相同容量的车辆交付已完成工作的条件下，开发一种混合整数线性规划公式，以最大限度减少延误和运输成本为目标来解决集成问题。2022 年，Li 等[60]针对集成生产和运输调度问题，考虑资源分配和依赖于资源处理时间的条件，最大化接受订单、最小交付成本、加权延迟成本和车辆固定成本，提出混合整数线性规划，提高供应链环节的整体性能，降低成本。

研究者们探索了生产与运输的集成调度问题，涵盖从理论建模到实际应用的各个方面，着重于优化生产效率、降低成本和提高响应速度，通过先进的数学模型和优化算法，实现生产调度与物流运输的有效整合。其开发了多种模型来最小化生产和运输的时间和成本，不仅考虑了传统的生产调度问题，如机器分配和作业排序，还融入了运输时间、环境因素和客户需求等复杂因素。特别是在处理具有时间窗口的订单、易腐品的运输以及多品种小批量生产的调度问题时，具有较强的创新性和实用性。这些集成调度模型以减少延误和运输成本，同时最大化生产效率和客户满意度为目标。研究者们通过集成调度策略提供解决方案，帮助企业更好地应对市场的快速变化，提高供应链的整体性能和经济效益。

1.4.1.2　国内生产与运输集成调度问题的研究现状

由于生产和配送环节涉及不同的资源和目标，研究者们会根据这些目标构建相应的模型。为了同时实现这两个方面的优化和满意的效果，需要实现制造和运输的有效集成。目前，国内在生产与运输集成调度问题的研究已取得显著进展，涵盖了理论模型的构建、算法开发以及实际应用多个方面。这些研究探索了如何通过高级优化模型和算法来减少完成时间和成本，同时提高整个供应链的效率和响应能力，旨在解决如何有效整合生产线和物流系统的复杂问题。

2009 年，Tang 等[61]研究两阶段生产运输协同调度问题，目标是优化总完成时间和总处理成本的总和。2011 年，梁春华等[62]以多个企业为例，对生产与分配优化问题进行研究，在客户指定的时间限制下，对于供应链中订单、生产、组装和车辆运输调度整体优化。2016 年，刘玲等[63]提出了以最短完成期为优化目标的制造-车辆运输协调规划的数学模型。2017 年，Fu 等[64]在求解生产调度与车辆路线问题中，提出生产计划和分配计划连续建立的分散调度问题数学模型。2018 年，吴瑶等[65]人针对商品的总运输费用和保证商品的总新鲜程度最高这两个指标，提出了以最低的新鲜度为约束的可腐制品制造与分销协调的双重目标。2019 年，Dwa[66]解决不带有时间窗不确定路程时间的集成生产和多行程车辆路径问题方法，提出用有效搜索策略的模因算法来求解总成本最小问题。霍思云[67]对具有不同权重和大小的产品在差别容积平行机上的综合排序问题进行了分析，将生产与运输集成的规划划分为两个子问题：工件的处理与搬运。2020 年，吴倩云等[68]以最佳的运输效率为目标，建立了一个标准的货柜的物流运输模式，并建立了一个兼顾了时间窗口和最佳载荷限制的汽车路线最佳分配模式。

通过集成生产和运输活动，在处理具有特定时间窗要求的订单时，可以显著优化总处理时间和成本。此外，多项研究提出了针对具体场景的优化模型，如金属包装行业的生产调度与车辆路径问题，或者涉及易腐商品的供应链，强调最小化运输成本和最大化产品新鲜度。部分学者采用了从线性规划到更复杂的非线性和混合整数规划模型，应用了包括模因算法在内的多种优化技术，以实现生产与运输调度的最优解。这些成果不仅优化了生产过程和物流效率，还通过细致的供应链管理提高了整体运营的成本效益和市场响应速度。

1.4.2 柔性作业车间资源集成调度

在柔性制造系统中，机器与 AGV 集成调度主要为了实现 AGV 与工件、加工机器等生产资源的联合调度，Ulusoy 等[69]首次建立了 AGV 与机器集成调度模型，并通过遗传算法求解该问题。事实上，柔性制造车间中的 AGV 运输任务可分为空载行程和负载行程，所以要为工件的每一道工序选择相应的加工设备和 AGV，确定每个工序的加工次序，并基于 AGV 搬运作业的起始时刻和到达的位置站点制定系统的调度方案。在确定每个工序的加工顺序后，还需考虑 AGV 的路径规划和避障控制，以确保安全高效运输工件。因此，集成调度问题包含工序排序、机器选择、AGV 分配与路径规划四个子问题[70]。为了增强调度方案的合理性、提高生产任务的执行效率，AGV 与机器的集成调度越来越受到学者们的关注。

在柔性制造车间中，为简化机器与 AGV 集成调度问题，研究通常将机器调度和 AGV 路径规划分开处理，一般分为两种情况，一种方法是假设已知 AGV 路径且无碰撞，忽略可能的路径冲突；另一种是分阶段处理[71]，先安排机器调度，再规划 AGV 路径，这两种方法通常只能达到局部最优。

1.4.2.1 考虑路径冲突的集成调度

真正意义上的集成调度应考虑机器加工时间与 AGV 路径的协同优化，以提高整体效率。关于考虑路径冲突的机器与 AGV 集成调度研究，部分学者为避免机器与 AGV 路径规划之间的割裂问题[72-74]，通过基于时间窗、Dijkstra 算法、A*算法等方法确定 AGV 运输路径，并将其融入其他算法的优化调度的过程中，解决了柔性作业车间中机器与多 AGV 联合调度问题。

1.4.2.2 未考虑路径冲突的集成调度

关于未考虑路径冲突的 AGV 和机器双资源约束问题的目标是同时确定作业在可用机器上的分配、每个机器要执行的作业顺序以及运输任务在可用 AGV 上的分配。2018 年，Dalila 等[75]提出了一个集成的算法，以获得在柔性制造环境中作业生产和运输调度的解决方案。Sivarami 等[76]利用乌鸦搜索算法求解了多机 FMS 中机器和 AGV 的并发调度问题。2019 年，Bekkar 等[77]提出了基于迭代插入法的贪婪启发式算法求解带运输时间限制的 FJSP。2022 年，Chaudhry 等[78]研究了灵活的加工车间环境中机器和自动导引车的集成调度问题，提出了一个基于 GA 进化器进行优化 Microsoft Excel 电子表格的解决方法。

1.4.2.3 柔性作业车间集成调度的类型

按照问题优化目标的数量，柔性制造车间机器与 AGV 双资源调度问题模型可以分为单目标优化模型和多目标优化模型。其中单目标优化模型主要集中于使完工时间最短，即最后一个工件在最后一台机器上的完成时间最早。2020 年，

Abderrahim 等[79]提出了一种可变邻域搜索算法（VNS）求解机器和 AGV 的集成调度问题。Homayouni 等[80]研究了考虑运输的柔性作业车间调度问题，提出了基于操作的多启动有偏随机密钥遗传算法结合贪婪启发式来选择处理每个操作的机器和将作业运输到操作机器的车辆。2021 年，伍乐等[81]提出了混合改进的离散差分进化算法求解 FMS 中机器与 AGV 集成调度问题，通过设计变领域搜索算法的领域结构扩大算法的全局搜索能力。徐逸凡等[82]基于含 AGV 的 FJSP 的问题特征，设计了一种融合领域搜索的改进灰狼算法（IGWO）求解，但忽略了 AGV 的路径冲突问题。李西兴等[83]针对 FJSP 问题，考虑了运输工件任务 AGV 的选择，提出了引入交叉、变异操作的鲸鱼优化算法求解生产调度和 AGV 调度集成问题，采用基于工序与机器的两段式编码，AGV 的选择问题被考虑在解码过程中。

2022 年，陈魁等[84]针对含有自动引导车辆的柔性作业车间调度问题，提出了一种引入竞争学习和随机重启机制的混合离散粒子算法来求解，设计了启发式粒子群方法实现 AGV 的选择和加工机器的确定，但是对于大规模复杂的生产车间没有结合成本、效率、能耗等因素建立多目标优化模型。胡晓阳等[85]提出一种基于工序排序与机器选择的两层编码的改进迭代局部搜索算法，该算法在解码时采用启发式规则解决了 AGV 指派问题。2023 年，Liu 等[86]在改进遗传算法中设计了基于工序和机器编码的两层编码方法，并将 AGV 的任务分配嵌入解码过程中，实现了真正的双资源集成调度。孙爱红等[87]构建了基于析取图的作业车间机器与 AGV 集成调度问题模型，提出了一种基于卷积神经网络和深度强化学习的集成算法求解该问题。

关于考虑运输时间的机器与 AGV 双资源集成调度问题的多目标优化问题，2018 年，Zhang 等[88]针对多品种小批量生产订单驱动的 AGV 服务制造系统资源优化问题，以最大完工时间、机器利用率和 AGV 利用率为优化目标，提出一种具有主粒子和嵌套粒子特性的改进粒子群优化算法求解。2019 年，Xu 等[89]提出了一种混合分段编码遗传算法和离散粒子群优化算法解决柔性制造系统（FMS）中自动导引车辆的绿色调度问题，以最小化完工时间和机器加工能耗以及 AGV 的数量为优化目标，实现了对考虑机器能耗和多功能的多目标多维度的优化调度。刘二辉等[90]建立完工时间和 AGV 利用率的多目标优化模型，提出改进花授粉算法求解该集成调度问题。2020 年，戴敏等[91]对绿色作业车间加工资源和运输资源进行了集成优化，以完工时间、车间总能量消耗为优化目标，设计一种改进分布估计算法对机器和 AGV 集成调度多目标优化模型进行求解。Zhang 等[92]提出改进遗传算法求解 FJSPT 问题，对最小化完工时间、总安装时间和运输时间进行多目标优化。

2021 年，Wang 等[93]提出了考虑预防性维修活动和运输过程的柔性作业车间调度问题，提出了一种结合遗传算法和差分进化算法的多区域划分策略的多目标优化算法解决以总能耗和完工时间的多目标 FJSP 模型。Tan 等[94]考虑到车间生产和运输之间的相互影响关系，提出一种改进多目标粒子群算法求解以总碳排放量和完工时间为目标的多速柔性制造和 AGV 运输的低碳集成调度整数规划模型。2022 年，Liu 等[95]研究了多速柔性制造车间和多 AGV 运输的新型低碳集成调度优化问题，以最小综合能耗和最大完工时间为目标，提出了一种改进概率模型的群体进化算法。邹裕吉等[96]考虑了完工时间、AGV 运行时间和机器总负荷，提出了多目标自适应聚类遗传算法解决 AGV 集成调度问题。2023 年，李稚等[97]从绿色制造、机器低能耗等角度，以完工时间、总能耗、机器总负荷和产品质量稳定性四个目标为优化目标，并提出一种改进的多目标灰狼算法求解多目标绿色 FJSP 模型；马千慧等[98]考虑了完工时间、总延期和机器总负荷，设计了新的 AGV 调度规则和改进的 NSGA-Ⅱ算法求解多目标机器和 AGV 双约束的调度问题。

1.4.3 绿色智能制造资源集成调度优化目标

绿色车间调度问题通常涉及多个优化目标，如降低能源消耗、缩短生产时间等。针对绿色集成调度多目标优化问题，尽管已有一些基于 Pareto 支配的智能优化算法在 AGV 与机器集成调度问题上取得了成功，但仍需根据 AGV 与机器集成调度问题的特征，充分考虑实际问题的复杂性和多样性，设计出具有自适应更新的多目标算法，以实现 Pareto 最优解集的多样性和分布均匀性。

通过对上述参考文献中的目标函数特性进行归纳总结，分为以下四个类别：以加工时间为基础的最优化目标、以能源消耗及绿色环保为导向的最优化目标、以生产资源为核心的最优化目标以及以交货期为约束条件的最优化目标。关于智能制造车间 AGV 与设备集成调度的优化目标的分类如表 1-1 所示。

表 1-1 集成调度的优化目标

优化目标类型	优化目标参数	优化目标编号
基于加工时间	最大完工时间	O_1
	AGV 运输时间	O_2
	安装准备时间	O_3
基于能源消耗与绿色环保	机器设备负荷	O_4
	机器加工能耗	O_5
	AGV 运输能耗	O_6
	碳排放量	O_7
基于生产资源	AGV 数量	O_8
	AGV 利用率	O_9
	机器利用率	O_{10}

续表 1-1

优化目标类型	优化目标参数	优化目标编号
基于交货期	延期时间	O_{11}
	产品质量稳定性	O_{12}

考虑运输资源的制造车间 AGV 与机器双资源集成调度问题的优化算法主要集中在仿真算法和启发式算法两方面。在仿真算法领域，Zhang 等[99]在基于工业互联网的加工车间生产和物流集成框架中，实现了关键制造资源的智能化建模并研究了自组织配置机制；Guo 等[100]针对生产与物流同步的异常，提出一种智能生产物流系统的自适应协同控制模式，通过利用网络物理系统和工业物联网收集和处理实时状态数据，以解决不同程度的异常。由于 AGV 和机器集成调度问题的计算复杂性较高，因此许多研究采用智能优化算法进行优化。启发式算法涵盖了基于规则的任务分配和调度方法以及智能优化算法，其目标是在合理的时间范围内找到近似最佳解决方案。

由于 AGV 和机器集成调度问题的计算复杂性较高，因此许多研究采用智能优化算法进行优化，如改进鲸鱼优化算法[83]、改进粒子群算法[88,94]、改进遗传算法[86,92]、改进进化算法[81,95]、改进灰狼算法[82,97]等智能优化算法。本书将制造车间 AGV 与机器集成调度的参考文献，根据其优化目标和优化算法进行了整理，如表 1-2 所示。

表 1-2　机器与 AGV 集成调度文献优化算法总结

参 考 文 献	目标函数	解 决 方 法
Zhang[88]（2018）	O_1，O_5，O_6	主粒子和嵌套粒子特性的改进粒子群优化算法
刘二辉[90]（2019）	O_1，O_9	改进花授粉算法
Abderrahim[79]（2020）	O_1	可变邻域搜索算法（VNS）
Homayouni[80]（2023）	O_1	基于操作的多启动有偏随机密钥遗传算法
戴敏[91]（2020）	O_1，O_5，O_6	改进分布估计算法
Zhang[92]（2020）	O_1，O_2，O_3	改进遗传算法
伍乐[81]（2021）	O_1	混合变领域搜索的改进离散差分进化算法
徐逸凡[82]（2021）	O_1	融合领域搜索的改进灰狼算法
李西兴[83]（2021）	O_1	引入交叉、变异操作的鲸鱼优化算法
Wang[42]（2021）	O_1，O_5，O_6	多区域划分的遗传算法和差分进化算法
Tan[94]（2021）	O_1，O_7	改进多目标粒子群优化算法
Liu[95]（2022）	O_1，O_5，O_6	改进概率模型的群体进化算法
陈魁[84]（2022）	O_1	混合离散粒子算法

续表 1-2

参考文献	目标函数	解决方法
胡晓阳[85]（2022）	O_1	改进迭代局部搜索算法
Liu[86]（2023）	O_1	改进遗传算法
孙爱红[87]（2024）	O_1	卷积神经网络和深度强化学习的集成算法
李稚[97]（2023）	O_1，O_4，O_5，O_{12}	改进的多目标灰狼算法
马千慧[98]（2023）	O_1，O_4，O_{11}	改进的 NSGA-Ⅱ算法

鉴于考虑运输的智能制造车间 AGV 与机器集成调度的 NP-hard 性质，包括动态规划、分支定界和列生成在内的精确方法很难在短时间内找到可接受的解，特别是当问题规模较大时为了在合理的时间内解决如此复杂的多目标优化问题，许多新的智能多目标优化算法被开发出来，并成功应用于生产调度问题，如改进的多目标灰狼算法[5]、改进的多目标 NSGA-Ⅱ算法[73,74,98]、基于多目标问题分解的 MOEA/D 算法[33]等。

在柔性制造车间中，AGV 与机器的集成调度相较于单纯的生产与运输调度复杂性显著增加。迄今为止，尚未有研究报道解决此类问题的有效方法。尽管上文学者提出了较多类型的改进算法并取得了较好的结果，但是“无免费的午餐”理论[101]证明了每种智能算法都有自身的局限性。因为算法需要进行多次的迭代搜索来找到接近最优解，如果问题约束发生变化，就需要重新执行算法；当遇到新的调度问题的新实例时，算法需要重新改进才能得到好的结果。因此，通过设计新的搜索算子和引入问题特征来开发增强型多目标算法对于丰富求解方法和提升优化性能至关重要。

1.5 本章小结

本章全面概述了车间调度问题在现代制造业中的重要性，特别强调了在多资源约束和绿色智能制造的环境下，对这些问题的研究和解决对于提升工作效率和企业效能的重要性。随着生产需求的日益多样化和车间作业复杂性的增加，传统的调度方法难以满足现代生产对高效率和低成本的双重要求。此外，随着环境保护意识的提升和资源优化的需求增加，本章还对车间调度研究的发展趋势进行了综述，指出车间调度问题正逐步向集成化、多目标优化及绿色可持续型方向发展。这些新趋势反映了现代制造业在追求生产效率的同时，也越来越重视环境保护和资源的合理利用，期望通过先进的调度策略实现生产过程的优化与创新。

2 车间调度基本理论概述

2.1 车间调度问题概述

2.1.1 车间调度类型及特点

2.1.1.1 车间调度的类型

车间调度问题是指在生产设备、人力资源和原材料等资源的约束下，以合理的方式安排生产任务和生产顺序，以实现生产效率最大化的离散组合优化问题。通常，由于在车间调度中需要考虑生产任务的优先级、设备的利用率、生产时间等因素，因此需要制订最佳的生产计划。根据车间调度的特征和约束条件，主要类型及其特点如表 2-1 所示。

表 2-1 车间调度类型与特征

车间调度类型		工序数量	机器数量	可选机器数
单机调度		1 道工序	1 台机器	1 台机器
并行机调度		1 道工序	多台不同机器	1 台机器
流水车间调度	置换流水车间	>1 且工序路线相同	多台机器	1 台机器
	混合流水车间	>1 且工序路线相同	多台机器	多台机器
作业车间调度	传统作业车间	>1 且工序路线不同	多台机器	1 台机器
	柔性作业车间	>1 且工序路线不同	多台不同机器	多台机器
开放车间调度		>1 且工序路线随机	多台机器	1 台机器

（1）单机调度问题（single machine scheduling problem，SMSP）。SMSP 是指在一个生产车间中有一台机器需要处理一系列的加工任务，且有如下限制条件：工件都需要同一台机器上进行加工，并且待加工的工件仅存在一道工序。SMSP 的目标是找到最优的任务处理顺序，以最小化处理工件的完成时间为最优目标。

（2）并行机调度问题（parallel machine scheduling problem，PMSP）。在 PMSP 中，有多个任务需要在多台速度相同或不同机器上进行加工，并且每台机器一次只能处理一个加工任务。此外，所有待加工工件只有一道工序，加工工序可以在其中的任意一台机器上加工。

（3）流水作业车间调度问题（flow-shop scheduling problem，FSP）。FSP 通常发生在流水线生产车间，所有作业都需要按照相同的加工路径在多个串行的工作站（机器）上进行加工，且每个机器一次只能处理一道工序。根据每台机器上工序的加工顺序是否相同，可以分为置换流水车间和混合流水车间调度问题。此外，根据每个作业在完成前一道工序后是否需要等待一定时间才能进入下一道工序，可以分为有等待时间的流水作业车间调度问题和无等待时间的流水作业车间调度问题。

（4）作业车间调度（job-shop scheduling problem，JSP）。作业车间调度中的工件都存在不同的工序线路，每个作业按照特定的顺序仅能在一台机器上加工。而柔性车间调度（flexible job-shop scheduling problem，FJSP）是 JSP 与并行机调度的混合，每个作业可以在一组可选的机器集进行加工。FJSP 的灵活性使得不同作业之间可以共享机器资源，从而提高资源利用率和生产效率。

（5）开放车间调度问题（open-shop scheduling problem，OSP）。开放车间调度问题是作业车间调度问题的一种特殊情况，每个作业可以按照任意顺序在各个机器上进行加工，没有固定的作业顺序和机器分配规则。每个作业在每台机器上的加工时间可能不同，且作业之间没有先后顺序的限制。

在实际生产环境的基础上，车间调度可以根据机器数量、生产环境特性、工序加工特点、生产资源约束以及工厂分布等方面进行分类，具体如图 2-1 所示。

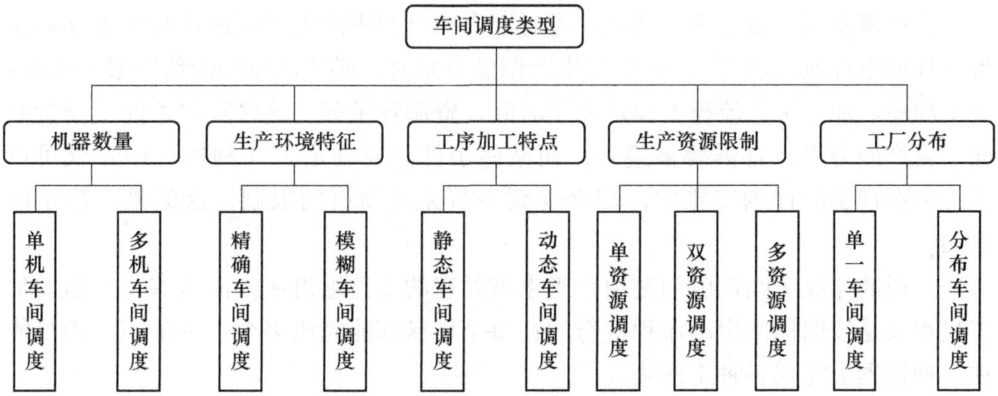

图 2-1 车间调度类型

2.1.1.2 车间调度的特点

随着工业 4.0 和智能制造等新型制造模式的兴起，制造车间广泛采用了传感器、AGV 和智能化机床等新技术，导致生产调度问题模型的构建面临更大的挑战。因此，当前大多数研究中往往会简化模型或考虑较少的约束条件，导致理论模型与实际生产情况之间存在一定的差异。在实际制造过程中，车间调度问题通常具有以下几个显著特点。

（1）问题多约束性。车间调度问题所涉及的约束条件较多，如机器的可用性、任务的处理时间、任务的先后顺序、资源的限制等。这些约束条件的相互关系和影响使得车间调度问题在问题建模与求解变得更加困难和复杂。

（2）优化目标多样性。为更加接近实际生产环境，除加工时间这一优化目标外，交货期，生产成本、延期成本、在制品库存量、能耗等目标也是企业关迫切需要优化的重点。然而，在求解多目标调度方案的过程中，需要考虑目标之间的相互冲突，这使得研究多目标条件下的调度问题具有更大的实际意义，同时也对构建多目标优化模型提出了挑战。

（3）问题不确定性。在实际生产中，工件到达时间、工件加工设备以及加工时间的不确定性等因素，使车间调度问题变得更加复杂。同时，在生产过程中还会遇到各种突发事件，比如订单增加、原料短缺、交货日期变化和设备故障等。这些突发事件的发生均会导致系统原有的调度方案发生变更。因此，在制定调度方案时，需要充分考虑并应对这些不确定性因素，这也使问题的求解变得异常复杂。

2.1.2　车间调度问题

2.1.2.1　生产车间调度概述

生产调度可被定义为，通过一段时期内的可利用的生产资源进行配置，以获得最佳的条件或要求[102]。在制定生产调度方案时，必须注意的制约因素一般有：加工顺序、加工工艺流程、预定完工时间、资源容量等。这些限制条件（交货时间、生产能力等）都需要被遵守，而某些条件只要满足了（制造费用）就可以了，但在现实的计划安排中，却会受到一些无法预料的限制，这就是不确定的原因。

一般的作业车间调度问题由一组未被处理的工件组组成，而这些工件组的加工过程又是按照标准生产流程进行的；每个机床都能完成多个工件加工，而且能在各种机器上完成各种工序集。

2.1.2.2　作业车间调度概述

作业车间（job-shop）调度问题是车间加工情况的一种，是对 m 台机床上的 n 个零件进行处理[103]，已知每个工序的处理时间和每个工件在一台机床上的处理顺序限制，需要在符合该过程约束的机器上对全部工件进行处理，以获得最佳的处理效果，它的原理如图 2-2 所示。

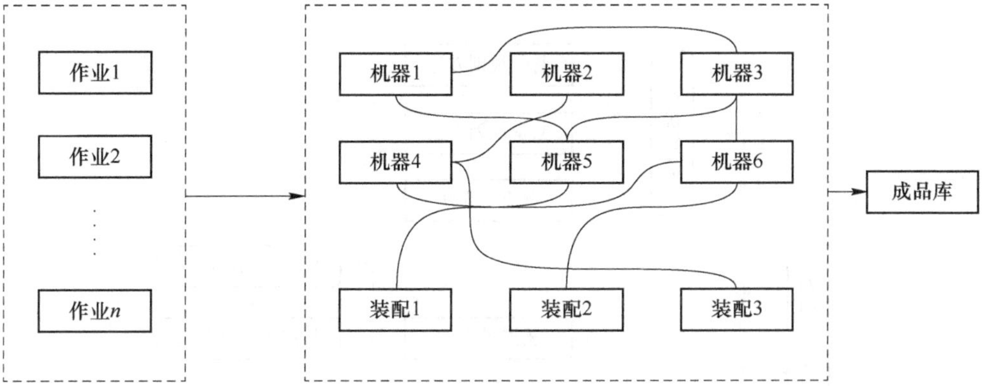

图 2-2 作业车间工作示意图

作业车间的调度问题可以归纳为式（2-1）表示的模型。

$$C_{max} = \max(C_1, \cdots, C_n) \tag{2-1}$$

式中，C_{max}为总订单最大完成时间；C_j 为每个订单 j 的完成时间，$j=1,2,\cdots,n$。

在讨论车间的组装问题时，采用了柔性生产车间调度模型，对环境的因素进行了分析，探讨了在订单条件下如何安排机器的加工顺序。目前我国汽车业中存在的作业车间组装问题，其特征在于既要将一个作业工序分散到几个机器上，又要将几个工序集中于一台机器上。

2.1.3 车间调度求解方法

现阶段，解决调度问题的方法主要可以划分为两大类[104]，即精确方法（exact method）和近似方法（approximation method）。1954 年，Johnson[105] 提出了一种基于 Johnson 优先级规则的方法，用以解决具有确定顺序的作业车间问题，对后来的 JSP 研究产生了深远的影响。在 20 世纪 50 年代至 80 年代，精确算法，如数学规划和运筹学，开始逐渐应用于车间调度，以获得确定性的最优解。然而，这种精确优化方法只能得到小规模问题的精确解。对大规模优化问题，尽管理论上可获得最优解，但因其复杂度较高，难以在较短时间内完成计算。

随着计算机技术和智能算法的发展，自 20 世纪 80 年代以来，车间调度相关的研究方法逐渐从精确方法转变为近似方法[106]。相比于精确算法，近似算法通常具有较低的时间复杂度，能够在较短的时间内给出一个接近最优解的结果，在处理大规模车间调度问题时通常能够提供较好的性能。

图 2-3 总结了求解车间调度的各种方法，将每种方法细分为不同的算法。

其中，元启发式算法包含许多其他优化算法，如蚁群算法、差分进化算法、萤火虫算法以及樽海鞘群算法等，都是对自然界或生物界的模仿方法，被应用于

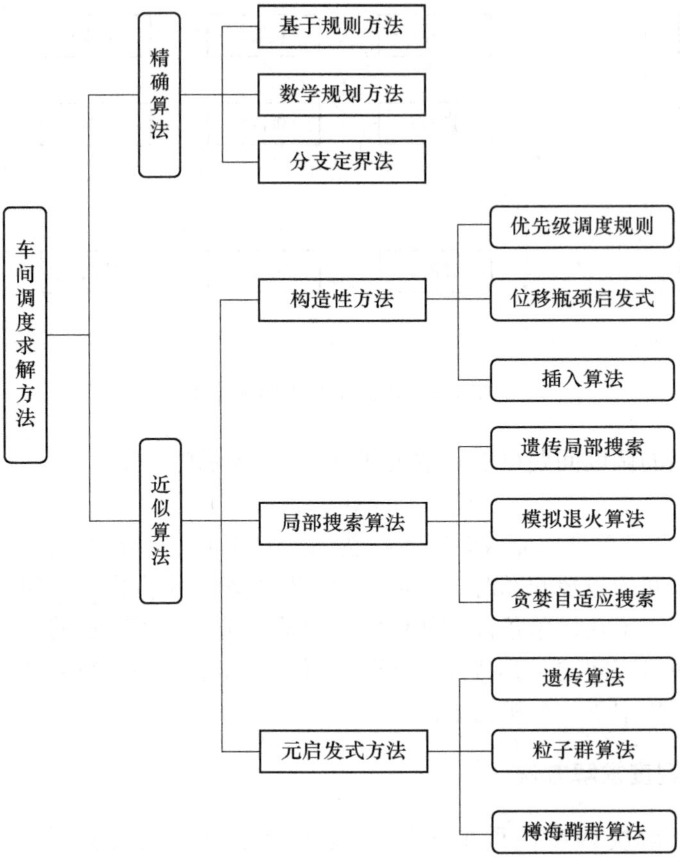

图 2-3 车间调度求解方法

作业车间调度问题中并取得了较好的效果。元启发式算法因其强大的全局搜索能力和快速的收敛速度而广受青睐，但这些算法在局部搜索阶段易陷入局部最优解。因此，设计一种有效的混合算法，以优化车间调度问题，成为当前研究的关键。

2.2 绿色柔性智能车间调度理论基础

2.2.1 柔性作业车间多目标调度问题特性分析

2.2.1.1 作业车间调度

在制造业中存在多种调度类型，具体的调度类型如图 2-4 所示，表 2-2 为各调度类型特点。

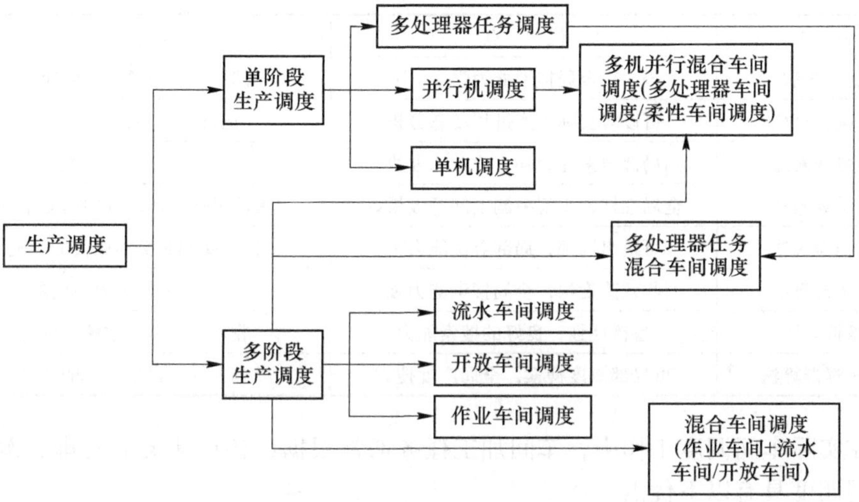

图 2-4　车间调度工件和车间分类图

表 2-2　车间调度类型与特征

调度类型	特　点
单机调度	工件仅有一道工序且在一台机器上加工
并行机调度	工件仅有一道工序可任选加工机器加工
开放车间调度	加工顺序可以随意变换且可选择任意工序开始和结束，无顺序约束
流水车间调度	工件的工艺流程和加工路线均相同且只在一台机器上加工
作业车间调度	工件的工艺流程相同但加工路线不同

在实际车间生产中，每台机器的生产能力和可生产类型都不同，因此机器受到了约束，根据实际生产的特点，部分柔性作业车间调度问题可以更好地解决该情况，具体如表 2-3 所示。

表 2-3　柔性作业车间分类

类　型	特　点
完全柔性作业车间调度问题	每个工件的每道工序可以任选一台机器加工
部分柔性作业车间调度问题	加工机器有约束限制，加工机器不可选

调度需要根据实际情况进行调整优化，对于工件，制定合理的工艺并选择合适的加工机器。同时，确定机器上的加工时间和加工开始时间。目前 FJSP 主要包括两个问题，第一个问题是机器分配的选择问题；第二个问题是不同作业满足约束的调度问题。表 2-4 为作业车间调度常见求解问题方法。

表 2-4　作业车间调度求解问题方法

方　法	优　　点	缺　　点
遗传算法	全局搜索能力强	局部寻优能力差，求解速度慢
系统仿真法	可以对实际生产过程动态分析	运行成本高，解不稳定
禁忌搜索法	局部搜索能力强，收敛速度快	全局搜索能力差
数学规划法	全局性好，小规模调度问题效果好	无法描述生产过程中的复杂性
模拟退火法	可跳出局部，局部寻优能力强	性能受到相关初始值的影响
粒子群算法	收敛速度快，全局搜索能力强	难以有效求解离散问题
蚁群算法	鲁棒性强，良好的搜索能力	收敛速度慢，求解精度低
人工蜂群算法	可局部深度搜索，全局广度搜索	易陷入局部最优，解的质量差

在实际车间调度工作中，车间加工任务通常根据设备负荷灵活安排。柔性作业车间调度具有以下优点。

（1）灵活的工件加工路线：根据可选设备负载灵活安排，资源利用率高；

（2）较稳定的生产过程：当其中某台设备出现故障时，可以选择其他设备来替换有故障的设备以完成生产；

（3）具有较短的生产周期：由于工艺路线的柔性，因此可以对工序进行调整，在不同设备上完成多个订单以缩短生产周期并满足客户的交货期。

2.2.1.2　多目标优化问题

多目标优化问题（multi-objective optimization problems，MOP）是一类目标函数大于等于 2 的数学优化问题，属于多目标决策的其中一部分，也被称作 Pareto 优化、多目标规划等。在多目标优化中，不能同时得到所有目标的最优解，一个目标的最优解可能导致其他目标解的质量较差。因此，会同时存在几种折中方案，也称为帕累托最优或帕累托非支配解。

解决多目标问题的本质是找到理想的帕累托解，并使用特定的评估规则对目标函数进行决策。通常，多目标优化问题主要采用加权法来减少变换目标的个数。然后依次求解每个目标。通过上述方法只能得到一个最优帕累托解，这不能满足多目标问题中的多个最优帕累托解，并且该方法的效率极低。

现有大部分多目标优化问题的求解方法主要采用一些智能优化算法进行求解，首先采用算法对种群进行初始化处理并根据一定的顺序对个体进行分类，并选择有效的维护策略，以便种群能够有效地接近帕累托解。这种智能进化算法可以在一个操作过程中得到多个理想的帕累托解，并且具有很强的全局研究能力，可以有效提高求解效率。下面对多目标优化函数相关基本概念进行介绍。

（1）可行解：满足所有约束条件的解。

（2）Pareto 最优解：多目标优化函数情况下的一种最优解，也叫非可支配解、有效解、非劣解等。一个解 x 称为最优解，当且仅当满足 x 使得目标最优的解。

（3）Pareto 最优解集：解集中包含所有 Pareto 最优解。

（4）Pareto 前沿：Pareto 最优解集在目标函数中的映像。

基于帕累托法和加权法，车间柔性多目标调度问题可以通过以下两种方法近似求解。加权方法是根据不同的权重分配每个目标，将较多的目标数量减少为单个目标，对单个目标问题进行优化研究，采用原始的优化方法一次搜索只能得到一个 Pareto 解，并且只有在多次参数调整后才能获得帕累托求解集。多目标进化方法则是将多目标优化问题引入进化算法，同时对解空间不同方向进行搜索，从而可以直接获得 Pareto 解集。对于 Pareto 支配关系问题，最常用的解决方法为 NSGA-Ⅱ。

2.2.1.3　车间生产调度的特点和特性指标

通过对实际车间的研究，发现在实际车间调度中有以下四个特点。

（1）复杂性：由于系统工程包含多个子系统进行相互调节影响，车间整个制造过程是一个复杂的系统工程，对于整个车间制造过程来说更为复杂，不仅仅需要考虑整体的要求，还需要对每个子系统的特性进行考虑实现目标。因此，针对车间调度问题进行研究，需要对每个子系统进行协调才能更好地达到整体的最优的效果。通常情况下，车间调度问题都在某些等式或不等式的约束下作为基础进行研究，针对多个特性指标进行优化，其复杂程度较高，通常采用常规的优化方法无法得到该类问题的最优解。

（2）不确定性：在企业产品制造生产过程中，总会有一些无法避免的突发情况发生，主要是以下几点。

1）从工件加工方面来看，会有一些紧急工件的临时插入和某些工序时间不确定或延迟等问题，导致工件的交货期受到影响推迟；

2）从设备方面来看，随着加工工件数量的增多或是其他原因，设备可能会发生故障、超负荷运转等问题；

3）车间会存在其他影响因素，实际生产加工中通常会受到一些人为因素影响，如员工疲劳度和工作效率等，或是原材料缺失等问题。

（3）多目标性：通常在生产调度的研究中，同时存在多个优化目标，例如：完工时间、设备总负荷、平均加工时间、加工总成本和提前期等目标。通过对多目标的优化并调整使整个企业利益最大化。

（4）多约束性：对于调度问题研究时，必须考虑不同问题的约束条件，常见的约束条件为加工工艺流程、设备负荷、车间资源等。同时对于一些复杂的约束条件也提高了问题的难度。

通过对车间调度的性能指标进行研究发现，该类型问题的研究通常需要考虑多个性能指标，同时对于不同的指标进行选取会得到不同的调度结果。因此在车间调度研究过程中，首先要对优化目标的选取进行确定。本章对生产调度问题进行研究发现目前常用的性能指标通过以下四个方面体现：

（1）加工时间：工件的加工时间可以直接影响到企业能否按时交货，因此，通常需要对车间的加工时间作为指标进行考虑。最大完成时间是从第一个工件的第一次操作到最后一个工件的最后一次操作所需的时间。

（2）交货期：产品的交付日期从收到订单之日起至客户收到货物之日止。交货期的提前或延后都会使企业受到影响，提前完成订单将增加企业库存成本，延期完成订单对企业信誉受到损失。

（3）设备负荷：该设备符合车间生产和加工所有设备的加工时间之和，通常被认为是将设备的负荷降至最低。由于不同的设备加工时间和加工任务不同，会出现瓶颈设备，因此将设备瓶颈负荷也加入考虑指标。

（4）成本相关：生产成本提高综合效益作为企业的热点关注问题，因此，可以借助生产成本指标反映调度的优劣，通常采用最小化总成本和最大化利润对成本进行研究。

2.2.2　绿色柔性作业车间研究

由于其柔性作业车间的特点，工序和机器之间的选择也存在约束条件。同时针对绿色柔性作业车间的问题研究难度更大，除了需要基本的指标进行考虑之外，需要增加绿色指标以供考虑。基本的柔性生产线有很多限制，可以分为内部限制和外部限制，具体如表 2-5 所示。

表 2-5　柔性生产线约束类型

约束类型	约束名称	特　　征
内部约束	工艺流程约束	每个工件的加工工艺及流程不同，且均有固定的机器
	工序顺序约束	工序必须等前一道工序完工后按照顺序进行加工
	机器状态约束	机器有工作和空闲两种状态，每个机器每次只能加工一道工序
外部约束	生产成本约束	考虑设备的能耗
	生产原材料约束	需要考虑原材料数量
	库存数量约束	实际库存数量，会直接影响到存储成本

在以前的研究中，FJSP 通常会优化生产指标，如最大完工时间和设备利用率。

然而，环境污染问题在全球范围内日益严重，人们在各个方面对环保意识也逐步提高，针对于生产过程调度研究中，在研究原有优化指标的同时加入了绿色的因素。因此，需要一个更加绿色节能的调度方案，该调度在优化生产指标目标的同时可以降低生产过程所产生的能耗，从而可以实现车间生产过程中各项指标的普遍优化和有效平衡。

在车间生产过程中，机床设备会产生大量的能耗，不仅仅需要考虑加工时的能耗，也存在设备不同状态下的不同能耗。同时车间内的一些辅助设备也会造成能量消耗，例如：一些工件在加工时会释放大量热量，这时便需要加入冷却液来保证设备继续运转。

但是，现有关于考虑绿色节能的柔性作业车间调度的研究相对较少，随着调度理论的不断发展完善，近年来，越来越多的学者开始关注到这个领域。在“碳中和”与“碳达峰”的背景下，针对柔性作业车间在绿色节能低碳上的研究成了一个新兴的研究方向，该成果可以帮助企业有效地减少碳排放节约能耗，进一步预防全球变暖等气候变化的发生。近年来，将碳排放作为优化车间调度目标的热门研究方向，根据企业生产车间的调度进行优化。

2.2.3 智能车间问题特性分析

2.2.3.1 智能车间的核心技术

智能制造系统作为企业管理体系的一部分，其系统最终目标都是对企业生产进行服务，达到降低成本和提高产品服务质量的效果。建立智能化生产线将有利于新型制造业的转型与发展，不仅降低了人工成本，企业的生产效率也大幅提高。

智能制造的目标是智能化和创新整个制造价值链，并进一步整合工厂的计算机化和工业化。通过运用软件控制数据来调整解决复杂的个性化订单，将数字化、网络化和智能化来综合多种先进模式，有利于推动制造业向智能化的转型过程。中国作为具有雄厚实力的传统制造业大国，通过“中国制造2025”和“互联网+”计划，推动云计算、大数据和人工智能等方面与传统制造业的融合，将带动整个制造业新一轮发展。

智能制造是依据由五个步骤自上而下实现的，它还对应以下五个级别：设备级、控制级、车间级、企业级和协作级。

第一步：是对底层网络进行构建，其设备层包括传感器、条形编码、射频技术、数控机床等一些软硬设备，通常作为企业生产活动的物质技术基础。

第二步：工业控制系统通过 DCS（distributed control system）与机组设备连接，实现智能化生产线。

第三步：在智能生产线基础上以 MES（manufacturing execution system）等工控系统，来实现智能化车间。

第四步：作为企业层将在数学化工厂运行中，结合大数据技术，采集数据、海量数据存储、分类、提取和优化等步骤，为整个系统决策提供稳定的数据支持。

第五步：使获得的数据有序地在价值链中移动，实现企业之间的高效协同。

针对车间调度的应用研究，本书主要针对设备层、控制层和车间层的相关理论知识进行简要介绍。

传感器是一种自动化监测技术和智能控制系统的重要部件，在设备或系统的前端，为系统和设备提供准确可靠的原始信息，作为整个系统感知外界信号的首要器件。传感器已成为目前世界生活不可或缺的一部分，多种类型的传感器应用在生活的各个领域。通过具有高精度和高可靠性的智能传感器来获得数据对车间的能耗进行检测，可以进一步推动车间节能和双碳方面的探究。

射频识别技术（radio frequency identification，RFID）是一种基于射频的无接触式识别技术。RFID 有利于工厂对实时物料加工等相关数据状态的获取，进而加强了生产调度过程中的准确性和实时性。

制造执行系统 MES 于 1992 年提出了包括计划层、执行层和控制层的三层业务集成模型。它是对整个生产过程的精益管理，是在生产环境和工厂管理系统之间交互的关键。

人工智能（artificial intelligence，AI）是基于人类进行模拟和延伸的系统，大多用于解决人类无法独自完成的复杂任务。在制造业中，人工智能可以帮助系统更智能地分析、发掘设备的故障以及其故障部位。人工智能学自 1950 年至今主要有 4 个学派，由最开始的符号学派逐步发展到连接学派和行为学派，最终发展为目前的新一代人工智能。

2.2.3.2 智能工厂中 AGV 的结构组成与系统层级结构

AGV 是一种可自动移动式机器人，可以实现移动、停车、转向、避障等功能。由于 AGV 具有运输稳定、装卸方便、省力等优点，近年来为物流业和智能车间等行业提供重要保障基础。通常情况下，AGV 包括车体、定位导引装置、AGV 控制系统、信息通信系统、电源以及自身保护装置等。

（1）车体：不同的作业环境和货物所需要的 AGV 车的结构和功能不同。大部分 AGV 车体结构组成包括车架、底盘和轮胎等。

（2）定位导引系统：定位引导系统可以获取当前 AGV 的精确位置信息，并使 AGV 沿着系统所计划的路径行进。目前，存在多种导引系统，例如：激光导引、电磁导引、光学导引、视觉导引等。

（3）控制系统：AGV 拥有接收并处理设备传来数据信息的控制系统，这用于控制 AGV 行驶路径以及装载和卸载操作。控制系统还可以提供 AGV 状态的实时监控，这是 AGV 的主要部件。

（4）通信系统：AGV 的通信系统一般包括集中式通信和分布式通信。集中式通信系统主要针对 AGV 与上位机之间的通信；分布式通信系统主要为 AGV 之间的信息交互，互联互通提供支持。

（5）电源及保护装置：AGV 中的能量来源一般都是依赖于可充电的电池。为了保护 AGV，减少维修成本，AGV 一般都有自我保护的功能，从而避免意外碰撞所造成的损失。

随着技术的不断进步，AGV 的种类越来越多。根据允许承载的重量来看，可以分为轻载型和重载型；根据功能结构来看，可以分为激光式、视觉式、电磁感应式等不同形式的 AGV。电磁导引式 AGV 通过 AGV 上感应器感应交流电产生磁场的强度，来进行 AGV 系统的转向，方位纠偏；激光导引式 AGV 通过采集和计算激光信号来判断位置并规划方向；视觉导引式 AGV 可以对环境进行视觉分析并做出判断；磁条导引式 AGV 是目前使用较广泛的一种 AGV，可以由地面上的磁条和车身上的传感器精确引导。

AGV 系统由多个子系统组成，每个子系统由不同的模块组成，具体 AGV 系统结构如图 2-5 所示，其中每个模块的功能描述如下。

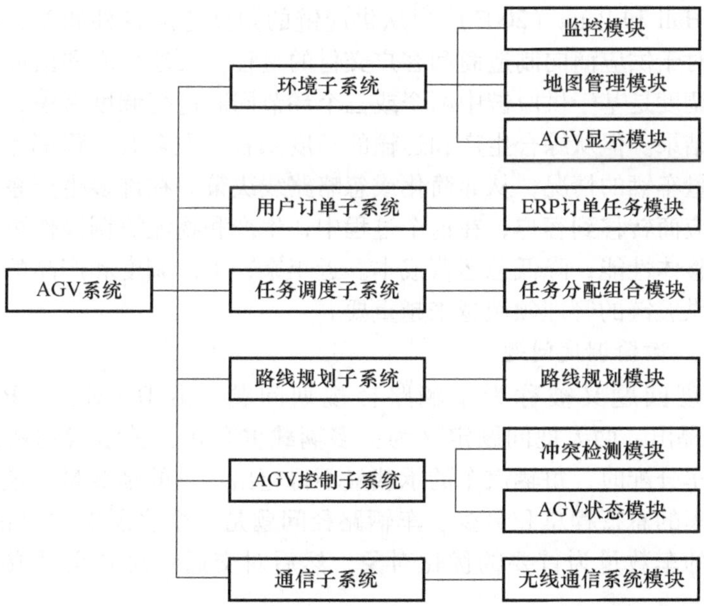

图 2-5　AGV 系统结构图

（1）地图管理模块：基于实际环境进行建模，保存与地图的相关信息；

（2）监控模块：监控和管理仓库，并保留历史视频以查阅历史事件；

（3）AGV 显示模块：可以通过该模块显示 AGV 的位置和状态；

（4）ERP 订单任务模块：直接与用户交互并通过订单任务模块到达任务调

度子系统的模块；

（5）任务分配组合模块：任务调度模块的基本步骤是按照一定的方式对订单任务分配和组合；

（6）任务调度模块：根据任务组的优先级进行调度；

（7）路线规划模块：规划 AGV 无碰撞行驶路线；

（8）车辆调度模块：最优化的 AGV 执行任务调度；

（9）冲突检测模块：检测 AGV 是否会发生冲突；

（10）AGV 状态模块：当前 AGV 状态的反馈，如坐标、剩余功率、任务是否正在运行、是否存在故障等；

（11）无线通信模块：提供了上位机控制系统与 AGV 的安全平台。

2.3　车间集成调度概述

2.3.1　集成调度概述

最早由 Hall 和 Potta（2003）[107]从供应链的角度考虑各种调度、批处理和交付问题中，对于供应商向制造商和客户交付的过程，关注生产和出境运输的综合问题。集成调度是基于供应链中两个或三个环节同时进行调度考虑，从而达到效益最大化的结果。但从综合生产和运输的角度来看，大多数工程都考虑了单一客户或无限数量车辆的情况，从而简化或忽略路线决策。在许多生产系统中，完成的工作由供应商转移到客户，在这个过程中，生产和物流协调操作可以帮助提高生产系统的整体性能，降低总运营成本。近年来，生产调度和产品的运输集成调度对于整体供应链的管理领域越来越重要。

2.3.1.1　运输调度问题

运输调度问题又被称为车辆路径规划问题，由 Dantzig 与 Ramser[108] 于 1959 年首次提出，两人把问题定义为：多辆载重车辆，其承载的物品大小各不相同，在汽车分配时，每辆汽车的承载量不得超出汽车的承载量，最优的目的是使所有的汽车的总行程总和最少。车辆路径问题是一个多层次的目标最优问题，通常以最少的车数量为首要的优化对象，然后对交通线路和交通成本进行最优选择。

车辆路径问题在实际生活中有着广泛的运用，例如：垃圾回收、包裹配送、公交调度、报纸配送等。近年来，许多学者都在车辆运输问题上进行了大量的工作，并在此基础上取得成果。

2.3.1.2　标准车辆路径问题的数学模型

最根本的问题是标准的车辆路线问题，它限制了每一种服务的交通工具的最大承载能力。其他的多限制条件下的汽车路线问题也是以汽车路线问题为研究对象。从图论的观点出发，可以用一个具有完整权重的有向图 $G=(V,A,c)$ 表示，其中 $V=\{0,1,\cdots,n\}$ 为节点的集合，其中，0 代表物流中心，$V'=\{1,2,\cdots,n\}$ 代表客户点，$A=\{(i,j)\mid i,j\in V,ij\}$ 为弧的集合，c_{ij} 与弧 (i,j) 相对应，表示客户 i 到客户 j 的运输成本，它的意义为距离、费用、时间等。

对于车辆路径问题，下面定义相关的符号和变量。

（1）q：车辆的最大装载能力；

（2）D_i：顾客点 i 的需求；

（3）m：车辆数量，在问题中一般假设所有车辆都是同一车型，且具有同样的车辆承载能力和行驶的最远距离约束；

（4）R：车辆集，$R=\{1,2,\cdots,m\}$；

（5）R_i：车辆路线，$R_i=\{(0,i_1,\cdots,i_n)\mid i_1,\cdots,i_n\in V',i\in R\}$；

（6）$x_{ijk}=\begin{cases}1 & \text{车辆 } k \text{ 从 } i \text{ 到 } j\\ 0 & \text{其他}\end{cases}$

（7）$y_{ik}=\begin{cases}1 & \text{需求点 } i \text{ 由车辆 } k \text{ 服务}\\ 0 & \text{其他}\end{cases}$

则可得到标准车辆路径问题的数学模型如下：

$$\mathrm{Min}Z=\sum_{i=0}^{n}\sum_{j=0}^{n}\sum_{k=1}^{m}c_{ij}x_{ijk} \tag{2-2}$$

约束条件：

$$\sum_{i=1}^{n}d_i y_{ik}\leqslant q,\ \forall k\in R \tag{2-3}$$

$$\sum_{k=1}^{m}y_{ik}=1,\ \forall i\in V' \tag{2-4}$$

$$\sum_{i=0}^{n}x_{ijk}=y_{ik},\ \forall j\in V',\ \forall k\in R \tag{2-5}$$

$$\sum_{j=0}^{n}x_{ijk}=y_{ik},\ \forall i\in V',\ \forall k\in R \tag{2-6}$$

$$x_{ijk}=\{0,1\},\ \forall i,j\in V',\ \forall k\in R \tag{2-7}$$

在此模型下，式（2-2）是最少的运输成本；式（2-3）对运输工具能力的限制进行了界定；式（2-4）确保只有一辆车能为每位顾客提供货物；式（2-5）和式（2-6）限定了只有一辆车抵达或从该顾客处驶出；式（2-7）表示变量取值约束。

其中，式（2-2）为最小运输成本的目标函数；式（2-3）对交通车辆的能力限制进行了约束；式（2-4）表示只有一辆车能为每位顾客提供货物；式（2-5）和式（2-6）约束了顾客和车辆配送的数量；式（2-7）表示变量取值范围。

2.3.1.3 车辆路径问题构成要素及问题分类

物流车辆运输问题涉及的各种因素都密切相关，因此，在物流车辆的调度问题上，存在着各种各样的问题。物流车辆运输体系由物流中心、客户、货物、车辆、运输网络、约束条件和优化的对象组成。

（1）物流中心。在物流车的运输体系中，物流中心是一个关键的交通枢纽。根据物流枢纽建设的数目，可以将其划分为单一仓储车辆计划问题（single depot vehicle routing problem，s-VRP）和多仓储运输问题（multiple-depot vehicle routing problem，m-VRP）。

（2）客户。在物流运输过程中，客户是由车辆运输提供的最大的服务，客户具有很多特点，比如：客户的位置信息，需求时间窗口，需求货物数量等。针对客户的自身特征，存在着许多车辆的排序问题。

1）车辆运输时间窗问题，车辆惩罚约束的软时间窗车辆调度问题（vehicle routing problem with soft times windows，VRPSTW）。

2）需求特性：单个顾客的需求比物流车的最大负载量少的配送问题，而单个顾客的需求比运输车辆的最大负荷需要分配的问题（split delivery vehicle routing problem，SDVRP）。

3）要求特性：客户对货物提出了提单和运输的需求，根据提单上的订单顺序，将其划分为 VRPCB 的集合取货调度问题以及 VRPMB 的混合取货问题。客户既具备了取件和装运的要求，又具备了运载工具的运载问题（vehicle routing problem with simultaneously delivery and pickup，VRPSDP）。

（3）车辆。在物流运输系统中，用以满足客户需求的车辆具有几个关键特征，包括车辆类型、载量、最大行驶时间和行驶距离，以及车辆的终点。

（4）运输网络。交通网络由物流中心节点、客户节点以及各节点之间的加权通路曲线构成。在这样的网络中，两个节点之间的方向性电弧可能具有相同或不同的加权值。这种网络可分为两类：对称的交通系统（symmetrical transportation networks，STN）和非对称的交通网络。在大多数物流车辆调度问题中，关注的是这些节点间的连通性；然而，现实中的特殊情况可能出现两个物流节点之间无直接连接线，形成了无连接交通网络。

（5）约束条件。物流车辆调度问题是一种综合最优问题，它包括一组存取的约束，以确保在实际的物流作业中，运载计划的有效性。除顾客、商品、车辆等因素所造成的时间窗限制、服务次数限制、车容量限制、车型限制、里程限制外，还包括顾客服务优先级、碳排放量等约束。

（6）优化目标。在实际的物流车辆运输中，对车辆的调度和最优问题进行了研究。最优的目标可能是最小的车辆排序、最小成本设施应用、最小成本运营维护和车辆的运输费用、最大顾客满意、最大车辆使用率。在现代物流业中，由于物流市场日趋多元化和复杂化，对多个最优对象进行协同最优是近几年来车辆运输管理中的一个重要课题。

2.3.1.4 集成调度问题

综合调度问题不仅涉及了生产调度问题，且涉及了车辆的调度问题。这就需要在企业内同时实现生产调度和车辆调度两方面的优化，从而实现整个系统的最优化。

本书将生产与运输集成调度的概念定义为：用户将产品需求发送给生产商，而生产商则依据产品的信息来完成产品的加工，再通过车辆运输的形式运送给用户。很明显，产品是从制造商的产品制造到最后交付给客户的全流程。因此，问题可以被分为几个子问题。首先外层优化过程中，车辆分配问题的解决，确定车辆分配订单任务的调度。其次，将企业的内部结构进行了划分，将产品结构划分成两个子级，并将此问题划分成了产品排序子问题和运行组问题。在制造过程中，首先要决定各零件的制造工序，然后在制造工序中进行排序，最后决定各零件的制造开始和完成的时刻；在装运过程中，必须决定各零件的装配量，并与各装车的运行路径相联系，最后决定装运的起运时间和交货的具体时间。制造和运输阶段之间没有各自的关系，很明显，在完成了所有的工序之后，所有的产品都将处于运输阶段。在综合调度问题中，制造流程会直接影响到整个运输流程。

2.3.2 集成调度优化目标研究

综合调度问题不仅是对生产调度问题的扩展，也是对车辆调度问题的一个扩展，这就需要企业整体优化目标，从而实现全系统的最优化。

2.3.2.1 存在问题

现存的生产型制造企业在供应链环境下，降低供应链的总分配成本及提高生产效率称为了企业亟须解决的问题。供应链中对于生产与运输两个部分的占比很大，因此，需要着重研究生产与运输的集成调度问题。

(1) 产品的累积造成了产品生产商的存货成本上升。

目前的制造业企业在制订生产调度时，往往把最短完工时间当作一个最优的指标，这样可以达到车间的日常工作需求，但并不能使整个系统的总成本降到最小。例如，如果一家工厂对批量的商品进行处理，加工完成后，那么它们往往会被运送到两个地点：一是直接运送到客户的指定地点，以满足客户的需要，其缺点是在制造过程中未将运输材料的调度方案加入，从而导致成本增加。二是将货物运送至制造商的库房，然后运送至客户的指定地点，满足客户的需求，然而，势必增加企业的库存成本。总之，目前我国的工厂使用的调度方案，由于产品配送方案不合理，导致成本堆积等原因，造成了大量的存货。

(2) 由于生产厂商对产品供给和分销时间的不协调，造成了产品的市场竞争能力下降。

在传统的商业运营中，生产部与物流中心分配部相互分离。在企业收到大量的订单后，由各车间按照一定的时间进行排产，然后将成品包装运输到物流配送站。一般情况下，根据“先完工后配送”的基本原理，将已包装好的商品分批配送到就近的顾客地点，再根据距离的不同顺序进行配送。可以看出，这种操作方式把订单制造和物流分拆成两个不同的工作环节，很可能因为不能及时完成订单，造成订单配送不及时。过快地发货会造成等候浪费，而延误的发货会使客户和公司蒙受巨大的损害。为了提升对客户的服务水平，建议将制造和物流联合起来，以满足客户对配送的需要。

针对目前的生产调度问题中，由于产品积压而造成的库存费用上升，而由于产品供给与分配时间的需求不协调，造成了产品的市场竞争能力下降等问题，可以运用相应的求解思路和方法，来处理生产调度过程中出现的问题。

2.3.2.2　集成调度的目标

针对本书同时考虑作业车间和运输调度的集成问题，目标函数由生产因素和车辆因素两个部分组成。

（1）最大完工时间。在生产现场，存在许多要被处理的零件，这些工件都是通过几道工序来完成的。在生产过程中，各个产品的最终加工被称作“完工”，而全部产品的生产结束时间则是“最大完工”。工序的完成时间是决定作业效率的一个关键因素，所以工序最大完成时间是生产调度的一个关键参数。此外，本书将成品运输到客户手中的总完成时间也算入最大完工时间。

（2）产品交货期。若交付时间达不到客户所规定的时间期限，将导致企业的额外费用或潜在的客户流失损失。因此，在考虑生产与配送方案时，需考虑客户的产品需求时间因素，从而提高生产效率。这与交货时间有关的最大完工时间、最大延迟时间、平均提前完工时间、平均延迟时间、加权平均提前完工时间和加权平均延迟时间有关。上述两个指数都是衡量产品完成时间和客户交货时间的差异，一般都是通过差值最小的这一点来实现最优的生产调度计划。

（3）成本。一般说来，减少原料和半成品、成品的加工费用是提高一个公司的整体经济效率的重要途径，即合适的产品加工时间，对于企业提升效益起到重要影响。由于提前结束生产会造成存货的成本上升，延长成品的处理可能会引起顾客的不满，从而造成潜在的利润亏损。另外，在完成的过程中，产品要经过各种的工序才能完成，这时就会产生车间内的材料物流运输成本、人工成本。从以上分析可以看出，在制造过程中，衡量成本的主要因素有原材料成本、成品加工成本、物料缓存库存成本、运输成本、未满足交货期的惩罚成本、人力成本等。

（4）设备利用率。设备利用率通常是反映设备运行状况和工作效能的指标。在企业的固定资产中，设备的投资成本是很高的，所以，设备的使用效率是直接体现在投资回报上，而提高装备的使用效率就是减少生产费用。在最优生产计划问题中，常常把设备的使用量当作衡量计划的良好绩效标准。

（5）能耗量。能源消耗量主要体现在设备的开机、关机、设备开机、加工运行、空载运行、设备关机等阶段。在装置的开闭期中，能源的耗电量可以被忽视，而在待命和无负荷的情况下，都会产生能源的损失。若机器空闲，则造成能量消耗。所以，在安排生产调度方案的时候，要注意提高机器的使用效率，尽量缩短备用和闲置的工作时间。

（6）碳排放量。二氧化碳是影响全球暖化的主要因素，而智能制造企业则是最大的 CO_2 排放源，也是节能和减少能源消耗的首要目标。在车间作业中，由于设备利用率低、加工方式操作不合理，会造成更多的碳源污染。因此，对企业的碳排进行定量评价，合理地组织计划，以增加装置的使用效率，减少工厂的废弃物，是一种行之有效的方法。在从车间生产完成品到客户指定地点的运输过程中，车辆行驶所产生的 CO_2 也会被考虑如何降低排放量，节能减排。

2.3.3 集成调度优化方法研究

集成调度问题属于典型的 NP-Hard 问题，在寻求最佳方案时，并没有一种准确的算法。过去，国内外的学者对此问题进行了大量的探讨，可以简单归结为两类：运筹学方法和启发式算法。

2.3.3.1 运筹学方法

在某些领域，运筹学方法也被称作最优化算法或精确算法，它是一种能够用若干个数字运算和推论来获得最优解的算法。特别是对于物流运输企业的运输和路线的规划问题，通常运用了基于线性规划、网络与图论法、动态规划三个层次的运筹理论。虽然运筹学方法可以求解出问题的最优问题，但是其运算速度往往比较慢，而且资源利用率也比较高，难以在一定的时限之内找到最佳的求解方案。当问题的规模越来越大，在一定的时间范围之内，很难获得满意的最小的下限。因而，运筹学方法在当代的研究中常被用于解决小型问题，并将之与其他最优算法相联系，从而生产混合算法计算。

（1）线性规划。以求车辆调度为例，带有一定的运输与装载约束条件限制，其标准形式表达如式（2-8）所示：

$$\mathrm{Max}Z = c_1x_1 + c_2x_2 + \cdots + c_nx_n \tag{2-8}$$

约束条件为：

$$\begin{cases} a_{11}x_1 + a_{12}x_2 + \cdots + a_{1n}x_n = b_1 \\ a_{21}x_1 + a_{22}x_2 + \cdots + a_{2n}x_n = b_2 \\ \vdots \\ a_{m1}x_1 + a_{m2}x_2 + \cdots + a_{mn}x_n = b_n \end{cases} \tag{2-9}$$

决策变量为非负：

$$x_1, x_2, \cdots, x_n \geqslant 0 \tag{2-10}$$

式中，$c_j, a_{ij}, b_j (i=1,2,\cdots,m; j=1,2,\cdots,n)$ 均为已知常数。当决策变量 $x_j (j=1, 2,\cdots,n)$ 在给定的数值区间为整数的情况下，该线性规划为整数线性规划；如果只将局部决定变量的数值限制在一个整数区间内，则称为混合整数线性规划。

（2）动态规划。动态规划是解决多个层次、多重子集问题的一种新的理论和手段。针对多重子问题的规划问题，采用了动力学方法来再存储其计算值，从而减少了因反复迭代而造成的时间损耗。在此基础上，将该问题分解为多个独立的决策流程，其决策与前一流程的最优解有关，而各决策流程的最终决策所组成的一套系统称为一种决策战略。在此基础上，提出了一种新的基于动力学模型的新算法——动态规划，是一种可以解决整个问题的最优解。

2.3.3.2　智能化启发式算法

针对目前常用算法的求解速度较慢、易陷入局部最优的问题，在此基础上，提出适用的启发式智能方法，用于解决整体的问题。在一种基于智能的启发性的运算法则中，不能纯粹地追求创新，需要找到适合的改进方式，有时将经典的理论引入重组算法更佳，构建的混合算法可能更能有效地解决研究的问题，根据实际的问题应用相应的解决策略。

2.3.4　AGV 运输系统分配策略及调度规则

AGV 运输系统通常由 AGV 车辆、充电设备、中央控制系统、任务调度系统等组成。AGV 车辆根据中央控制系统下发的任务执行工作，任务调度系统负责任务的分配和调度，以实现系统的高效运作。AGV 通过内置的导航系统，如激光导航、磁导航、视觉导航等，可以在工作区域自主导航，执行预先分配的搬运任务。

在使用 AGV 运输的柔性作业车间中，AGV 运输系统是由各种不同的设备和系统组成的，其中包括车间中的原材料区、成品库区、行驶路径以及多辆 AGV。AGV 可以根据任务需求，在车间中按照规定的无冲突路线行驶，自动前往指定位置、搬运货物。如图 2-6 所示，AGV_1 将零件从原材料区域取走，然后将其运输到指定的加工机器 M_1 缓冲区；AGV_2 将结束加工的零件从当前加工机器 M_5 处运输至下一个工序的加工机器 M_4 缓冲区，最后将加工完成的零件运输到成品库。AGV 运输过程中存在空载和负载行程，需要 AGV 具备较高灵活性和精准度，确保在执行运输任务过程中的可靠性。

AGV 运输系统按其路径网络特征可分为单向线、多向式、多轨式和混合式等[109]。其中，单向式行驶路径的运输效率比较低，如果节点间的路径发生冲突或者 AGV 发生故障，可能会导致系统瘫痪。因此，为避免单向堵塞造成整个系统瘫痪，出现了双向式、多轨道 AGV 运输系统，如图 2-7 所示。

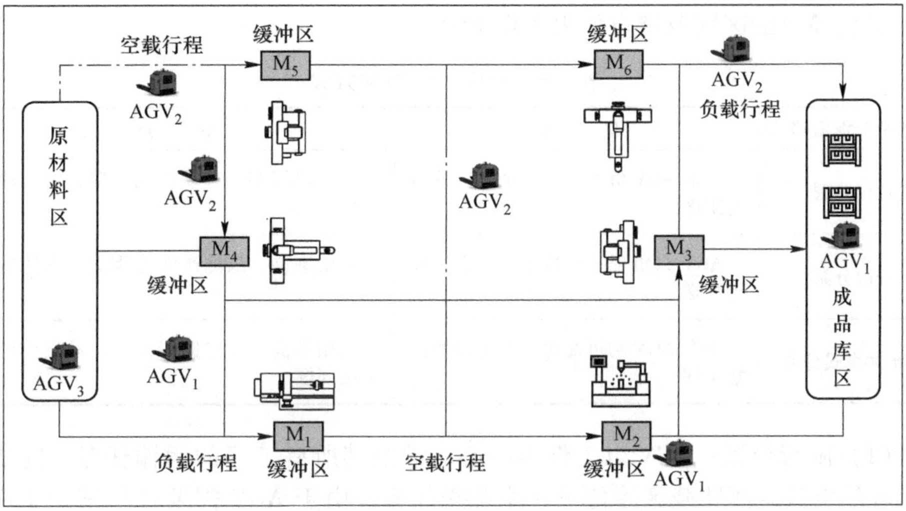

图 2-6 柔性制造车间的 AGV 配送模型

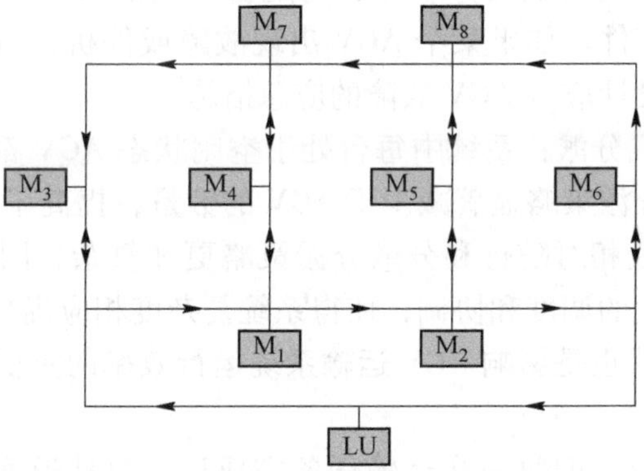

图 2-7 某制造车间布局示意图

在图 2-7 各机器间的 AGV 行驶路线中，有些 AGV 行驶路线是双向行驶的，尽管其运行方式较单向式、多轨道方式更为复杂，但配送效率却有较大提升，且占用较小的空间。多轨道式是指通过在单行线上增设单行线来增加线路的数目，从而有效地避免了一条线路的故障而造成的整个 AGV 运输系统的瘫痪。所谓“混合式”，就是指该运输系统具有单向、双向和多轨道三种形式，并依据其对 AGV 的输送任务和车间实际状况的要求，进行多种形式的轨道配置。

2.3.4.1 AGV 分派策略与驻留方式

为了提高 AGV 利用率，实现 AGV 系统高效调度，AGV 运输工件的过程中通常遵循三种分派方式：随行分派、分散分派以及分布共享式分派策略。三种AGV分派策略的区别及特点如表2-6所示。

表2-6　AGV分派运输方式

AGV分派策略	区　别	特　点
随行分派	一辆AGV负责配送一个工件的所有工序	等待时间多、移动范围受限，自动化程度低
分散分派	AGV只负责一个机器上所有工件的配送	利用率高、故障影响范围大，系统容错性差
分布共享式分派	所有AGV均可配送任意工件的任意工序	利用率高、运输路线复杂，易发生路径冲突问题

（1）随行分派：AGV以工件为中心，承担其所有工序的运输任务，完成一个循环后空载返回装载区等待下一个配送任务。由于AGV需要随行某个工序移动，移动范围受到限制，不能实现完全自主运行，降低了生产系统的自动化程度。

（2）分散分派：每台机器旁缓冲区均配备专属的AGV，并且只负责运输该机器上加工完成的工件。如果某个AGV出现故障或停机，可能会影响整个系统的运行效率，需要设计应对AGV故障的应急措施。

（3）分布共享式分派：系统中每台处于空闲状态AGV都可以运输某一工件的任意工序，这种分派策略显著减少了AGV的数量，提高了AGV的利用率。然而，AGV的行驶路线相对随行和分散分派策略更加复杂，因此需要对多个AGV及加工机器进行高效的调度和协调，使得系统复杂度相应提高。

AGV的驻留方式也是影响AGV运输系统运行效率的重要因素。AGV的驻留方式主要有两种。

（1）装载区驻留，即每一次运输任务完成后，自动返回装载区，然后在装载区等待下一次运输任务的分配。

（2）机器缓冲区驻留，即当上一个运输任务结束时，AGV不需要再回到装载区就可以直接在机器缓冲区等待下次运输任务。Bilge等[110]通过实验验证了这一观点：AGV在机器缓冲区驻留的运输效率明显高于装载区驻留方式。

综上所述，不同的分派策略及驻留模式直接影响到AGV的搬运工件的效率，进而影响作业路线的选择与实际调度方案。本书拟采用分布式共享调度策略及设备缓冲区驻留方式，构建柔性制造车间机器与AGV集成调度模型，以提高制造车间工件的灵活配送与AGV利用率。

2.3.4.2　多AGV任务调度规则

柔性制造车间AGV运输工件的过程中，如果某一工件的紧前工序与当前工序在同一台机器上进行加工，则不需要进行 AGV 调度。其他情况下，则需要根据设定的 AGV 任务调度规则为工件合理分配 AGV 进行运输。AGV 的调度策略分为单 AGV 调度和多 AGV 调度两种情况，具体规则如图 2-8 所示。

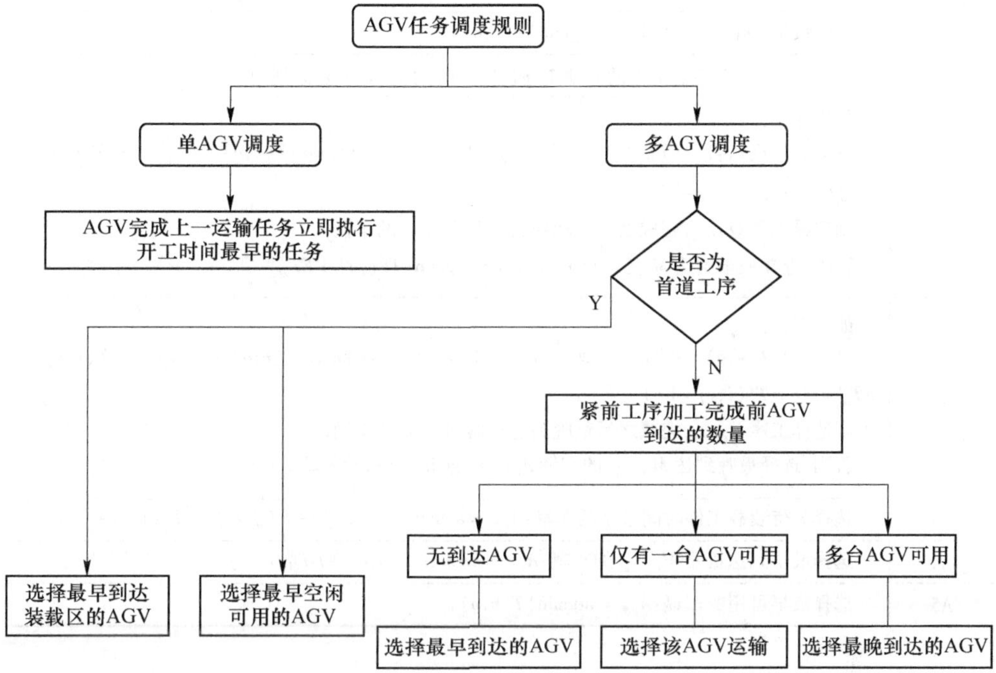

图 2-8　AGV 运输任务调度规则

当只有一台 AGV 搬运工件时，AGV 在完成前一个搬运任务之后，马上执行下一个开始最早工件搬运任务。在多台 AGV 同时运行的情况下，每台 AGV 的运行过程分为 AGV 的空载行程和负载行程，需要根据是否为首道工序、工序加工完成前 AGV 能空载到机器缓冲区的数量情况选择合适的 AGV。

（1）针对首道工序的 AGV 指派规则，可选最早到达装载区的 AGV 或者最早可用的 AGV。

（2）对于其他工序的 AGV 指派规则，若只有一台 AGV 能在该工件的紧前工序加工结束前空载行驶到该机器缓冲区等待，则选此 AGV；若在紧前工序加工结束之前，存在多台 AGV 完成空载行程到达该机器缓冲区，则应该选最晚到达缓冲区的 AGV，目的是减少 AGV 的等待时间；若在紧前工序加工完工前，该机器缓冲区无可用 AGV，则应选择最早到达的 AGV。

以上规则通过比较工件的紧前工序加工结束时间和 AGV 空载行程结束时间进行判断，具体规则说明如表 2-7 所示。

表 2-7　多 AGV 调度启发式规则

规则编号	启发式规则说明
	针对运输工件首道工序的 AGV 指派规则
FA1	选择最早到达装载站(LU)区域的车辆：$A_{v*}=\text{argmin}\{T(v,q)+ET_{M_k}^{LU}\}$
FA2	选择最早可用的车辆：$A_{v*}=\text{argmin}\{T(v,q)\}$
	针对运输工件的其他工序(非首工序)的 AGV 指派规则
A1	如果存在： $\exists A_v\in A, T(v,q)+ET_{M_k}^{M_{i(j-1)}}\leqslant T^e(i,(j-1))\rightarrow A_{v*}=\text{argmax}\{T(v,q)+ET_{M_k}^{M_{i(j-1)}}:T(v,q)+ET_{M_k}^{M_{i(j-1)}}\leqslant T^e(i,(j-1))\}$ 则选择工序 $O_{i(j-1)}$ 完成之前最晚到达机器 $M_{i(j-1)}$ 的车辆； 否则，选择最早到达 $M_{i(j-1)}$ 的车辆：$A_{v*}=\text{argmin}\{T(v,q)+ET_{M_k}^{M_{i(j-1)}}\}$。
A2	如果存在： $\exists A_v\in A, T(v,q)+ET_{M_k}^{M_{i(j-1)}}\geqslant T^e(i,(j-1))\rightarrow A_{v*}=\text{argmax}\{T(v,q)+ET_{M_k}^{M_{i(j-1)}}:T(v,q)+ET_{M_k}^{M_{i(j-1)}}\geqslant T^e(i,(j-1))\}$ 则选择工序 $O_{i(j-1)}$ 完成之后最晚到达机器 $M_{i(j-1)}$ 的车辆； 否则，选择最晚到达 $M_{i(j-1)}$ 的车辆 $A_{v*}=\text{argmin}\{T(v,q)+ET_{M_k}^{M_{i(j-1)}}\}$
A3	选择等待装载工件时间最小的车辆：$A_{v*}=\text{argmin}\{\lvert T(v,q)+ET_{M_k}^{M_{i(j-1)}}-T^e(i,(j-1))\rvert\}$
A4	选择最早到达机器 $M_{i(j-1)}$ 的车辆：$A_{v*}=\text{argmin}\{T(v,q)+ET_{M_k}^{M_{i(j-1)}}\}$
A5	选择最早可用的车辆：$A_{v*}=\text{argmin}\{T(v,q)\}$

2.3.5　多目标优化问题理论

多目标优化问题（multi-objective optimization problem，MOP）是指在一个优化问题中存在多个冲突的目标函数，需要在不同目标之间找到一组折中的解决方案。在多目标优化问题中，通常无法简单地将多个目标归纳为一个单一的目标函数，因为这些目标函数通常在优化过程中会出现互相制约的情况，即在提升一个目标函数的性能时，可能会导致其他目标的性能下降。MOP 的形式化描述可以表述为：

$$\text{Minmize } F(x)=[f_1(x), f_2(x),\cdots,f_m(x)]^{\mathrm{T}}$$
$$\text{subject to}: g_i(x)\geqslant 0, i=1,2,\cdots,C_g$$
$$h_j(x)=0, j=1,2,\cdots,C_h, LB_i\leqslant x_i\leqslant UB_i, i=1,2,\cdots,n \tag{2-11}$$

式中，$F(x)$是映射函数；$x=\{x_1,x_2,\cdots,x_n\}\in X\subset R^n$ 为 n 维决策变量；X 为 $x=\{x_1,x_2,\cdots,x_n\}$形成的 n 维决策空间；$f_m(x)$为第 m 个目标函数；$g_i(x)$，$h_j(x)$为不等式和等式约束；C_h，C_g 为等式约束个数和不等式约束个数；LB_i，UB_i 为变量 x_i 的下边界和上边界。

在多目标优化问题中，存在目标函数向量的多维空间和求解向量的决策变量空间。在决策变量空间的每个 x 解中，目标函数空间上都有一个点。解向量和目标函数向量之间的映射如图 2-9 所示。

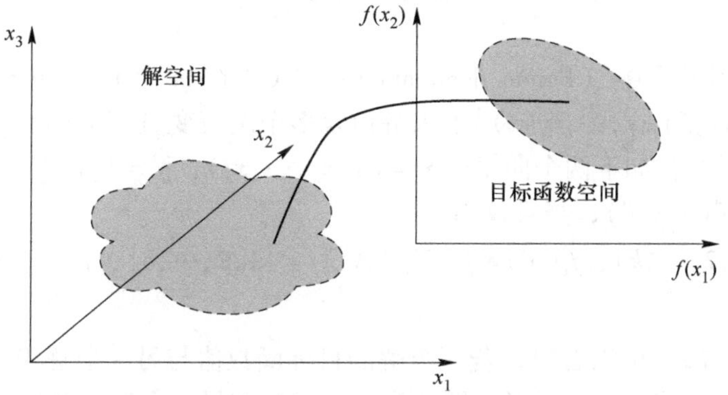

图 2-9 解空间与目标函数空间的映射

2.3.5.1 多目标问题求解方法

早期传统的多目标优化方法之一是线性规划法，属于一种基于运筹学理论的数学规划方法。如加权和法，将多个目标函数线性组合为单一的综合目标函数，通过调整权重来平衡不同目标之间的重要性，将 MOP 转化为单目标优化问题。然而，对于复杂的多目标优化问题，传统的线性规划方法可能无法提供令人满意的解决方案。为了在合理的时间内解决这类复杂的多目标优化问题，最适合采用元启发式方法求解。近年来，研究人员不断开发了许多新的多目标优化方法，主要分为以下三种类型。

（1）基于帕累托支配的方法。基于非支配解的多目标优化算法是一种利用 Pareto 支配关系逼近真实 Pareto 前沿的优化算法，代表算法有：带精英策略的快速非支配排序遗传算法（NSGA-Ⅱ）、Pareto 存档进化策略（PAES）等。

（2）基于分解策略。将 MOP 分解成分解为具有独特进化机制的单目标子问题，并通过子问题的协同优化获得 Pareto 最优解，如基于分解的多目标进化算法。

（3）基于性能评价指标。这类方法在评价和比较不同目标的优劣时，会引入一些性能指标来判断个体的优劣。从本质上来说，这种方法也是将 MOP 转化为单目标优化问题进行求解的一种手段，如基于超体积的快速多目标优化算法。

2.3.5.2 帕累托优化基本概念

帕累托法是通过构建被称为帕累托前沿的解集来求解多目标优化问题。帕累托前沿是指在多目标优化问题中，不存在一种解能够在所有目标上达到最优的情况下，能够在至少一个目标上有所改善的解的集合。Pareto 优化的目标是找到帕累托前沿中的非劣解集，即在不减少其他目标函数性能的情况下可以改善目标函数的解。在 Pareto 优化方法中，帕累托最优解涉及的几个术语，其定义分别如下。

（1）帕累托支配（Pareto domination）。MOP 在 m 个相互冲突的目标函数 $F(x)=[f_1(x),f_2(x),\cdots,f_m(x)]$ 下求解包含多个决策变量 $\vec{x}=(x,x_2,\cdots,x_k)$ 的最优解集。假设存在如下两个向量：$\vec{x}=(x,x_2,\cdots,x_k)$，$\vec{y}=(y_1,y_2,\cdots,y_k)$，向量 $\vec{x}$ 支配向量 $\vec{y}(\vec{x}<\vec{y})$，当且仅当：

$$\forall i\in(1,2,\cdots,k),[f_i(\vec{x})\leqslant f_i(\vec{y})]\wedge\exists i\in\{1,2,\cdots,o\},[f_i(\vec{x})<f_i(\vec{y})] \tag{2-12}$$

从式（2-12）可以看出，若一个解的目标函数值与另一个解相等且至少有一个更优的值，则前者优于后者，即认为一个解支配另一个解。若这两个解互不支配，则称为帕累托最优解或非支配解。

（2）非支配解（Non-dominated solution）。对于每个多目标问题，都存在一组非支配解，代表了多个目标之间的最佳权衡。对于集合 $T\in\boldsymbol{R}$，不存在另外一个元素 X'，使得 X' 支配 X。假设 $\vec{x}\in X$，$\vec{x}$ 是 Pareto 最优解，当且仅当：

$$\{\nexists\vec{y}\in X\mid\vec{y}<\vec{x}\} \tag{2-13}$$

（3）Pareto 最优解集（Pareto optimal solution set）。MOP 中所有非支配解 X 的集合被称为帕累托最优解集，其定义如下：

$$P_s=\{\vec{x},\vec{y}\in X\mid\nexists\,\vec{y}<\vec{x}\} \tag{2-14}$$

（4）帕累托前沿（Pareto front）。Pareto 前沿为 MOP 中由 Pareto 最优解集中所有非支配解 X 对应的各目标函数值组成，其定义如下：

$$\forall i\in\{1,2,\cdots,O\},P_f=\{f_i(\vec{x})\mid,\vec{x}\in P_s\} \tag{2-15}$$

具有两个目标函数的多目标优化问题的 Pareto 前沿可以在二维平面上描述，目标函数是最小化的目标函数 $f_1(x)$ 和 $f_2(x)$，非支配解和支配解如图 2-10 所示。

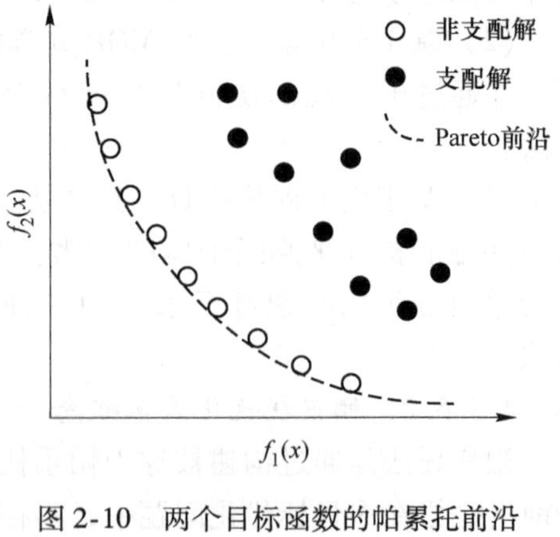

图 2-10　两个目标函数的帕累托前沿

多目标约束下绿色柔性车间集成调度问题旨在同时优化完工时间和能耗两个冲突的目标。一般情况下，在多目标优化问题中通常存在无限多个帕累托最优解。实际应用过程，为了避免过大的计算成本，在求解实际问题时只能生成有限数量的解。因此，在使用基于帕累托支配的多目标优化算法寻找 Pareto 前沿过程中，非支配解集应该致力于满足收敛性、多样性、解的均匀分布性，以便为决策者提供尽可能多的调度方案。

2.4 本 章 小 结

本章对车间调度问题的相关基础理论进行概述。首先，介绍了车间调度问题的类型及其特点，涉及了单机、并行机、流水线、作业车间及开放车间等多种调度场景，每种类型均有其特定的约束和优化需求。其次，分析了车间调度的求解方法，包括精确方法和近似方法，揭示了这些方法在实际应用中的限制和潜在的适用场景。最后，本章还强调了在现代制造业中向绿色制造和智能化转型的重要性。通过深入分析柔性作业车间的多目标调度问题，本章旨在为解决复杂的车间调度问题提供理论支持和方法指导。

3　生产与运输集成调度模型构建与求解

3.1　问题描述与模型构建

3.1.1　问题描述

本章研究由 g 台机器和 n 个客户构成的集成调度问题。制造商接受了 n 个客户下的订单 D_n，其中，n 集合 $\{1,\cdots,n\}$ 代表客户，O 代表制造商，而客户则分散在各地。$D=\{D_1,D_2,\cdots,D_n\}$ 表示订单集合，I 代表各客户要求的最终产品，每个订单 D_i 需要成品 i 且需求量为 q_i。厂家接到订单后，需要向供应商进行原材料的采购 J，供应商提供的原料品种各异，一种原料可以生产出各种产品，而且原材料充足。这种生产模式是以工作制的形式进行的，也就是 n 种商品在一个拥有 g 台机器的机器 M 上运行，每一个装置都有自己的工艺路线，而且在各个工艺过程中都有一个既定的生产周期，完成后就会产生一个成品，如果有可以使用的车辆，就会把它分发到客户那里，如果没有可以使用的车辆，就把它放到最后的仓库里。制造商向第三方物流公司租用 h 辆不同体积的 V 型车辆，车辆 v 的容积为 q_v。该方法的目的是决定机器上生产出的产品的工序次序和生产的次序，以减少最终的生产调度安排的时间，本章所研究的问题如图 3-1 所示。

对于每个客户项目，如果交货时间超过其时间窗的下限，则将产生提前罚款费用，而如果交货时间超过其时间窗的上限，则将产生延迟罚款费用。需要确定客户物品对机器和车辆的分配、机器上的物品处理顺序、交货路线和车辆的出发时间。目的是将由运输成本和违反时间窗的罚款成本组成的总分配成本最小化。

假设条件：(1) 原料是满足生产需求的，且材料充裕；(2) 厂商租赁车辆的种类和数量已确定；(3) 不考虑各工序在机器上加工准备时间和加工装卸时间；(4) 假定运送材料的时间记为 0；(5) 忽视交通状况和运输中的设施等；(6) 按批量生产方式生产同类产品。

3.1.2　参数选取

在数学模型中使用的符号如下：

参数：

p_i——第一项加工时间 i；

s_i——项目大小；

r_{ij}——在客户 i 和客户 j 的目的地之间的运输时间；

q_k——车辆 k 的最大承载量；

$[l_i, \mu_i]$——项目交货时间窗；

c_v——单位时间运输成本；

c_p——生产成本；

c_e——单位时间提前罚款费用成本；

c_t——单位时间内延误惩罚成本；

决策变量：

c_i——第 i 个成品生成完工时间；

f_v——车辆 k 交付产品的最大完成时间；

D_i——客户 i 收到产品时的交货时间；

E_i——提前交货时间；

T_i——延迟交货时间；

o_{im}——如果订单 i 被分配给机器 m 则为 1，否则为 0；

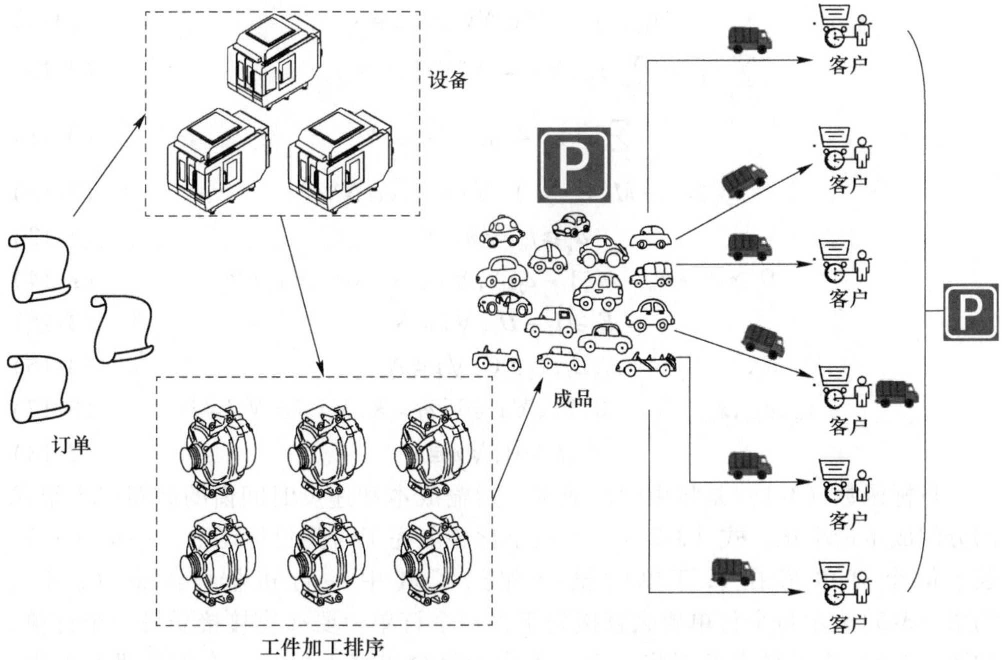

图 3-1　绿色制造关注指数分析图

y_{iv}——如果车辆 k 交付订单 i 为 1，否则为 0；

x_{ijm}——如果订单 i 在订单 j 之前被机器 m 加工为 1，否则为 0；

z_{ijv}——如果订单 i 先于订单 j 被车辆 k 的配送交货为 1，否则为 0。

3.1.3　模型建立

目标函数：

$$\min C = c_p + c_v \sum_{i \in N} \sum_{j \in N} \sum_{v \in V} r_{ij} z_{ijv} + c_e \sum_{i \in N \setminus \{0\}} E_i + c_t \sum_{i \in N \setminus \{0\}} T_i \tag{3-1}$$

$$\min[\max(f_v + c_i)] \tag{3-2}$$

约束条件：

$$\sum_{m \in K} o_{im} = 1, \forall i \in N \setminus \{0\} \tag{3-3}$$

$$o_{im} = \sum_{j \in N} x_{ijm}, \forall i \in N \setminus \{0\}, i \neq j, m \in K \tag{3-4}$$

$$\sum_{j \in N} x_{ijm} = \sum_{j \in N} x_{ijm}, \forall i \in N \setminus \{0\}, i \neq j, m \in K \tag{3-5}$$

$$\sum_{j \in N \setminus \{0\}} x_{0jm} \leqslant 1, \forall m \in K \tag{3-6}$$

$$c_i \geqslant c_j + p_i - M(1 - x_{ijm}), \forall i \in N \setminus \{0\}, j \in N, i \neq j, \forall m \in K \tag{3-7}$$

$$\sum_{v \in V} y_{iv} = 1, \forall i \in N \setminus \{0\} \tag{3-8}$$

$$y_{0v} \geqslant y_{iv}, \forall i \in N \setminus \{0\}, v \in V \tag{3-9}$$

$$\sum_{j \in N} z_{ijv} = \sum_{j \in N} z_{ijv}, \forall i \in N \setminus \{0\}, i \neq j, v \in V \tag{3-10}$$

$$\sum_{i \in N \setminus \{0\}} s_i y_{iv} \leqslant q_k, \forall v \in V \tag{3-11}$$

$$f_v \geqslant c_i - M(1 - y_{iv}), \forall v \in V, i \in N \setminus \{0\} \tag{3-12}$$

$$d_v \geqslant f_v, \forall v \in V \tag{3-13}$$

$$D_i \geqslant d_v + r_{0i} - M(1 - z_{0iv}), \forall i \in N \setminus \{0\}, \forall v \in V \tag{3-14}$$

$$E_i \geqslant l_i - D_i, \forall i \in N \tag{3-15}$$

$$c_i, E_i, T_i \geqslant 0, \forall i \in N \tag{3-16}$$

$$y_{iv}, o_{im}, x_{ijm}, z_{ijv} \in \{0,1\}, \forall v \in V, m \in K, \forall i, j \in N, i \neq j \tag{3-17}$$

$$d_v, f_v \geqslant 0, \forall v \in V \tag{3-18}$$

目标函数（3-1）是将由生产成本、运输成本和违反时间窗的惩罚成本组成的分配成本最小化。式（3-2）表示最小化最大完工时间目标函数。约束（3-3）表示每个订单都在下订单时被分配给了其中一台机器。约束（3-4）、约束（3-5）表示每个订单要么直接先于另一个订单，要么直接接受另一个订单。约束（3-6）表示最多可以将一个订单作为每台机器上的第一个作业进行处理。约束（3-7）表示项目 i 的生产完成时间不小于其前身的完成时间加上其处理时

间 p_i。约束(3-8)规定，每个物品只能由一辆车交付。约束(3-9)、约束（3-10）表示在每个客户位置只有一辆车辆到达和离开。约束（3.11）确保在每辆车上运输的负荷不得超过车辆的装载能力。约束（3-12）保证每辆车交付的物品的最长时间不小于该车辆运输的物品的最大完成时间。约束（3-13）确保每辆车的出发时间不小于相应车辆运输的物品的最长时间。约束（3-14）表示车辆 v 交付的每个项交付时间不小于车辆出发时间 d_v，加上订单 i 目的地与工厂之间的行驶时间 r_{0i}。通过约束条件（3-15）、约束条件（3-16）计算了提前时间和延迟时间。约束条件（3-17）、约束条件（3-18）表示决策变量的结构域。

3.2 问题分析

3.2.1 问题的复杂分析

定理 3.1　JSP 为 NP-Hard。

证明：Garey 首次给出了 JSP 的复杂度解析，而后在 1979 年，Lenstra 证实了 JSP 是 NP-hard 问题。

定理 3.2　集成调度问题是 NP-Hard。

证明：本书中集成调度问题是由作业车间生产问题和运输问题两个子问题组成，同时生产调度与运输是互相约束、息息相关的，在生产时，默认原料库存是满足生产的；在运输客户订单产品时，要注意产品在指定的时间内是否已交货，以及有无存货问题，因此集成调度问题也是 NP-Hard。

3.2.2 调度策略分析

研究的是在按订单生成的环境下，作业车间生产-成品配送的集成调度问题。其中，在此基础上，假定在原料供应充足时，在加工车间内对原料进行全批次的处理，如果出现产品，则将产品进行多次运输。由于制造工艺采取了作业车间加工的方式，并且在同一时间安排了产品和配送，所以可以归纳为作业车间和运输车辆的集成调度问题。在此基础上，提出了一种基于产品制造和产品分销的综合排序方法。这两种类型的作业都有两种不同的实施方式，一是完成产品的运送，二是处理工序所需的机械资源。因此，如何合理地安排车辆的运送和工序加工顺序是首要的工作。为了决定最终产品与车辆的联合，和工序在机器加工上的工艺过程，由工艺过程和工艺设备产生一个任意权重，每个成品与每辆车生成一个随机权值。在具体安排调度的过程中，考虑按订单生产，因此任务调度的优先级是需要解决的，在同一订单作业中，排序顺序相同的工序进行作业。在满足一定的工作限制的情况下调度的作业组，在确定了一个可调度的作业组之后，对各个作业的重要程度权值处理，并排序进行优先级的加工。

该公司是以订单为导向的生产模式，在客户发出需求后，根据客户的要求，得到成品的种类、数量和运输的时间窗，就可以得到各产品所需的数量。首先，在物料库存量达到第一工序作业要求的前提下，将由紧接工序所做的非第一工序和已完工但未被运送的产品计入生产任务集合。其次，根据工序的重要程度进行加权排序，并选择最重要的执行，即调度安排。

3.2.3 确定车辆出发时间

考虑到送达成品的客户不只有一个，车辆承载的成品也不只有一个成品，因此，车辆何时出发是待解决的问题。

由于车辆离开时间是一个连续变量，如果使用传统的元启发式或随机算法来搜索其最优值，它将是耗时或低效的。为了加快寻找最优出发时间的搜索过程，本章提出了一种有效的程序。

给定一个交付路线与目标函数（3-1）中最后两项对应的提前和延迟惩罚成本，可以用以下公式计算：

$$P_v = f(d_v) = f_1(d_v) + f_2(d_v) \tag{3-19}$$

$$f_1(d_v) = e \cdot \sum_{i \in E}(l_i - D_i) \tag{3-20}$$

$$f_2(d_v) = t \cdot \sum_{i \in T}(l_i - \mu_i) \tag{3-21}$$

式中，E 为早期项的集合；T 为延迟项的集合。

对于集合 E 中的客户第 i 项，提前时间等于其时间窗口的下界 l_i 减去其交货时间 D_i。

3.2.4 考虑车辆出发时间的生产与运输集成调度

对于所研究的生产与运输集成调度问题，生产调度决策与运输分配调度决策相互作用。虽然有 10 个决策变量，但一旦确定了变量（即 o_{im}、y_{iv}、x_{ijm}、z_{ijv}和 d_v），就可以直接计算这 5 个变量（即 C_i、f_v、D_i、E_i 和 T_i）的值。也就是说，应该专注于优化后 5 个变量。因此，将所研究的问题分解为 3 个子问题。

如图 3-2 所示，首先通过在外层优化过程（即确定 y_{iv}）中向车辆分配项目来解决车辆分配子问题。然后，在内部优化过程中，确定每辆车要交付的项目的处理顺序 x_{ijm}（作业车间调度子问题），最后确定每辆车的出发时间 d_v 和交付路线 z_{ijv}（车辆分配调度子问题）。并且，最多需要解决 g 台加工机器的调度子问题，因为每辆车要交付的项目都是依次处理的。也就是说，机器首先处理第一辆车要交付的物品，然后再处理下一辆车要交付的物品，直到最后一辆车。因此，将两个内部级子问题嵌套到车辆分配子问题中。

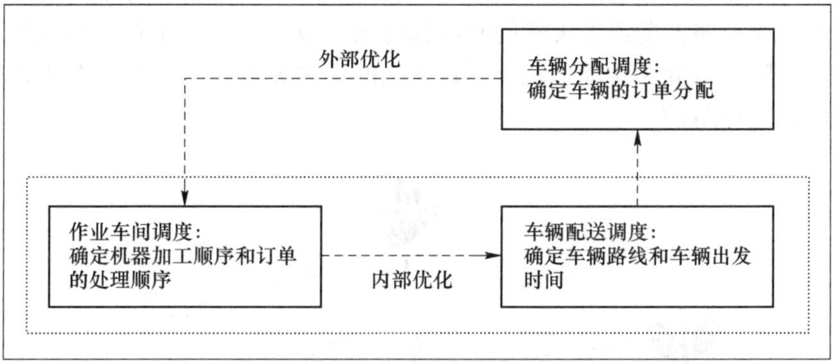

图 3-2 分解后三个子问题

3.3 生产与运输集成调度优化的算法设计

3.3.1 飞蛾扑火算法寻优机制

飞蛾扑火算法（moth flame optimization，MFO）是澳大利亚格里菲斯大学 Mirjalili[111]在 2015 年提出一种新型智能优化算法，算法可行性强，应用前景良好，可进行进一步研究。其在搜索空间中寻找最优的个体，同时保留最佳的位置，分配到火焰上，使飞蛾在调整自己的路线后，朝着最佳的火焰靠近。从而达到全局最优。由于该算法具有启发式概率搜索等特点，对于本章所研究的集成调度问题求解，是 NP 难问题。基于飞蛾在环境中的导航程序，称为横向定向。基础的 MFO 在不同情况下没有明确的深入的策略，在初始阶段，该方法可能会陷入局部搜索阶段，或是到了后期，收敛速度比较缓慢。因此，本章在该算法中引入了一种双自适应权值机制，被称为双自适应权值飞蛾扑火算法（double adaptive weights for moth flame optimizer，DAWMFO），以提高 MFO 的搜索能力，为其提供了一种更有效的优化工具。基于此，采用 DAWMFO 对生产与运输集成调度优化模型进行求解。MFO 算法是 2015 年提出的一种源自于对大自然种群运行规律探究的算法，灵感是观察飞蛾的行进导航模式，如图 3-3 所示。

模拟飞蛾在光源周围的导航方法，飞蛾在一个与月亮垂直的方向上，模仿在一个光源附近飞行的飞蛾。在这个机理中，飞蛾靠着与月球的光保持一定的角度来进行运动，因为月球与飞蛾之间的距离很远，因此，飞蛾就能靠着几乎与地面相近的光来保持一条直线。虽然侧向的位置很有用，但是经常可以看到，飞蛾在一个光源周围不断地旋转，直到耗尽。实际上，很多人造的或者天然的照明都会使飞蛾蒙蔽。这是因为它的侧向位置不够有效，只能在很远处的地方进行飞蛾的直线飞行，而很多人造或者天然的光源都离飞蛾很近，所以在光源的照耀下，飞蛾仍然以一定的角度在移动，就会导致火焰的导航失效并且产生如图 3-3 所示的飞蛾螺旋式飞行路径。

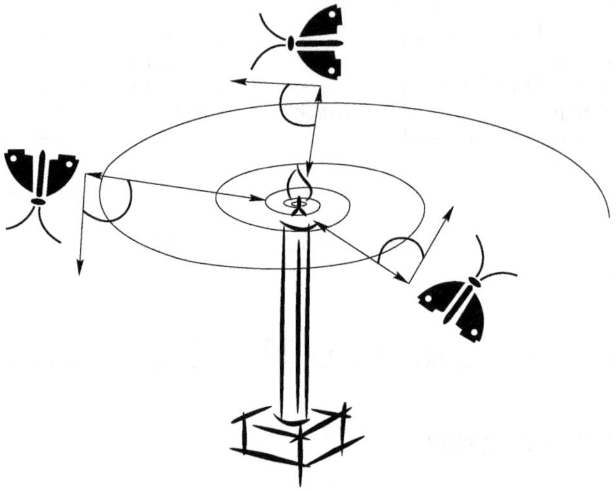

图 3-3　飞蛾螺旋飞行火焰路径

3.3.1.1　飞蛾扑火算法模型

飞蛾扑火算法可以利用基础的模型来解决一些问题，涉及对于蛾和火焰的隐喻。将飞蛾看作矩阵 $\boldsymbol{M}$，即 $\boldsymbol{M}$ 在向量中的空间位置表示为求解的变量。矩阵 $\boldsymbol{M}$ 表示在 d 维搜索空间中有 n 个飞蛾在移动。因此，飞蛾在搜索空间中运行，飞蛾种群 $\boldsymbol{M}$ 矩阵表达如式（3-22）所示：

$$\boldsymbol{M} = \begin{bmatrix} m_{1,1} & m_{1,2} & \cdots & m_{1,d} \\ m_{2,1} & \cdots & \cdots & m_{2,d} \\ \vdots & \vdots & \vdots & \vdots \\ m_{n,1} & m_{n,2} & \cdots & m_{n,d} \end{bmatrix} \tag{3-22}$$

式中，n 为飞蛾的数量；d 为应解决变量的个数。

将矩阵 $\boldsymbol{M}$ 的各数值加入所选择的适应度中，具有相应的适应度值与每只飞蛾对应值构成矩阵 $\boldsymbol{OM}$，如式（3-23）所示：

$$\boldsymbol{OM} = [\,OM_1 \quad OM_2 \quad \cdots \quad OM_n\,]^{\mathrm{T}} \tag{3-23}$$

在 MFO 算法中，$\boldsymbol{F}$ 表示火焰，同时 $\boldsymbol{F}$ 代表待解决问题的候选解。每只飞蛾得到的最佳位置都有与之相对应的火焰 $\boldsymbol{F}$，并且有且仅有唯一火焰更新其自身位置。因此，搜索空间中火焰 $\boldsymbol{F}$ 的矩阵如式（3-24）所示：

$$\boldsymbol{F}=\begin{bmatrix} f_{1,1} & f_{1,2} & \cdots & f_{1,d} \\ f_{2,1} & \cdots & \cdots & f_{2,d} \\ \vdots & \vdots & \ddots & \vdots \\ f_{n,1} & f_{n,2} & \cdots & f_{n,d} \end{bmatrix} \tag{3-24}$$

其中，与火焰 **F** 矩阵相对应的适应度矩阵 **OF** 如式（3-25）所示：

$$OF=[OF_1 \quad OF_2 \quad \cdots \quad OF_n]^{\mathrm{T}} \tag{3-25}$$

在两个矩阵中迭代时，变量的变化是不同的，具有不同的策略。事实上，飞蛾就是搜寻范围中的单个搜寻者，而火焰是经过反复更新优化后所能找到的最佳地点。每只飞蛾都围绕着相应的火焰旋转，如果找到了合适的位置解，就会在下一代的火焰上进行升级。通过该方法，可以使该方法在优化时不会错过搜索最优化问题的时机。

根据飞蛾在空中的运动特性建立数学模型，建立了各飞蛾的相对火焰定位模型。可利用方程式表达飞蛾的位置及状态的变化，其数学模型如式（3-26）所示：

$$M_i=S(M_i,F_j) \tag{3-26}$$

其中，S 函数是飞蛾的螺旋函数，并在 MFO 算法计算之前，需要满足条件：

（1）函数需要生成位置初始点向量，包括矩阵 **M** 和矩阵 **OM**；

（2）需要确定每次迭代最优解位置，并参与下一次迭代；

（3）在每次螺旋波动的范围上限 ***ub***，***ul*** 之间。

根据条件可知，***ub*** 和 ***ul*** 上下限如式（3-27）、式（3-28）所示：

$$ub=[ub_1 \quad ub_2 \quad \cdots \quad ub_n] \tag{3-27}$$

$$ul=[ul_1 \quad ul_2 \quad \cdots \quad ul_n] \tag{3-28}$$

同样，根据以上的条件，可将飞蛾运动轨迹的螺旋函数定义如式（3-29）所示：

$$S(M_i,F_j)=|F_j-M_i|\cdot \mathrm{e}^{bt}\cdot\cos(2\pi t)+F_j \tag{3-29}$$

式中，M_i 为 i 只飞蛾；F_j 为 j 个火焰；$|F_j-M_i|$ 为从飞蛾到火焰的距离；b 为对数螺旋常数；$t\in[-1,1]$ 为距离参数，路径系数 t 在 $[-1,1]$ 随机取数。

当 $t=1$ 时，飞蛾避开火焰；当 $t=-1$ 时，飞蛾逼近火焰。

同时，通过对其进行分析，发现其在一定的区域内搜索，其位置既包含了火焰与火焰间的区域，又包含了其周边的区域。保证了该方法的整体性。如图 3-4 所示，展示了螺旋函数飞蛾在下一次优化迭代中自身与火焰的距离，以及飞蛾行进的对数螺旋路径、飞蛾所搜索的火焰周围的空间及不同 t 值路径中的空间位置。

提出一种新型飞蛾环绕火焰的最佳方案，提高飞蛾在搜索时找到最优解的概率，并参与下一次迭代。因此，**F** 火焰的定位矩阵 **F** 就是目前所发现的最佳方案。在进行最优解时，每个蛾子都会按照 **F** 的矩阵来进行定位。MFO 方法中的

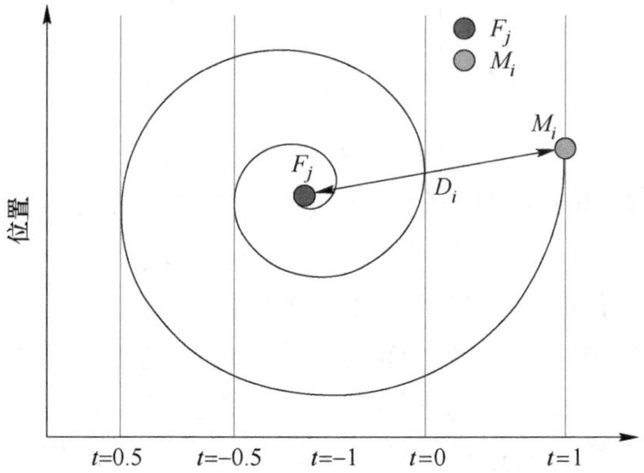

图 3-4　飞蛾螺旋飞行火焰路径

路径因子 t 是[r,1]中的任意数，而在最优迭代期间，在[−1，−2]中，以重复的方式直线下降。如此，当反复进行时，这些飞蛾会与相应的顺序上的火苗更为接近。在每个迭代后，按照适合度的大小对火焰进行重新排列，最后获得了一个新的火焰顺序，如图 3-5 所示。在下一代，这些飞蛾会按照相应的顺序来进行自己的定位。因此，在首次出现时，首先会根据最佳的适应性值进行调整，排名末尾的飞蛾会根据所选的最佳匹配度数来进行调整。

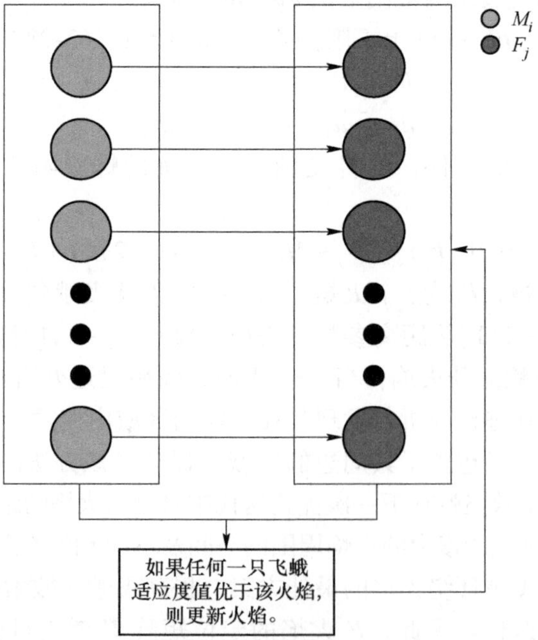

图 3-5　飞蛾火焰分配图

应当指出，虽然此机理并非真实存在于自然中的飞蛾，但此假定旨在平衡 MFO 的全局搜寻与局部搜索的功能。当每只飞蛾都被一个火焰所吸引时，即所有飞蛾都被这一团火焰所吸引时，这些飞蛾就会朝着火堆中的某个位置集中，因为这些飞蛾只会朝着火堆中的一个方向飞去，不能去搜索其他空间。同时，由于火焰的存在，飞蛾对搜寻空间的研究将更加深入和广阔，降低了在优化时出现问题的概率。因而，该优化方法保证了对周边的搜寻范围的持续研究，使其能够更高效地得到最优化的结果。

通过以上飞蛾搜索火焰的方式可以看出，如果 n 只飞蛾每次都是根据 n 个不同的地点进行定位的，那么 MFO 很可能陷入局部到最优化的状态。通过在每次迭代过程中，引入一种基于最佳解的变化顺序的方法，使得飞蛾能够通过火焰的方位来进行对应的新定位。

在不同的火焰附近，可以使飞蛾在搜寻的过程中不断地变换方位，从而使其在搜寻过程中表现出较好的效果，而不至于陷入最优化的情况。另外，通过引入一种自适应的方法对火焰进行更新，使得迭代期间的火焰数目能够得到很好的控制，使得整个搜索区域的整体和局部的发展都得到了均衡，其表达如式（3-30）所示：

$$\text{flame\_no} = \text{round}\left(n - k \times \frac{n-1}{T}\right) \tag{3-30}$$

式中，k 为当前迭代次数；n 为最大飞蛾数量；T 为最大迭代次数。

3.3.1.2 飞蛾扑火流程

根据上述的算法模型描述，可以看出 MFO 算法自身具有自适应更新火焰的能力，更新火焰位置，来提升本身算法的搜索能力。同其他元启发式算法相比，MFO 算法将每次迭代飞蛾群体能够找到的最优解保存下来，赋值给火焰，且该算法特有的一对一更新机制大大地增加了对搜索空间的探索，降低了算法陷入局部最优的可能性。自适应减少劣解数量，提高了优化的效率，这些特点使得该算法具有较强的全局寻优能为和鲁棒性。其中，需要根据飞蛾 i 的数量与飞蛾种群数 n 的多少判断是否更新火焰位置、b 螺旋对数和 t 空间路径因子，以此来更新飞蛾当前位置，使其更大空间的寻找最优值，增加寻到最优值的可能性。若飞蛾 i 大于飞蛾数量 n 时，需要通过迭代次数判断，算法是否重新运行，或者直接输出最优值。算法的具体寻优过程如图 3-6 所示，通过图 3-6 可以更清晰地看出飞蛾寻火焰的基本过程。

3.3.2 双自适应权重飞蛾扑火算法

MFO 是一种基于群的方法，性能一般。而在 MFO 中，算法在不同时期没有特定的相应搜索策略，使得飞蛾在寻找最优火焰位置时容易落入局部最优，因此需要提高全局搜索能力。为了使 MFO 在算法的不同时期具有相应的策略，提出

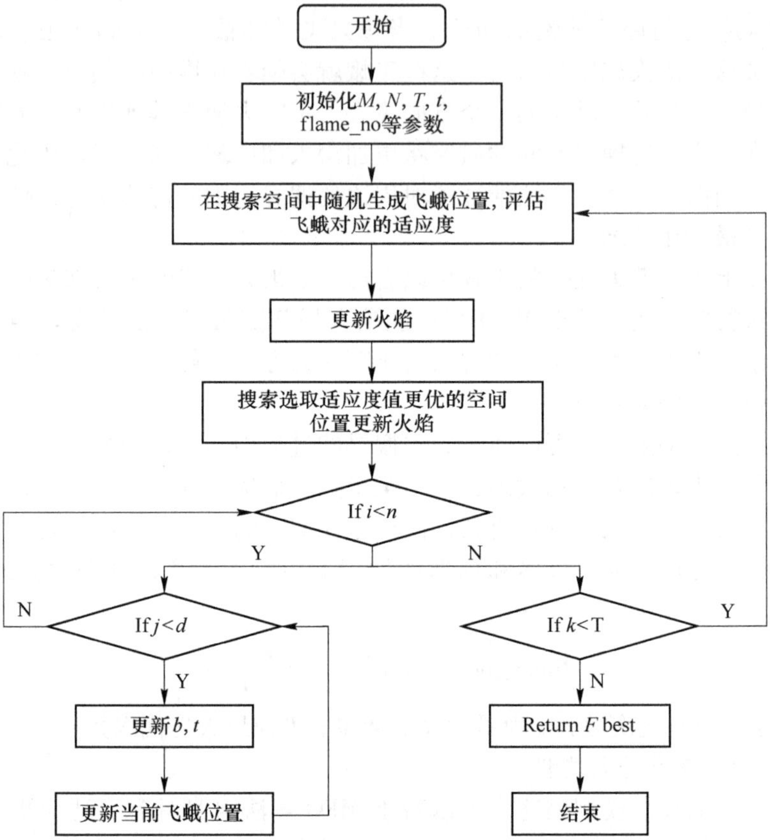

图 3-6　飞蛾扑火算法流程图

了一种双自适应权重机制，并根据局部优化程度线性减小。该算法避免了早期不必要的局部搜索和后期不必要的全局搜索。两者都避免了早期不必要的局部搜索和后期不必要的全局搜索。当使用螺旋函数更新飞蛾种群时，根据不同的搜索周期，给予更临界位置更高的权重，从而提高了此改进算法的收敛速度和精度。

3.3.2.1　双自适应权重机制

原 MFO 算法中重要的一部分为飞蛾的螺旋函数 S［式(3-29)］是由飞蛾在飞行中建造的，它反映了飞蛾靠近火的进程。但是，对于不同阶段的收敛性，式（3-29）不可直接使用，而是在该算法中增加了 w_1 和 w_2 两个权重。在两个迭代间的发展中，按照该方法达到了一个最优，曲线曲率逐渐减小。w_1 和 w_2 的计算如式（3-31）和式（3-32）所示。

$$w_1 = \left(1 - \frac{K}{T}\right)^{1 - \tan[\pi \cdot (\mathrm{rand} - 0.5)] \cdot \frac{S}{T}} \tag{3-31}$$

$$w_2 = \left(2 - \frac{2K}{T}\right)^{1-\tan[\pi\cdot(\mathrm{rand}-0.5)]\cdot\frac{S}{T}} \tag{3-32}$$

式中，K 为当前迭代次数；T 为最大迭代次数；rand 生成[0,1]中均匀随机数。

在复杂的问题中，算法必须显示出更多的渗透行为，随机元素通常会带来更多类的随机搜索模式。

3.3.2.2 双自适应权重飞蛾扑火算法的模型

本节将双自适应权值 w_1 和 w_2 改进为 MFO，并详细介绍了双自适应飞蛾扑火算法 DAWMFO 的具体过程。

当 MFO 算法迭代更新时，它将判断当前飞蛾位置 i 与火焰数 flame_no 之间的关系。当 i 小于 flame_no 时，F_j 在式（3-29）中将对第 i 只飞蛾进行适应度值排序进行迭代；当 i 数值大于 flame_no 时，式（3-29）将在适应度值排序中选取第 B 只飞蛾进行迭代。然而，用于迭代的螺旋函数是不变的［式（3-29）］。本书中的双自适应权值将在这两种情况下给两部分不同的权值，使迭代搜索更加准确。当 i 小于 flame_no 时，螺旋函数中双权重 w_1 和 w_2 的位置如式（3-33）和式（3-34）所示。

$$S(M_i,F_j) = |F_j - M_i| \cdot e^{bt} \cdot \cos(2\pi t) + w_2 \cdot F_j \tag{3-33}$$

$$S(M_i,F_j) = w_1 \cdot |F_j - M_i| \cdot e^{bt} \cdot \cos(2\pi t) + F_j \tag{3-34}$$

当 i 大于 flame_no 时，螺旋函数中双权重 w_1 和 w_2 的位置如式（3-35）和式（3-36）所示。

$$S(M_i,F_j) = w_2 |F_j - M_i| \cdot e^{bt} \cdot \cos(2\pi t) + F_j \tag{3-35}$$

$$S(M_i,F_j) = |F_j - M_i| \cdot e^{bt} \cdot \cos(2\pi t) + w_1 \cdot F_j \tag{3-36}$$

式中，M_i 为 i 飞蛾；F_j 为 j 火焰；$|F_j - M_i|$ 为从飞蛾到火焰的距离；b 为对数螺旋常数；$t \in [-1,1]$ 为距离参数；w_1 和 w_2 为添加的双自适应权值。

3.3.2.3 双自适应飞蛾扑火算法流程

本章对于原算法做了相应的策略改进，引入了双自适应权重 w_1 和 w_2，其中分情况讨论如何更新 S 飞蛾的螺旋函数位置，根据不同的情况来将目标函数中加入两个权重的位置，以此解决前期容易造成局部最优和后期的不必要的全局最优问题，进行有效的处理，增加寻找最优解可能性，其具体改进算法步骤如表 3-1 和图 3-7 所示。

表 3-1 飞蛾扑火优化算法的基本步骤

DAWMFO 算法步骤
初始化种群 $M_i(i=1,2,\cdots,n)$，最大迭代次数 T 参数，种群规模 n，维数 d； **While** $(l <= T)$ 　更新火焰位置，根据公式 flame_no； 　计算每个飞蛾的适应度值 OM；

续表 3-1

```
利用公式计算火焰的数量；
    若当前迭代次数 k=1，则根据 OF=sort(OM)，F=sort(M)更新火焰种群；
    否则根据 OF=sort(M_{k-1},OM_k)，F=sort(M_{k-1},M_k) 更新火焰种群；
    记录第一个火焰最优位置；
    for i=1：n
        更新 b、t；
        若飞蛾 i<=flame_no，则根据式（3-33）和式（3-34）螺旋函数更新；
        否则根据式（3-35）和式（3-36）飞蛾螺旋函数更新；
        判断飞蛾位置是否超出了搜索空间的上下限；
        若飞蛾出边界线，则重新返回初始化位置；
      end for
    end While
    输出最优解
```

3.3.3 算例

3.3.3.1 算法参数设置

为进一步对改进的 MFO 算法 DAWMFO 算法的性能检验和评估，一般情况下，通过对改进后的算法的有效性进行检验，也就是通过基准函数进行运算，并对所使用的参数进行标准化。如表 3-2 所示，选出 21 个基准函数，本章将对该方法的运算结果进行检验，结果表明：该方法具有单一峰值，且只有单一的全局最佳解，没有局部最优。另外，多峰函数存在着许多的最优问题，使得寻优变得困难。对运算结果进行检验，有助于分析所设计的算法，在处理寻优过程中，其全局搜索能力与局部开发能力之间的综合性能。

如表 3-2 所示，本章采用以上 21 个不同种类的测试函数。不只是有单峰、多峰状态的函数参与测试，还包括固定维多峰函数，例如 2 维、3 维或 6 维函数，对于不同的函数，其取值范围均不同，通过这些测试函数全面地对算法进行局部寻优和全局寻优能力的检测。对于算法在测试函数中维度的设置，智能算法必须至少执行 10 次，结果才能有意义，所以本章测试函数的维度测试均在 10 次以上。通过设置不同的位置，进一步增加算法寻优性能的测试。其中，将其迭代次数设为 1000 次，初始为 100 只飞蛾参与飞行，将测试函数分别运行后，与原飞蛾扑火算法得出的平均值和标准值相比较，其作为衡量算法性能的指标。

3.3.3.2 优化结果

分别对 21 个测试函数进行测试，在 Matlab 2018a 软件中将相应函数带入改进算法中运行，绘制得出三维图和算法的收敛曲线，来对改进算法的优化结果进行呈现。并分别对单峰和双峰测试函数的运行结果进行分析讨论，以此来验证算法在运行过程中的收敛速度和算法的稳定性。不同种类的部分测试目标函数的搜索空间以及收敛曲线图，如图 3-8 所示。可以根据算法的三维图像和收敛曲线情况作为科学依据分析算法的优化程度。

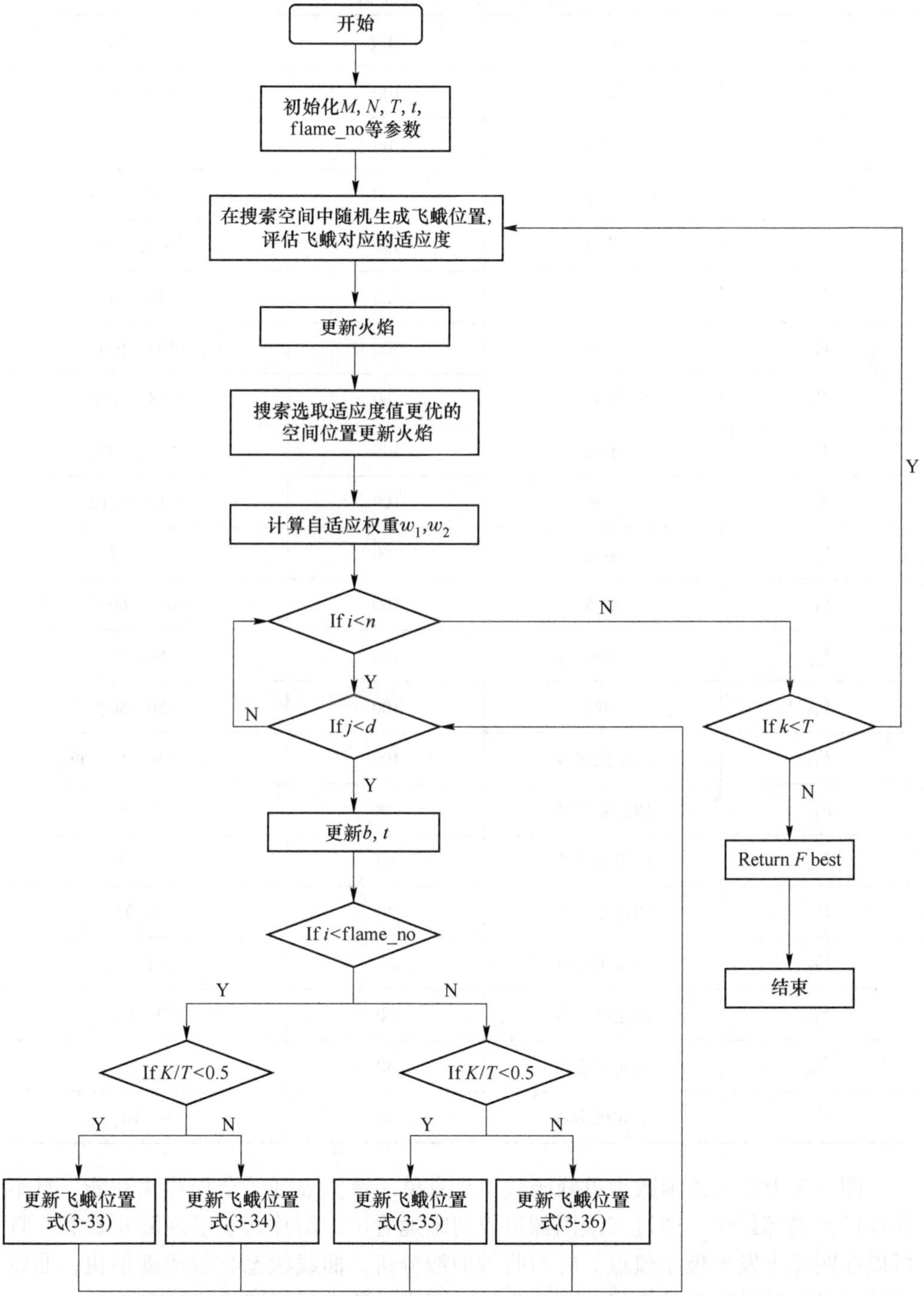

图 3-7 双自适应权重飞蛾扑火算法流程图

表 3-2　基础函数测试

函数	类型	维度	取值范围
F_1	单峰	100	[-100，100]
F_2	单峰	100	[-10，10]
F_3	单峰	100	[-100，100]
F_4	单峰	100	[-100，100]
F_5	单峰	100	[-30，30]
F_6	单峰	100	[-100，100]
F_7	单峰	100	[-1.28，1.28]
F_8	多峰	100	[-500，500]
F_9	多峰	100	[-5.12，5.12]
F_{10}	多峰	100	[-32，32]
F_{11}	多峰	100	[-600，600]
F_{12}	多峰	100	[-50，50]
F_{13}	多峰	100	[-50，50]
F_{14}	固定维多峰	100	[-65.536，65.536]
F_{15}	固定维多峰	100	[-5，5]
F_{16}	固定维多峰	40	[-5，5]
F_{17}	固定维多峰	20	[-5，15]
F_{18}	固定维多峰	20	[-2，2]
F_{19}	固定维多峰	20	[0，1]
F_{20}	固定维多峰	30	[0，1]
F_{21}	固定维多峰	40	[0，10]

图 3-8 中的测试函数为单峰函数，具有单一峰值准则的全局寻优性能，且不存在任何局部最优。通过三维图像可以清晰地看出，图片几乎呈现漏斗状态，且可以在图像上发现极小值点。针对收敛曲线分析，曲线状态收敛速度很快，曲线快速且稳定地进行收敛寻优。图 3-9 为对多峰函数进行测试的结果图。

图 3-9 中为多个峰值试验功能，其局部最优值较多，其寻找问题的难度极

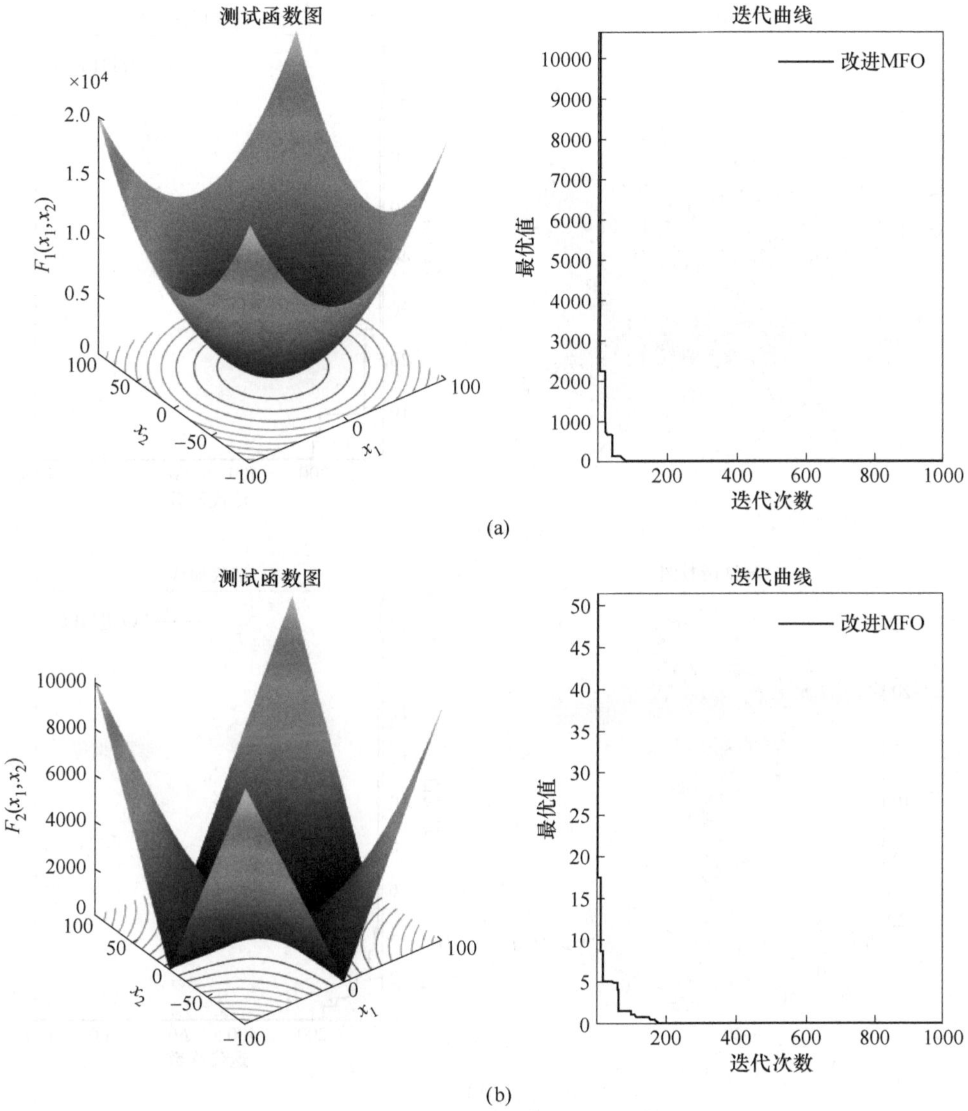

图 3-8 单峰函数测试图像和收敛曲线

(a) 单峰测试函数 a；(b) 单峰测试函数 b

大，有助于对该方法的整体优化和局部优化的综合效能进行分析。与单一峰值相比，多个峰值的收敛性更好地反映了算法的收敛性。图 3-10 为对固定维多峰函数进行测试的结果。

固定多峰函数为不同维数，即 2 维到 6 维测试函数在算法运行区间测试，并且在此数值区间进行测试，得出最优值。并且根据固定多峰函数的收敛曲线可以

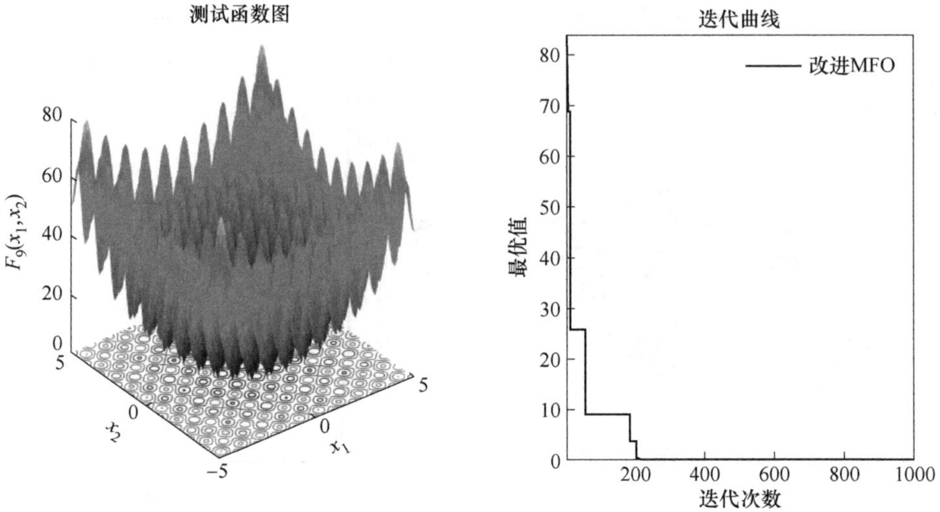

(a)

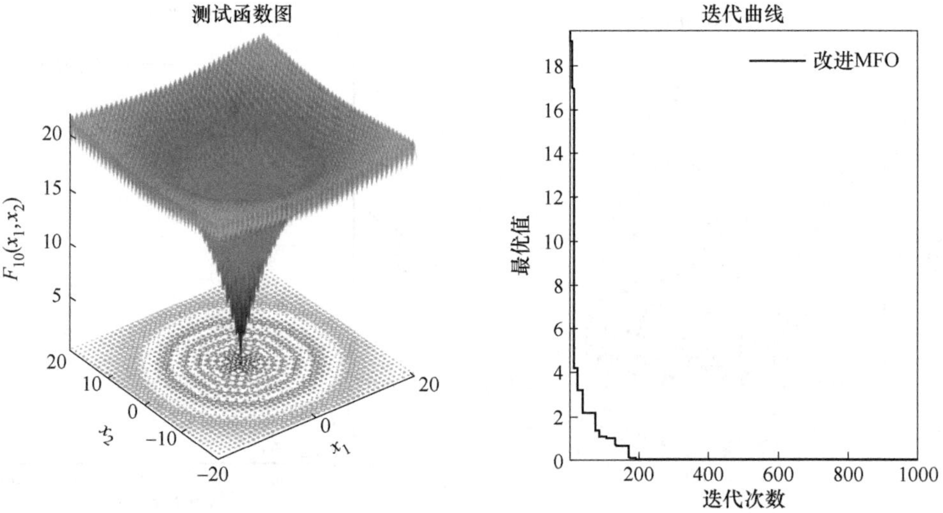

(b)

图 3-9　多峰函数测试图像和收敛曲线

(a) 多峰测试函数 a；(b) 多峰测试函数 b

得出，图 3-10 中的收敛曲线常会出现阶梯状态，因其多峰函数测试其改进算法的局部搜索能力，即算法的局部搜索能力较优。

通过部分函数的测试中目标函数寻优的结果可以看出，混合型函数的收敛性更佳，优化出来的目标值更接近理论最优，为了使算法的优化性能更全面地体现出来，先将其改进后的双自适应权重飞蛾扑火算法与原有的飞蛾扑火算法、其他

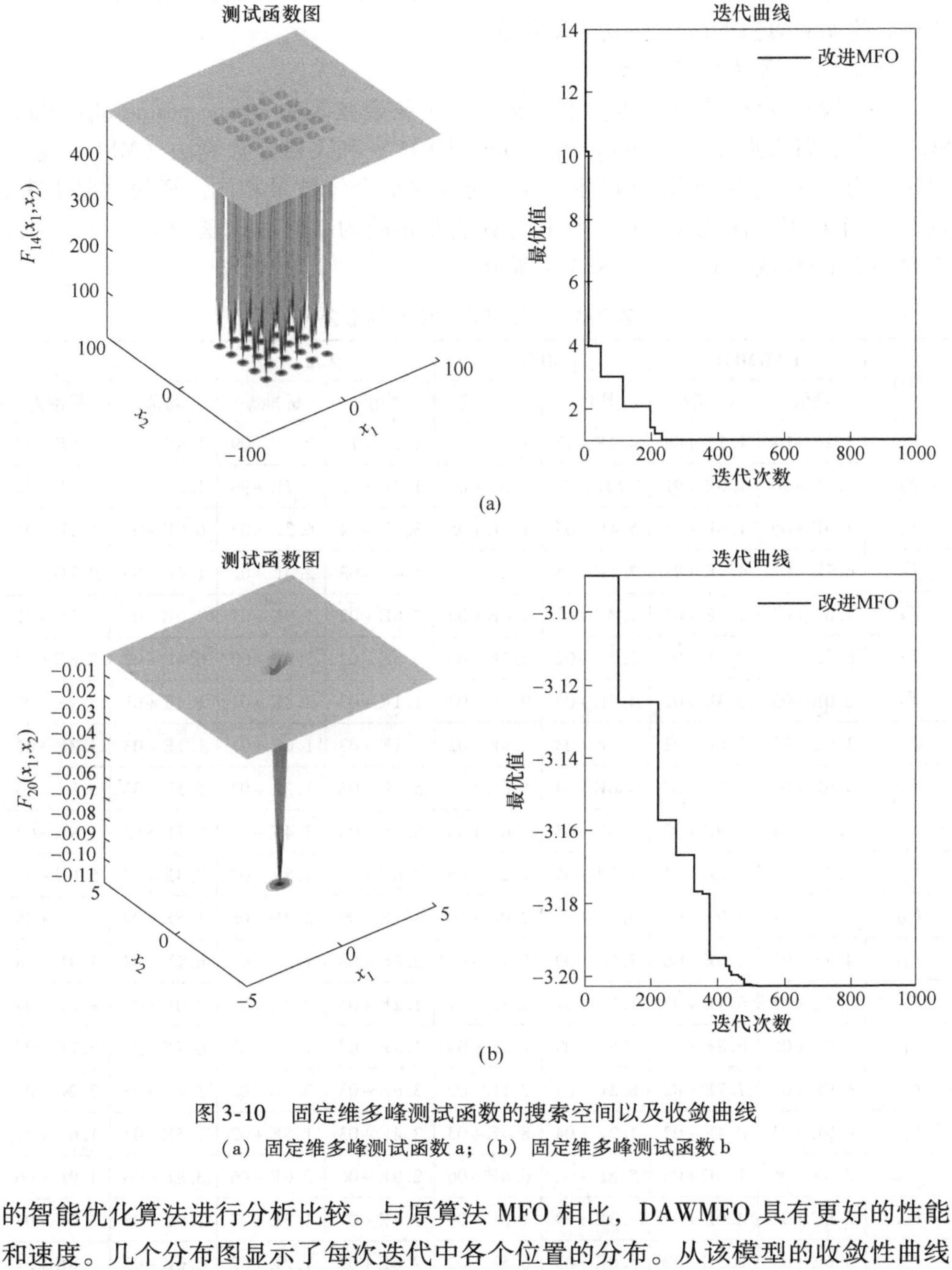

图 3-10　固定维多峰测试函数的搜索空间以及收敛曲线

（a）固定维多峰测试函数 a；（b）固定维多峰测试函数 b

的智能优化算法进行分析比较。与原算法 MFO 相比，DAWMFO 具有更好的性能和速度。几个分布图显示了每次迭代中各个位置的分布。从该模型的收敛性曲线可以看到，初期的曲线起伏很大，随后又逐步趋于平稳。结果显示，此方法可以在较短的时间内进行较大范围的搜寻，而且在接近的范围内，也可以得到较好的结果。DAWMFO 快速地降低了适应性，这表明 DAWMFO 算法在收敛速率方面表现出了较好的特性。可以看出，DAWMFO 比原算法 MFO 能更快地找到问题的最优解，说明对算法的改进是成功和有效的。

3.3.3.3　算法性能评估

为了检验 MFO 算法性能，本章选取了正弦余弦算法（sine cosine algorithm，SCA）[112]、萤火虫算法（firefly algorithm，FA）[113]和飞蛾扑火算法（MFO）进行对比。为了保证其结果的有效性，寻优时应保证个体数量相同。通过文献参考，选取 30 个种群个体比较合理。将其各算法在相同的基准测试函数上运行，迭代次数均为 1000 次，其结果如表 3-3 所示。

表 3-3　测试函数均值和标准差

函数	DAWMFO		MFO		SCA		FA	
	均值	标准差	均值	标准差	均值	标准差	均值	标准差
F_1	1.2E+04	1.1E+04	4.2E+10	2.4E+10	1.2E+10	2.0E+09	1.4E+10	1.5E+09
F_2	1.8E+90	1.0E+91	1.8E+172	6.6E+04	1.9E+35	6.7E+34	1.0E+34	1.6E+40
F_3	1.5E+05	1.6E+04	5.4E+05	1.9E+05	3.7E+04	6.3E+03	6.0E+04	1.1E+04
F_4	6.7E+02	4.4E+01	2.5E+04	1.2E+04	1.4E+03	2.3E+02	1.4E+03	9.7E+01
F_5	1.6E+03	2.4E+02	1.8E+03	1.4E+02	7.8E+02	1.9E+01	7.6E+02	1.2E+01
F_6	6.7E+02	7.1E+00	6.7E+02	6.2E+00	6.5E+02	5.6E+00	6.4E+02	3.6E+00
F_7	2.0E+03	2.3E+02	4.8E+03	9.2E+02	1.1E+03	3.8E+01	1.4E+03	3.9E+01
F_8	1.9E+03	2.6E+02	2.2E+03	1.4E+02	1.1E+03	1.6E+01	1.1E+03	1.3E+01
F_9	4.6E+04	5.4E+03	4.6E+04	5.6E+03	5.6E+03	1.2E+03	5.1E+03	5.5E+03
F_{10}	1.7E+04	1.9E+03	1.8E+04	2.0E+03	8.1E+03	3.4E+02	8.1E+03	1.9E+02
F_{11}	2.4E+03	3.8E+02	1.3E+05	1.2E+05	2.0E+03	2.8E+02	3.4E+03	5.0E+02
F_{12}	5.8E+07	4.9E+07	4.5E+10	2.0E+10	1.1E+09	2.3E+08	1.5E+09	2.8E+08
F_{13}	4.8E+05	2.0E+06	7.6E+09	5.1E+09	3.8E+08	1.3E+08	6.1E+08	1.9E+08
F_{14}	9.2E+05	6.1E+05	1.3E+07	1.8E+07	1.2E+05	7.4E+04	2.0E+05	8.8E+04
F_{15}	1.0E+05	6.8E+04	1.6E+09	1.2E+09	1.3E+07	1.3E+07	6.7E+07	2.7E+07
F_{16}	6.9E+03	7.7E+02	8.3E+03	8.1E+02	3.6E+03	2.3E+02	3.4E+03	2.0E+02
F_{17}	6.9E+03	8.4E+02	1.3E+04	8.4E+03	2.4E+03	1.5E+02	2.5E+03	1.0E+02
F_{18}	2.0E+06	1.0E+06	5.8E+06	6.8E+06	2.9E+06	2.0E+06	3.8E+06	1.9E+06
F_{19}	2.8E+04	4.0E+04	1.3E+09	1.2E+09	2.4E+07	1.3E+07	1.0E+08	3.6E+07
F_{20}	5.6E+03	5.5E+02	5.8E+03	6.5E+02	2.6E+03	1.2E+02	2.6E+03	9.8E+01
F_{21}	3.6E+03	2.3E+02	3.8E+03	1.1E+02	2.6E+03	1.9E+01	2.5E+03	1.1E+01

通过对表 3-3 的数值观察，由于平均值表示测试结果，平均值数据越低，算

法的质量就越高，标准差数据越小，算法的稳定性越好。因此，可以看出 DAWMFO 在维度相同的条件下测试，DAWMFO 性能均优于 MFO，说明 WAWMFO 在 MFO 的基础上得到了改进。此外，对于其他两个传统算法正余弦算法和萤火虫算法而言，双自适应权重飞蛾扑火算法相比于两个算法还是有很明显的优势，其中，在混合基准函数方面的性能更优。这也表明了双自适应权重飞蛾扑火算法在跳出局部最优的问题上具有更好的性能。

3.3.3.4 算法的种群多样性分析

研究发现，针对算法的收敛性测试的分析中，种群个体分布情况的多样性是实际应用中最关心的。飞蛾在火焰周围空间中的搜索能力的覆盖全面性，依靠增加种群的多样性。因此，选取出四个测试函数，测试 DAWMFO 和 MFO 算法的种群多样性的变化，观察其曲线变化的状态。

图 3-11 为 DAWMFO 和 MFO 算法的多样性，其中 y 轴表示多样性，x 轴表示

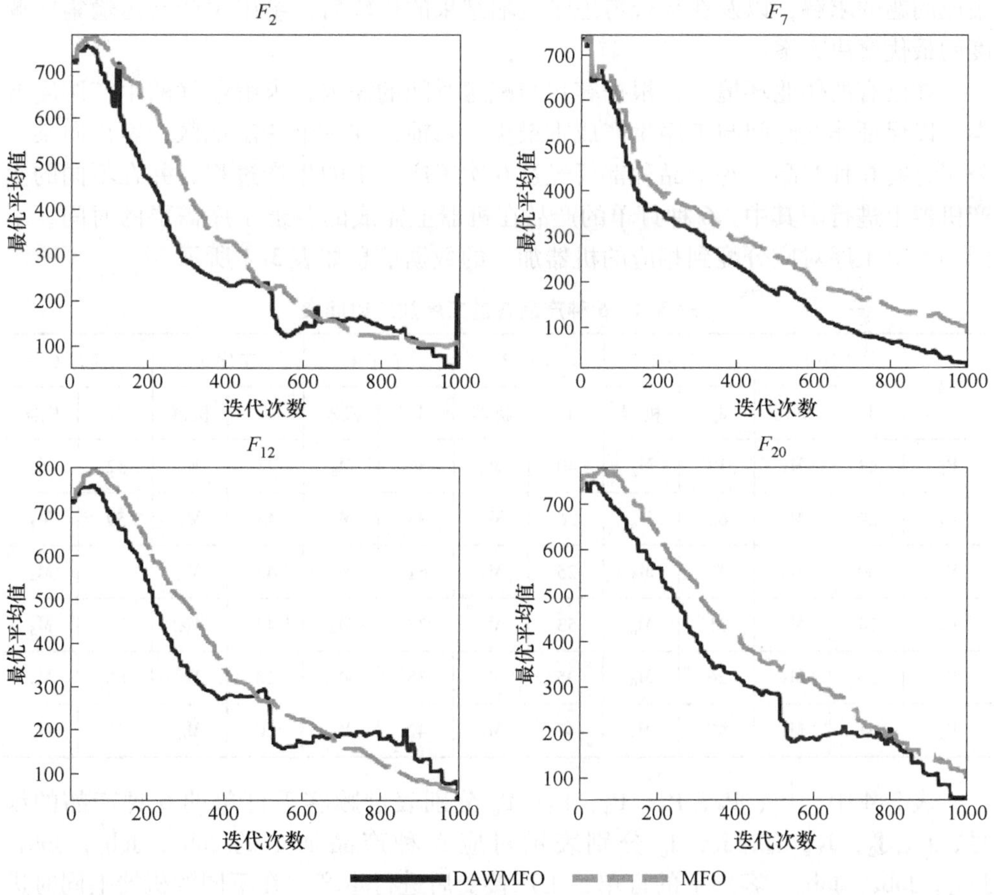

图 3-11 算法的多样性对比分析

迭代次数。从图中可以看出，从算法最开始有较多的多样性时，根据图中的曲线可以看到随着迭代次数的增多，种群的多样性快速减少。F_2、F_{12}和 F_{20}实线有时会凸起或者在虚线之上，可以说明，无论是单峰函数还是多峰函数，改进的飞蛾扑火算法测试局部最优的搜索能力更佳。通过比较，可以看到虚线几乎大部分在实线上面，由此可见，DAWMFO 曲线比 MFO 曲线收敛的速度更快，可以进入算法的开发阶段。

3.4　案例分析

3.4.1　案例背景

本节通过案例对所提出的生产调度和运输时间的综合优化问题进行研究，并对该方法进行了验证。本节的内容包括了实例的资料、实例中的生产调度和运输集成问题的求解，以及在综合考虑了运输结果的比较后，给出生产与运输集成调度的最优解决方案。

在已有的作业环境下，根据客户与配送时间的需求，求解最优的生产调度方案，以保证作业时间与工序生产成本最少。目前，在一个特定地区，客户向某一公司订购 6 种产品，每个品种都要经过 6 次工序加工的生产过程，并在不同的生产机器上进行。其中，6 种订单的产品在机器上完成的各道工序需要的时间、不同的 6 道工序对应分配到相应的机器加工的数据信息如表 3-4 所示。

表 3-4　6 种产品各道工序加工时间表

产品	工序 1		工序 2		工序 3		工序 4		工序 5		工序 6	
	J_1	机器	J_2	机器	J_3	机器	J_4	机器	J_5	机器	J_6	机器
P_1	43	M_3	39	M_2	40	M_6	53	M_5	21	M_1	32	M_4
P_2	29	M_5	60	M_6	36	M_4	33	M_1	45	M_3	59	M_2
P_3	60	M_6	42	M_5	25	M_3	61	M_2	42	M_1	31	M_4
P_4	74	M_2	21	M_6	53	M_1	38	M_4	47	M_3	88	M_5
P_5	36	M_3	26	M_6	35	M_2	38	M_4	28	M_1	65	M_5
P_6	51	M_2	47	M_5	47	M_1	42	M_3	10	M_6	33	M_4

表 3-4 中，P_1，P_2，P_3，P_4，P_5，P_6 分别表示顾客下订单的 6 种产品的编号，J_1，J_2，J_3，J_4，J_5，J_6 分别表示对应 6 种产品加工的 Job_1，Job_2，Job_3，Job_4，Job_5，Job_6。客户下的订单，工厂接受后进行生产，在不同的机器上同时进行加工，在最优的加工后，将完成产品分别由六辆车配送到 6 个客户指定的地

点，因此，这6个不同客户的二维坐标值，需求的最早送达时间，以及需求的最晚送达时间，如表3-5所示。

表3-5 客户产品需求信息

客户	X坐标值	Y坐标值	需求最早送达时间/min	需求最晚送达时间/min
客户1	30	5	370.35	390.35
客户2	15	30	400.40	430.40
客户3	20	40	450.20	460.20
客户4	12	15	330.00	350.00
客户5	23	25	440.50	450.50
客户6	18	32	380.57	400.57
工厂	0	0		

每个客户都有一一对应的订单，并在产品生产完，直接由运输车送至客户指定位置。会根据客户的需求时间，产品的种类等因素安排生产调度与运输的车辆以及送货时间。对于运输车辆的设置，容量固定 k，每公里需要的时间也一样。

3.4.2 优化策略

针对企业的订单计划和订单时间的协同优化问题进行了研究，其研究内容有以下三个方面：满足客户的订单生产产品时间计算，集成优化数学模型的标准化处理，以及集成优化方案的计算，具体如下。

3.4.2.1 作业车间生产调度

在生产调度和运输集成优化的最优解中，将顾客需求的时间转化为最终的完成时间，并将其与预期完成时间的差异作对比。在此基础上，运用了一种处罚费用的方法，它可以最大限度地减少预期完成时间的误差，也就是说，当生产结束的时候与交货时间的距离较长，则需要支付更高的处罚费用；反之，与交付时间要求相比，完成时间与要求的差距越小，则需要承受的处罚费用越少。其中，将客户的需求时间经过计算转换为产品的最终加工完工时间，示意图如图3-12所示。

根据图3-12所表述的意义，第一，把产品的加工制造工艺和产品的分配流程看成是一个完整的，并且已经知道了顾客的交货日期窗口，利用顾客的要求时间倒推，把整个时间往前推，既能确保整体的优化，又能兼顾生产和物流问题。通过计算出交货时间窗口和交货时间之间的差异，可以把顾客的时间需求转化成工厂所制造的相应的产品的完成时间，从而得到最优化的生产调度。并将最优生

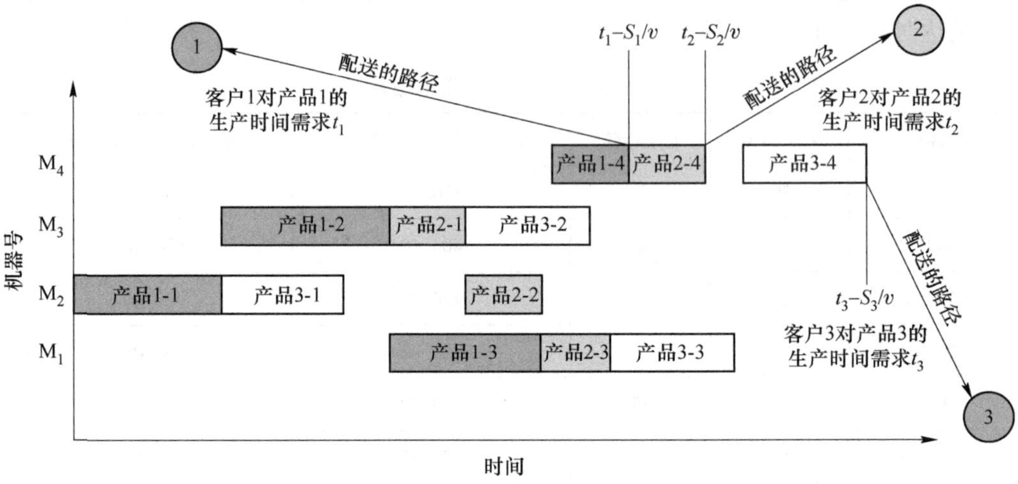

图 3-12　客户对产品的需求时间转换为产品完工时间的过程示意图

产调度方案作为求解最优生产调度方案的约束，其中，求解出的各种产品的配送时间需求完工时间如表 3-6 所示。

表 3-6　产品完工时间需求

产品	产品加工完成时间		客户需求产品时间		距离 /km	车辆行驶速度 /km · h^{-1}
	PS/min	*PE*/min	*Dm*/min	*Dn*/min		
P_1	340.00	360.00	350.35	370.35	30.41	60.00
P_2	360.00	410.00	400.40	430.40	21.24	60.00
P_3	320.00	340.00	370.20	400.20	44.72	60.00
P_4	300.00	320.00	310.00	330.00	8.21	60.00
P_5	360.00	380.00	390.50	400.50	33.97	60.00
P_6	320.00	370.00	330.57	380.57	36.72	60.00

其中，*PS* 表示加工产品的产品最早完工时间，*PE* 表示工厂加工产品最晚完工时间，*Dm* 表示客户需求的最早交货期，*Dn* 表示客户需求最晚交货期。根据顾客需求的订单完工时间与距离顾客与工厂的间距，以及从工厂到客户指定的位置的车辆行驶速度有关，本章将汽车的运行速度设为 60.00 km/h。

3.4.2.2　目标函数分析

针对此背景问题分析，对于作业车间生产调度问题与车辆运输问题，两类不同的问题，想要整体解决此类问题，本章将此类问题归为集成优化问题。因此，将整体的目标分解成一个多目标问题，再进行归一处理。作业车间生产与运输集成目标分为作业车间中包含的加工成本，车辆运输中包含了运输成本和时间提前惩罚成本、时间迟到成本，四种成本分别用 Cp、Cv、Ce、Ct 表示，并分别有各自的目标函数来计算出四种成本的值。具体的目标函数处理过程如图 3-13 所示。

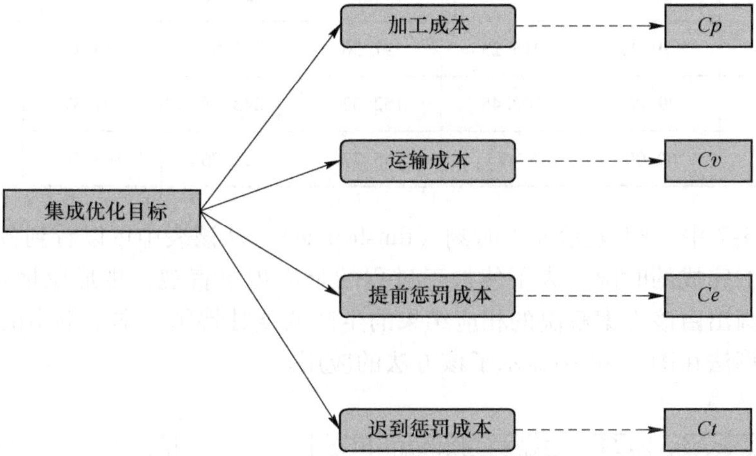

图 3-13 集成优化目标函数的处理

其中，将总集成调度问题进行了目标分解和分析后，拆分成了各类成本，使得最优问题成为一个多指标问题。然后，可经过数学加权方式处理，将多目标转化为单目标函数，即最小化成本的目标函数，用来整体的求解作业车间生产与运输集成调度的问题，处理如目标函数式（3-37）所示：

$$\min C = \min\left(a \cdot c_{pt} \cdot t_{pi} + b \cdot c_v \sum_{i \in N} \sum_{j \in N} \sum_{v \in V} r_{ij} z_{ijv} + c \cdot c_e \cdot \sum_{i \in N \setminus \{0\}} E_i + d \cdot c_t \cdot \sum_{i \in N \setminus \{0\}} T_i\right) \tag{3-37}$$

根据生产与运输集成调度优化的多目标问题，加入 a、b、c、d 四个权重，将其转化为单目标函数，并对其进行求解。本书将采用改进后的飞蛾扑火算法，对以上的问题进行求解。

3.4.2.3 集成调度方案

采用该方法对产品生产调度和运输时间的集成问题进行了研究，优化软件为 Matlab2018a 平台，对该方法进行验证。其运行环境为 Windows 10 专业版、内存 8.0GB、1.8GHz 双核 Intel Core i7 处理器、128GB 固态硬盘的便携式计算机。设置算法初始化参数为：100 个初始种群数，经过 1000 次反复计算后，得到一个最优的生产调度方案，并在该优化的生产调度方案下，列出这 6 种产品各道工序在不同机器上的完工时间，数据信息如表 3-7 所示。

表 3-7　优化后工序的完工时间　(min)

机器	FT_1	FT_2	FT_3	FT_4	FT_5	FT_6
M_1	140. 97	200. 47	247. 31	276. 37	316. 67	367. 45
M_2	74. 00	125. 00	164. 00	245. 27	317. 56	362. 63
M_3	43. 00	79. 00	140. 38	226. 23	268. 23	409. 14
M_4	179. 23	215. 23	297. 36	314. 03	343. 17	395. 14
M_5	29. 00	102. 45	152. 32	243. 68	321. 37	398. 46
M_6	60. 00	87. 77	155. 77	221. 76	195. 76	280. 43

在表 3-7 中，FT 表示完工时刻（finish time），从该表中可以看到各个生产过程在机器上完成的时限。为了使加工过程的全流程更直观、更形象地呈现出来，下面，将画出由该方案解决的相应结果的生产调度甘特图。本章提出的问题模型和设计的算法在图 3-14 中显示了该方法的应用。

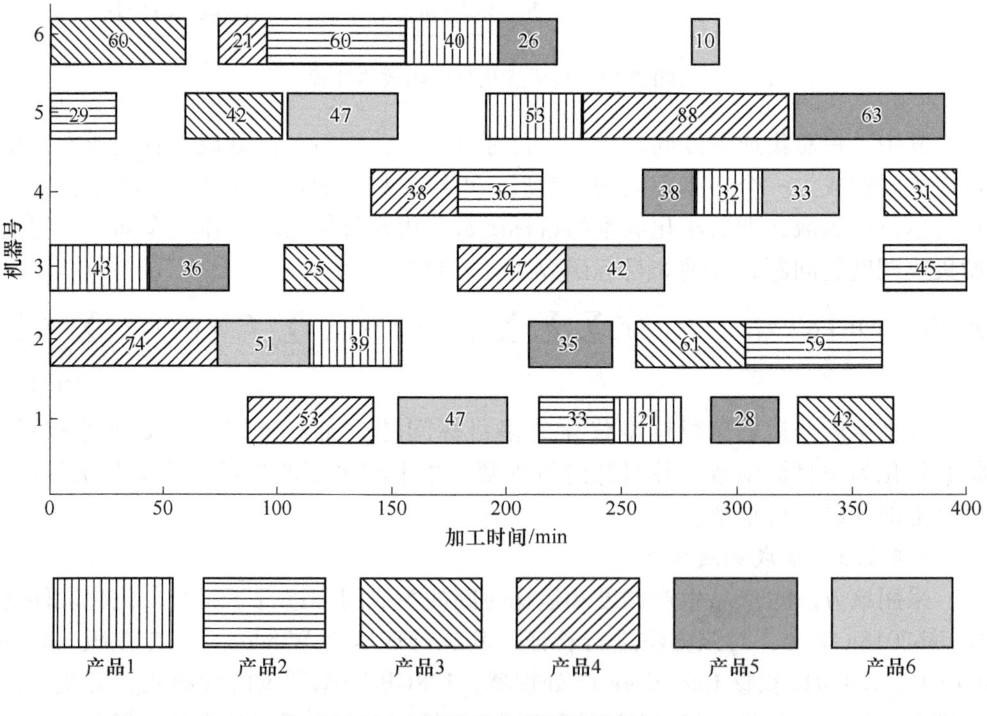

图 3-14　改进后生产调度甘特图

图 3-14 显示了相应的机器 M 上的各种制品的处理时间，包括起始处理和终

止处理时间，最小化最大完工时间是 409.14 min，即第二个制品的第六道工序在 M_3 机器上的处理。

3.4.3　案例分析

案例分析主要分析上述优化得出的结果，作业车间所生产的产品完工时间分析。根据具体的每个订单的实际生产完成时间与客户需求的时间对比，计算其差值，来验证此方法的有效性，以及改进后算法解决问题的性能分析，具体计算过程如下。

3.4.3.1　*产品完工时间*

根据以上的优化结果产品生产的具体时间数据统计，可以得出交付时间取决于生产加工的顺序、加工的完工时间。由此，可以计算出 6 种订单产品在工厂的所有加工完成时间，如图 3-15 所示。

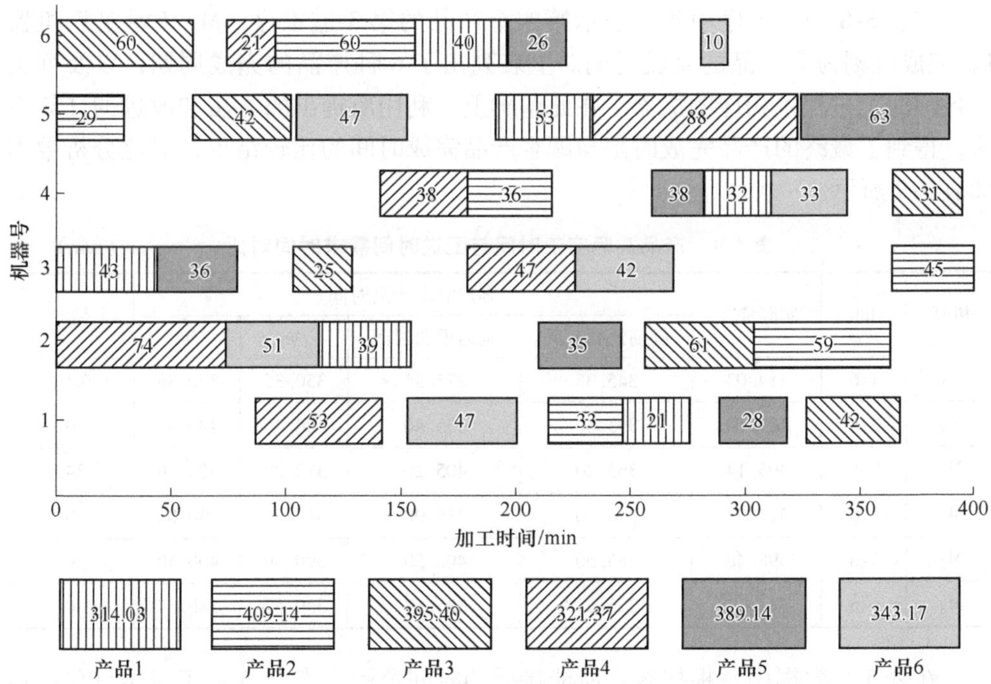

图 3-15　生产加工完成时间

从图 3-15 得知，第一件成品的完成时间是 314.03 min，其次第二件产品是 409.14 min，第三件产品在机器 M_4 上的完工时间是 395.40 min，第四件产品在机器 M_5 的完工时间是 321.37 min，第五件产品的完工时间是 389.14 min，第六件产品在机器 M_4 的完工是 343.17 min。最小化最大总完工时间为 409.14 min，其中案例中 6 种产品都需要加工 6 道工序，每道工序 J 的具体完工时间如表 3-8 所示。

表 3-8　每道工序 J 的具体完工时间

机器	Job	完工时间 /min	Job	完工时间 /min	Job	完工时间 /min	Job	完工时间 /min	Job	完工时间 /min	Job	完工时间 /min
M_1	4-3	140.97	6-3	200.47	2-4	247.31	1-5	276.37	5-5	316.67	3-5	367.45
M_2	4-1	74.00	6-1	125.00	1-2	164.00	5-3	245.27	3-4	317.56	2-6	362.63
M_3	1-1	43.00	5-1	79.00	3-3	140.38	4-5	226.23	6-4	268.23	2-5	409.14
M_4	4-4	179.23	2-3	215.23	5-4	297.36	1-6	314.03	6-6	343.17	3-6	395.14
M_5	2-1	29.00	3-2	102.45	6-2	152.32	1-4	243.68	4-6	321.37	5-6	398.46
M_6	3-1	60.00	4-2	87.77	2-2	155.77	1-3	221.76	5-2	195.76	6-5	280.43

在表 3-8 中，工序中 4-3 表示第四个产品的第 3 道工序，M_1 表示工厂机器 1，完成时刻为 P 产品的完成时刻。上表列出了 6 种产品的完成周期，以及列出了各种加工过程中相应的机器。在此基础上，利用所提出的方法和改进的计算方法，得到了最终的产品完成时限与顾客产品完成时间的比较结果，对比分析数据如表 3-9 所示。

表 3-9　产品实际完工时间与配送时间需求时间对比　　(min)

机器	Job	实际完工	客户需求产品时间				偏差
			提前惩罚时间	延迟惩罚时间	*Dm*	*Dn*	
M_1	1-6	314.03	345.35	375.35	350.35	370.35	0.91
M_2	2-6	409.14	395.40	435.40	400.40	430.40	0
M_3	3-6	395.14	365.20	405.20	370.20	400.20	-34.66
M_4	4-6	321.37	305.00	335.00	310.00	330.00	0
M_5	5-6	398.46	385.50	405.50	390.50	400.50	0
M_6	6-6	343.17	325.57	385.57	330.57	380.57	0

在表 3-9 数据中，根据客户所能接受的时间范围，客户规定了送达订单的最大提前时间和订单送达的最大延后时间。根据产品所有工序全部加工完工时间作为产品的完工时间，客户所指定的地方路程，运输车辆的速度一定，计算出运输的过程的时间，加上实际订单产品的完工时间，总时间与客户需求时间进行差值计算，得出了偏差值，正数表示超过提前惩罚时间，负数表示延迟惩罚时间。因此，根据表 3-9 的计算数据可知，本节应用的方案求解出的结果基本满足客户的需求，其中第 2、第 4、第 5 和第 6 个产品均能够满足客户的需要。第 1 个产品

加工完，实际运输时间比客户需求的时间提前了0.91 min，第3个产品加工完加上车辆运输时间的实际配送时间比客户需求的时间延后了34.66 min。

3.4.3.2 算法性能分析

根据改进的算法求解目标的结果可以看出，对于生产调度方面的改进，使其实际的完工时间与客户的需求时间相差值，只有两个订单与实际时间相比提前和延后了，相差并不大，即算法的效果良好。但为了进一步检验所提出的方法的实际有效程度，需要进行性能的测试并分析。本节将对算法的飞蛾搜索空间进行测试，观察算法是否陷入有局部最优的情况，以此来界定算法的前期局部搜索和后期的全局搜索能力是否有相应的问题。因此，算法设定 T 值为2000次迭代次数，并给出迭代示意图，如图3-16所示。

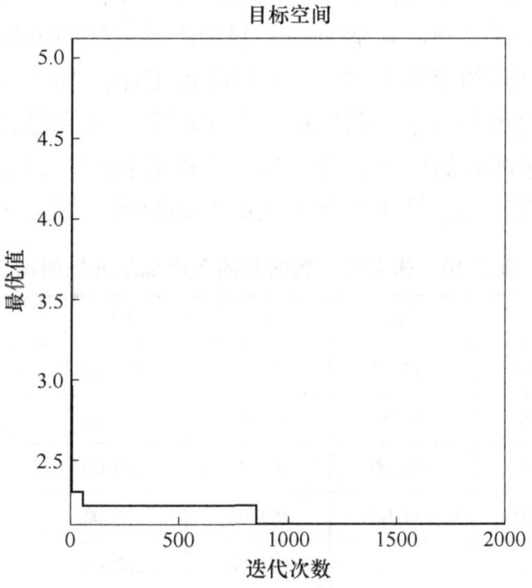

图3-16 DAWMFO在问题上的收敛曲线

从图3-16可以观察得出，曲线收敛的情况中，前期的收敛速度较快，说明前期算法在局部搜索过程中并未陷入局部最优，改进后的算法所加入的权值使其在局部搜索能力方面有效加强。对于后期的全局搜索情况，在后期出现不稳定的状态，分析原因，可能是迭代次数不够而造成的算法收敛不稳定。在接近800次迭代时，可以看出收敛曲线逐渐趋于稳定的状态，在迭代次数到2000次时，算法已达到完全收敛状态，也就是寻找到了优质的解。再次证明了在此目标空间搜索范围中，飞蛾寻找最优火焰位置的能力较好，则改进算法在此目标函数的应用，寻优的性能稳定性较强和收敛速度较快。因此，在解决生产与运输集成调度的问题时，所设计的双自适应权重的收敛速度较佳，能够快速得出完工时间。结果表明，所提出的方法可以很好地解决这一问题，并证明了其有效性。通过上述的测试与验证，本章提出的求解方案以及根据问题建立的模型是有效的，同时本章设计的算法能较好地满足模型的求解。

3.4.3.3　对比分析

在本节中，对于运输时间这一影响因子对此问题影响的重要程度结果，在此小节进行对比，得出对比分析结果。在不考虑顾客的时间要求情况下，对其实际完工时间进行计算，并与考虑顾客的时间要求的情况下，所得出的实际完工时间与顾客要求的时间差值做比较，对比两者哪个相差的数值较大。并在此基础上，计算出各部分的成本以及总成本，即可以看出其优化程度，具体过程如下。

不考虑配送时间需求的生产调度方案。此问题先求解目标函数，以最小化的完工时间为目标，采用本章所改进的算法对该作业车间生产调度问题进行求解排序优化。解决了在不受客户的运输时间限制和产品完成时间限制的情况下（即不考虑客户所需求的时间约束的条件），排列出各工序的加工顺序，得到最优化排序的生产调度情况和每个订单产品工序的完工时间。并在已知实际工序完工时间时，计算出每道工序的开始时间，并画出相应的甘特图。以下是通过不考虑运输时间的工序加工完成时间推算出产品加工的开始时间，如表 3-10 所示。

表 3-10　未考虑运输时间的工序加工开始时间　　(min)

机器	ST_1	ST_2	ST_3	ST_4	ST_5	ST_6
M_1	150.43	197.43	250.43	283.43	311.43	332.43
M_2	47.00	98.00	172.00	211.00	272.00	412.00
M_3	90.00	126.00	169.00	199.00	320.00	367.00
M_4	123.00	244.00	282.00	333.00	365.00	398.00
M_5	33.00	62.00	104.00	210.00	312.00	377.00
M_6	0.00	60.00	146.00	172.00	265.00	305.00

在表 3-10 中，ST 表示开始时间（start time），根据得出的每个工序的完成时间，与每个工序的实际加工时间相减，得出工序的开始时间。从表 3-10 中可以观察到某一产品的每一工序开始加工的时间，为了可以更清晰地展示出来没有考虑运输时间的 6 种产品的工序加工情况，将画出采用改进的飞蛾扑火算法所得出的工序加工顺序的生产调度甘特图，如图 3-17 所示。

根据图 3-17 可知，在订单下达工厂后，机器开始生产某产品的第一道工序，所有机器只能在同一时间生产一个产品的一道工序，因此，需要排列好每个产品的工序生产时间，采用改进算法优化此问题，进行工序的科学排序，到最终的所有产品加工完成。其不考虑客户时间约束的情况，最小化的最大完工时间为 471 min，

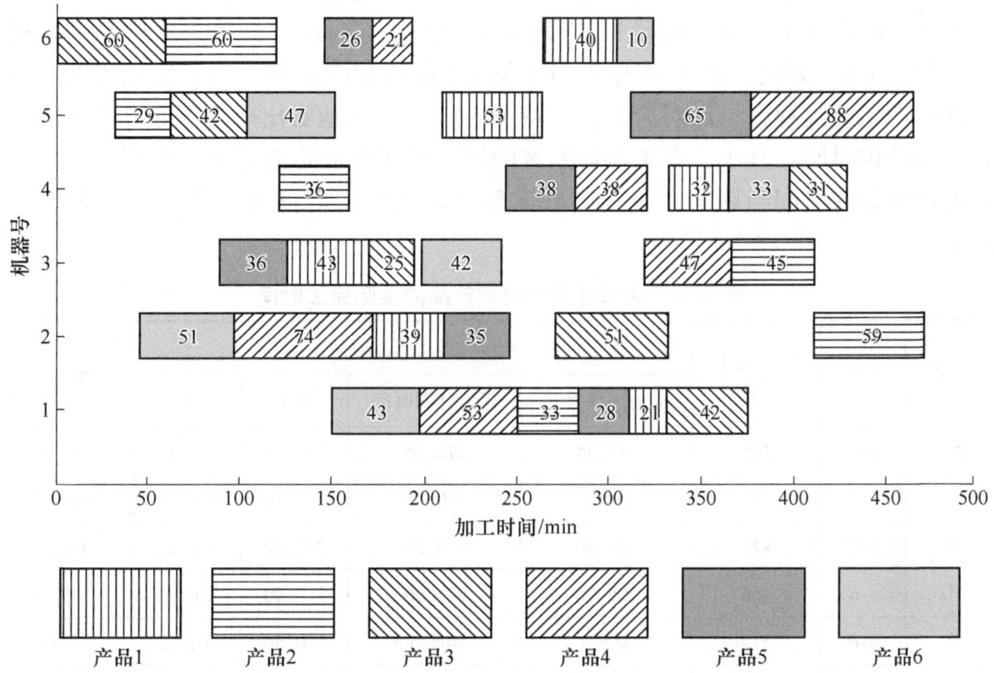

图 3-17 未考虑运输时间约束的作业生产调度甘特图

该完成时间对应的为产品 2 的第 6 道工序在机器 M_2 上的完工时间。其中，根据甘特图中不同产品图案可以看出，P_1 的第 6 道工序在机器 M_4 上的完工时间为 365 min，P_3 的第 6 道工序在 M_4 上的完工时间为 429 min，P_4 的完工时间为 465 min，P_5 的完工时间为 377 min，P_6 的第 6 道工序在 M_4 上的完工时间为 398 min。其中，在未考虑运输的客户需求时间的条件下，6 个产品的 6 道工序在不同机器加工的具体完工时间如表 3-11 所示。

表 3-11 未考虑运输时间的工序加工完成时间

机器	Job	完工时间 /min	Job	完工时间 /min	Job	完工时间 /min	Job	完工时间 /min	Job	完工时间 /min	Job	完工时间 /min
M_1	6-3	197.43	4-3	250.43	2-4	283.43	5-5	311.43	1-5	332.43	3-5	374.43
M_2	6-1	98.00	4-1	172.00	1-2	211.00	5-3	246.00	3-4	333.00	2-6	471.00
M_3	5-1	126.00	1-1	169.00	3-3	194.00	6-4	241.00	4-5	367.00	2-5	412.00
M_4	2-3	159.00	5-4	282.00	4-4	320.00	1-6	365.00	6-6	398.00	3-6	429.00
M_5	2-1	62.00	3-2	104.00	6-2	151.00	1-4	263.00	5-6	377.00	4-6	465.00
M_6	3-1	60.00	2-2	120.00	5-2	172.00	4-2	193.00	1-3	305.00	6-5	315.00

其中，6-3 代表第六个产品的第三道工序在 M_1 上加工完成的时间，1-6 为第一个产品的第六道工序在机器 M_4 上加工完成的实际时间，即第一个产品的完成时间 365 min。因此，表 3-11 中列出了每个 Job 的相应的实际加工完成周期和相应的生产工艺过程，可以对应上述甘特图 3-17，清晰地看出每道工序开始的加工时间和结束时间。其中，在不考虑顾客的运输时间要求的情况下，得到了一个产品的最终完成时间与顾客预期的，并求解出两者完工时间对比差值，如表 3-12 所示。

表 3-12　未考虑运输时间产品的实际完工时间　(min)

机器	Job	实际完工时间	客户需求产品时间				偏差
			提前惩罚时间	延迟惩罚时间	Dm	Dn	
M_1	1-6	365	345. 35	375. 35	350. 35	370. 35	-20. 06
M_2	2-6	471	395. 4	435. 4	400. 40	430. 40	-69. 14
M_3	3-6	429	365. 20	405. 20	370. 20	400. 20	-68. 52
M_4	4-6	465	305. 00	335. 00	310. 00	330. 00	-149. 21
M_5	5-6	377	385. 5	405. 5	390. 50	400. 50	-5. 47
M_6	6-6	398	325. 57	385. 57	330. 57	380. 57	-49. 15

其中，在进行差值对比分析时，将最终工艺完成的时间确定为最终完成。从上述信息中可以看到，如果不考虑客户交付的时限，所得到的加工进度计划与顾客预期的产品完工时刻有一定的差异，最大误差为 149. 21 min，这是第四个产品的第六道工序，其实际完工时间比顾客要求的最迟完工时间晚 149. 21 min，最小偏差为 5. 47 min，对应着第五个产品的第六道工序在 M_5 上实际加工完成，并加上到达顾客指定的地点的距离，到达的时间为 5. 47 min。由此可得，说明了本章考虑客户的时间窗条件对相比未考虑产品完工送达指定地位的时间需求的影响因素，具有一定的优势。

3. 4. 3. 4　结果对比

从以上的分析结果可以看出，在顾客对运输时间要求的情况下，可以使产品的完成时限更好地符合顾客的要求；如果没有满足顾客对交货时间的要求，则产品的完成时间都有延迟完成的可能。另外，在没有顾客时间要求的情况下，提前和延迟的处罚成本比在考虑顾客完成时间要求的情况下要大得多。在此基础上，将生产与运输集成调度的方案考虑客户需求运输时间与没有计算出的顾客的需求时间相结合的方法进行了对比。研究表明，采用此方法对最优生产的成本进行了有效的控制，表 3-13 列出了总成本，运输成本、惩罚成本和生产成本之间的数据比较。

表 3-13 优化结果对比 （元）

成本类型	优化结果		优化率/%
	未考虑运输时间需求	考虑运输时间需求	
运输成本	255.21	246.31	3.49
惩罚成本	343.13	153.00	55.41
生产成本	670.84	670.84	0.00
总成本	1269.18	1070.15	15.68

表3-13表示，在考虑配送时间需求条件下，本章构建的生产调度与运输集成调度优化模型不仅能够满足客户对于配送的时间需求，根据计算的优化对比结果。其中发现此方法除了生产成本没有变化，将运输成本从255.21元减少到246.31元，将惩罚成本从343.13元减少到153.00元，将总成本从1269.18元减少到了1070.15元，降低了总成本值。这说明了本章设计的生产调度与运输集成调度优化模型及改进的双自适应权重飞蛾扑火算法在求解该类问题时具有一定的优越性。另外，从表3-13可以看出，与没有计算顾客时间需求情况比较，该方法可以使运输费用降低3.49%，没有满足交付时间的处罚费用减少55.41%，总成本减少的比率为15.68%。其中，惩罚成本的优化率最高，即生产与运输时间的影响程度最大。鉴于此，说明本章所设计的集成调度模型及改进的飞蛾扑火算法相比未考虑运输配送时间需求而言具有高效性。

3.5 本 章 小 结

本章首先建立了以最小化最大完工时间和最小化成本为目标的生产与运输调度数学模型，以及模型的相关约束，对调度问题进行了详细的分析。然后介绍了飞蛾扑火算法的原理和寻优机制，在原飞蛾扑火算法的数学模型基础上，引入了双自适应权重机制，提高了更新飞蛾距离的螺旋函数的自适应能力，有效地平衡了寻优过程中全局和局部搜索能力，能够在问题上寻得较优解。最后，通过采用改进算法对基准函数测试，结果表明，该算法具有较好的性能，能够快速收敛，不易陷入局部最优。同时，也进行了平均值和标准方差的比较，引用了两个传统算法，正余弦算法和萤火虫算法进一步进行算法性能的比较。通过对比结果可以看出，本章所设计的DAWMFO算法具有更好的效果，为解决工程调度问题奠定了理论基础。

4 绿色智能车间生产调度模型构建与求解

本章基于车间能耗、总成本和完工时间对车间生产调度问题进行研究，在满足生产需求的同时，对车间成本进行控制，也尽量减少车间能源消耗，进而实现绿色制造来优化绿色车间。

4.1 绿色智能车间调度模型构建

4.1.1 绿色多目标车间调度模型描述

柔性作业车间调度问题是作业车间调度的一个经典问题，自 20 世纪 50 年代以来一直被认为是一个困难的组合优化问题。对于该问题计算的复杂性而言，JSSP（job shop scheduling problem）在实践意义上属于 NP 难问题。因此，即使对于非常小的 JSSP 实例，也无法保证最佳解决方案。在车间中，每个作业都可以有单独的处理顺序。一般来说，JSSP 在有限的 m 台机器上处理有限的 n 个作业集。每个作业都包含一组任务，这些任务必须在给定工作依赖顺序中指定的处理时间内在不同的机器上执行。其描述如下：

每个工件必须以相同的顺序通过工序 S 的装配线进行加工，每个阶段都存在 $1,2,\cdots,i$ 台并行机，其中至少有一个工件的并行机的数量大于等于 2。每道工序中的任何工件都可以用任意一台并联加工机加工，但同一工件中的所有工序只能在其中一台并行加工机上并按照原顺序进行加工。对于如何组织每个工件的加工顺序、机器分配和每次操作的开始时间，从而优化一些性能指标，是车间调度的主要问题。柔性作业车间问题（flexible job shop scheduling problem，FJSSP）是经典 JSSP 问题的扩展，它允许任何机器处理给定一组替代机器的操作。在流水车间调度研究中，第一阶段先确定其各个工件加工顺序，由于每台机器只能处理一次操作，因此首先完成第一个加工零件，零件的后续加工顺序与第一步相同。为了安排流程车间，只需要对第一步的零件加工顺序进行分类。在流程车间的灵活调度中，存在一个并行操作阶段，由于每个作业在同一阶段的处理时间不同，这可能导致后处理作业比前处理作业完成得更快。

本章问题除了需要对初始状态约束、工件连续加工约束和加工机器约束外，通常需要给定的具体加工功率，且保证机床加工开机时刻和关机时刻为第一道工序和最后一道工序。由于机床连续处于待机状态时，将产生大量的电能浪费。为了减少车间能耗，在减少完工时间的同时也要降低制造过程中碳排放，同时也将考虑机床关机和重启能耗。因此，除了要解决机床分配与工序排序问题外，该调度的规划目标是同时完成的最大时间、车间的总能耗和最低总成本。

为了更好地阐述柔性作业车间调度问题，本章将以 3 ×4（工件 × 机器）的调度问题案例进行举例分析。将工序和机器进行编码分配，每道工序都有其对应的加工机器，将机器和工序进行编码后可以降低解码成本，工件用 J_1，J_2，J_3 来表示，机器用 M_1，M_2，M_3，M_4 来表示。表 4-1 为该调度问题案例的工件的时间约束和机器约束，图 4-1 为该调度甘特图。

表 4-1　工件的时间约束和机器约束

工件	工序编号	可选机器集	加工时间
J_1	$O_{1,1}$	M_2，M_3	6，4
	$O_{1,2}$	M_2，M_4	5，6
	$O_{1,3}$	M_1，M_3	5，5
J_2	$O_{2,1}$	M_3	5
	$O_{2,2}$	M_4	9
	$O_{2,3}$	M_1，M_3	7，9
J_3	$O_{3,1}$	M_2，M_4	8，7
	$O_{3,2}$	M_1，M_4	7，6

图 4-1 显示了表 4-1 中车间调度案的编码方法，与分配机器的操作顺序相对应。根据图中显示得知机器 4 的加工顺序为 $O_{2,2}\rightarrow O_{3,1}\rightarrow O_{3,2}$，机器 3 加工顺序为 $O_{2,1}\rightarrow O_{1,1}\rightarrow O_{1,3}$，机器 2 的加工工序为 $O_{1,2}$，机器 1 的加工工序为 $O_{2,3}$。车间的整个工序的加工顺序和机器可以记为$(O_{2,1},M_3)$，$(O_{1,1},M_3)$，$(O_{2,2},M_4)$，$(O_{1,2},M_2)$，$(O_{2,3},M_1)$，$(O_{1,3},M_3)$，$(O_{3,1},M_4)$，$(O_{3,2},M_4)$。

4.1.2 参数设置

本章绿色柔性作业车间调度的目标是确定每个设备中工件的加工顺序并减少工件的总加工时间，进而减少车间能耗节约成本的目的。在柔性车间的加工任务中，假设有 n 个工件，m 台加工机，每个工件都有多道工序。O_{ij}是第 i 个工件的第 j 个加工过程，每个工件都是独立的无冲突。M 机器是可选择用于 n 个操作的加工机器的数量，M_{ij}代表可选择用于 O_{ij}操作的机器组。O_{ij}操作可以在一台机器或多台机器上处理，k 是所选处理机器的序列号。表 4-2 为模型参数符号的对应含义。

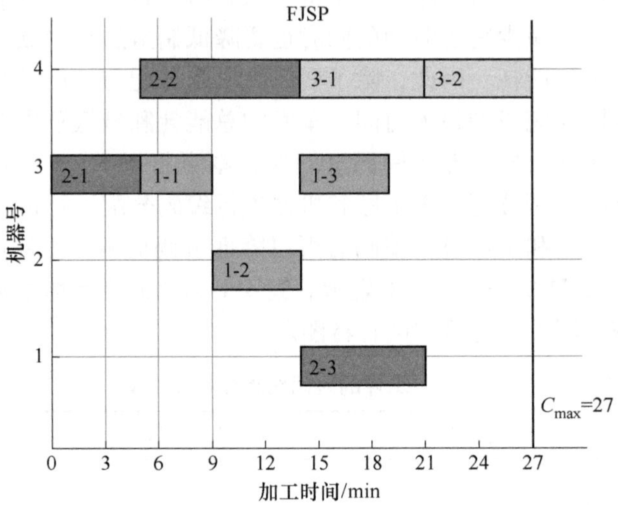

图 4-1　3 ×4 调度甘特图

表 4-2　模型相关参数

参数	符 号 含 义
M	加工机器
N	加工工件
n	加工的工件总量
m	加工的机器总量
i，l	加工工件序号
j，h	加工工序序号
M_{ij}	工件 i 的第 j 道工序的可以选择的机器
k	加工机器序号
s	相邻工序间的间隔总数
O_{ij}	工件 i 的第 j 道工序
T_{ijk}	工序 O_{ij} 在机器 k 上的加工时间
CO_{ij}	工序 O_{ij} 的完成时间
C_i	工件 i 的完成时间
U_i	工件 i 的总工序数
CT_k	机器 k 的完工时间
W_k	机器 k 的工作负荷
m_k	机器 k 的加工工序数
stn_{kj}	机器 k 上排列加工的第 j 道工序的开始时间

续表 4-2

参数	符号含义
ftn_{kj}	机器 k 上排列加工的第 j 道工序的结束时间
np_{tk}	机器 k 的空载加工总时间
P_{ijk}	O_{ij}在机器 k 上加工时间
Si_{jk}	机器 k 上加工每单位时间的加工成本
C_{ijk}	O_{ij}在机器 k 上加工每单位时间的能耗成本
ie_k	设备 k 处于空转状态下的单位时间能耗
it_k	设备 k 上的空转时间
ce	车间单位时间的公共能耗
makespan	所有工件的总完工时间

4.1.3 约束条件

为了确保模型的准确性和实用性，通常需要添加相关约束条件来限制各种目标。这些约束可以确保模型能够在实际应用中提供可行和有效的解决方案。以下描述了模型需要满足的一些关键约束。

（1）在任何时候，对于每个工件的每个操作，只能从可选机床组中选择一台机床：

$$\sum_{k=1}^{m_{ij}} x_{ijk} = 1 \tag{4-1}$$

（2）在加工过程中，每个工件的每个过程在任何时候都不能中断：

$$S_{ijk} + x_{ijk}pt_{ijk} = F_{ijk} \tag{4-2}$$

（3）工件之间存在先后的工序顺序约束，工件完成上一道工序才能继续加工：

$$S_{ijk} + x_{ijk}pt_{ijk} \leqslant S_{ij+1k} \tag{4-3}$$

（4）确保一台机器不能同时处理两道以上的工序：

$$F_{lhk} - F_{ijk} + L(1 - y_{ijlhk}) \geqslant pt_{lhk} \tag{4-4}$$

$$F_{ijk} - F_{lhk} + Ly_{ijlhk} + L(2 - x_{ijk} - x_{lhk}) \geqslant pt_{ijk} \tag{4-5}$$

（5）机器 k 的空载加工总时间限制：

$$npt_k = \sum_{k=1}^{m_k} (ftn_{kj} - stn_{kj-1}) \tag{4-6}$$

（6）每台机器上工艺的操作不仅仅是机器上工艺顺序的顺序限制：

$$\sum_{i=1}^{n} \sum_{j=1}^{O_i} y_{ijlhk} = x_{lhk} \tag{4-7}$$

（7）工序的开始和结束时间均为正数：

$$F_{ijk} \geqslant 0, \ S_{ijk} \geqslant 0 \tag{4-8}$$

4.1.4　绿色智能车间调度模型建立

目前，在车间调度优化研究中，通常不会对工件的工艺路线进行改变，主要对不同工件在机床上的加工顺序进行选择从而通过节约加工时间来进行调度优化的目的。常常忽略在制造加工过程中产生的碳排放，同时对工件的加工顺序的优化也可以减少机床等待的空闲时间，因此增加了车间能耗方面的研究。

针对绿色智能车间调度问题研究，通常会在假定条件下制定相应的目标函数来对调度进行评价。根据不同车间的实际情况，同时需要对多个优化目标进行考虑，本章使用 3 个目标函数：最大完工时间、最大车间总能耗和最大总成本。

（1）车间最大完工时间（makespan）作为最常见的一个优化目标，通常在各种调度问题作为衡量调度规则优劣的重要指标。最大完成时间直接影响客户满意度，而缩短最大完成时间可以大大提高客户满意度。因此，建立的车间内加工的最小化最大完成时间，如式（4-9）所示。

$$f_1(x) = \min_{1 \leqslant k \leqslant m} \{ \max_{1 \leqslant i \leqslant n} \{ C_{ijk} \} \} \tag{4-9}$$

（2）车间生产总成本：设备生产成本包括加工成本，式（4-10）第二项表示机器在加工状态下的总能耗成本，第三项表示机器在待机状态下的总能耗成本。

$$f_2(x) = \sum_{i=1}^{n} \sum_{j=1}^{J_i} \sum_{k=1}^{m} x_{ijk} p_{ijk} s_{ijk} + \sum_{i=1}^{n} \sum_{j=1}^{J_i} \sum_{k=1}^{m} x_{ijk} p_{ijk} c_{ijk} + \sum_{k=1}^{m} \theta_k (CT_k - W_k) \tag{4-10}$$

式中，θ_k 为待机模式下机器 k 单位时间的能耗成本。

（3）车间总能耗：车间能耗主要分为两部分，第一部分是机床的功耗，第二部分是不同机床设备的功耗，如空调、照明等辅助设备。机床功耗分为加工功耗和待机功耗，待机功耗分为启动功耗、关机、空载和停机四种能耗状态。具体如图 4-2 所示。

主要车间机床能耗包括加工能耗、空载能耗、启动和关闭能耗以及其他能耗共同组成。

1）加工能耗：指在设备中加工零件产生的能耗，其中主要包含机器在对工件进行加工时所消耗的电能，具体如式（4-11）所示：

$$E_1 = \sum_{k=1}^{m} \sum_{i=1}^{n} (pe_{ik} \times pt_{ik}) \tag{4-11}$$

2）空载能耗：由于对工件的运输等操作会使设备产生空闲产生空转能耗，如式（4-12）所示：

$$E_2 = \sum_{i=1}^{n} \sum_{k=1}^{m} (ie_k \times it_k) \tag{4-12}$$

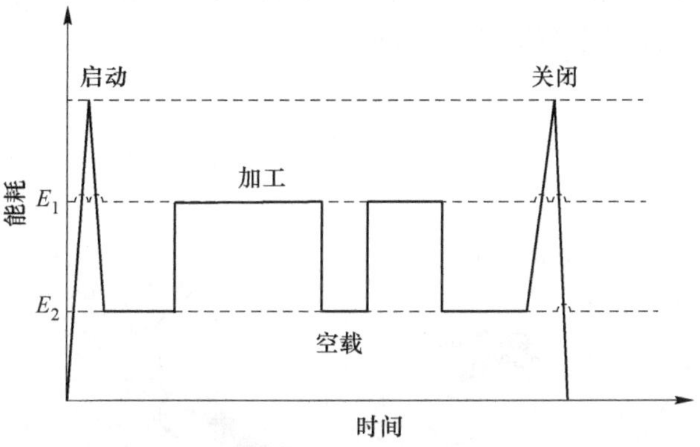

图 4-2 机器加工能耗图

3）启动能耗：

$$E_3 = \sum_{i=1}^{n} \sum_{j=1}^{Ui} \int_0^{t_{i,j}^{start}} P_{i,j}^{start}(t)\,dt \tag{4-13}$$

4）关闭能耗：

$$E_4 = \sum_{i=1}^{n} \sum_{j=1}^{Ui} \int_0^{t_{i,j}^{stop}} P_{i,j}^{stop}(t)\,dt \tag{4-14}$$

5）其他能耗：为了完成生产目标保证生产环境，对于车间内部需要进行照明、通风、除尘净化等操作。本章假设能耗与最大完工时间有关，车间其他能耗的计算如式（4-15）所示：

$$E_5 = ce \times \text{makespan} \tag{4-15}$$

6）车间总功耗：车间总功耗包括设备加工功耗、设备空载功耗、设备启动功耗设备关闭能耗和车间其他能耗共同组成。

$$E_T = E_1 + E_2 + E_3 + E_4 + E_5 \tag{4-16}$$

4.2 改进飞鼠搜索算法求解绿色智能作业车间调度

4.2.1 飞鼠搜索算法

4.2.1.1 飞鼠搜索算法基本原理

飞鼠搜索算法（squirrel search algorithm，SSA）是 2018 年被 Jain M 等人[114]提出的一种具有良好性能的群智能算法，旨在描述南方飞鼠觅食和躲避捕食者的过程中进行滑翔，是一种有效地节省觅食成本的方式，通过建立最优问题模型来解决一些复杂问题的方法。因为飞鼠栖息在树上，晚上通过“滑行移动”，飞鼠可以通过翅膀状的皮肤膜来改变它们的飞行的高度和距离，以调整它们的着陆地点，从而使飞鼠能够在森林中找到食物并躲避捕食者。图 4-3 为飞鼠移动方式示意图。图 4-4 为飞鼠搜索算法的流程图。

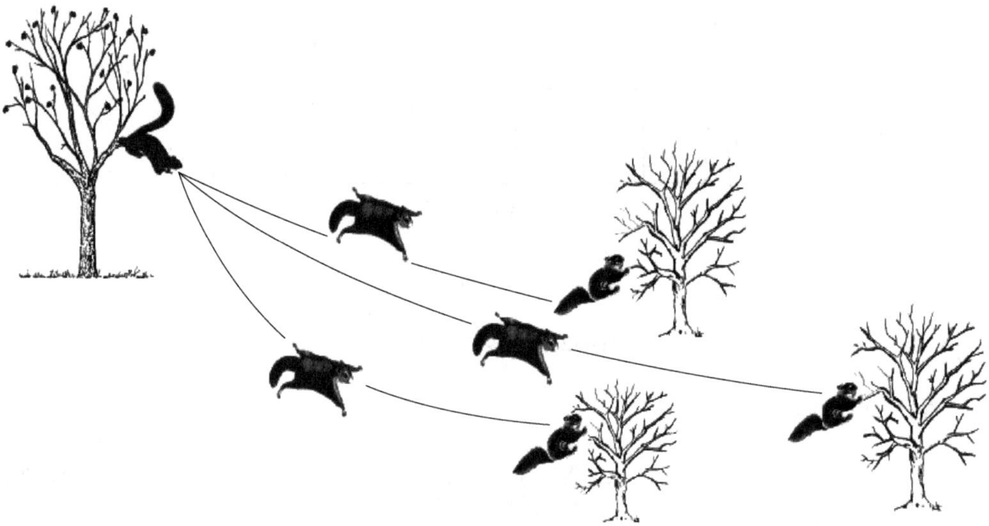

图 4-3　飞鼠移动方式示意图

（1）随机初始化：假设森林中存在 N 只飞鼠，通过矢量来确定森林中每一只飞鼠的位置。通过式（4-17）随机确定飞鼠初始位置：

$$FS_{i,j} = FS_{i,L} + U(0,1) \times (FS_{i,U} - FS_{i,L}) \tag{4-17}$$

式中，$FS_{i,j}$是第 j 维上第 i 只飞鼠的位置值；L 是第 j 维的上限和下限；$U(0,1)$是均匀分布 0 和 1 间的值。

（2）适应值评价：通过对食物源的等级进行适应值的排序，自高到低分别是最佳（山核桃树）、正常（橡树）和无食物（普通树）。

（3）排序、声明和随机选择：在不同食物源对飞鼠位置适应值进行存储按照升序排列，由小到大按照一定规律分别停留在山核桃树、橡树和普通树上。首先，将最小适应度值的飞鼠留在山核桃树上，记为最佳食物源，接下来的三只飞鼠将停留在橡树上或是选择是否向山核桃树移动，其余的飞鼠则留在普通树上。

采用随机选择的方法来选择出已满足日常能量的飞鼠并向山核桃树飞行，其余则往橡树进行移动。同时飞鼠觅食过程中会遇到天敌，根据天敌出现的概率来决定飞鼠的移动策略。在飞鼠搜索觅食过程中存在以下三种情况。

1）橡树向山核桃树移动。

$$FS_{\mathrm{at}}^{t+1} = \begin{cases} FS_{\mathrm{at}}^{t} + d_{\mathrm{g}} \times G_{\mathrm{c}}(FS_{\mathrm{ht}}^{t} - FS_{\mathrm{at}}^{t}) & R_1 \geqslant P_{\mathrm{dp}} \\ \text{随机位置}, & \text{其他} \end{cases} \tag{4-18}$$

2）普通树向橡树移动。

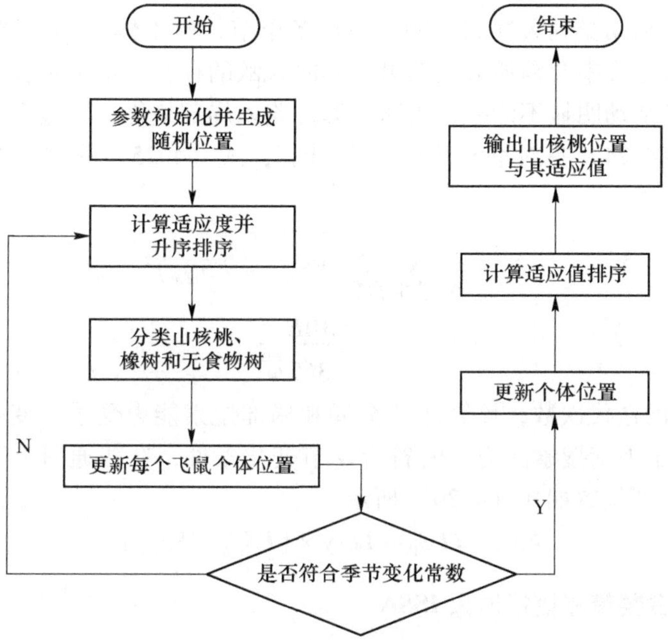

图 4-4　飞鼠搜索算法流程图

$$FS_{nt}^{t+1}=\begin{cases}FS_{nt}^{t}+d_g\times G_c(FS_{at}^{t}-FS_{nt}^{t}), & R_2\geqslant P_{dp}\\ \text{随机位置}, & \text{其他}\end{cases} \tag{4-19}$$

3）橡树上的部分飞鼠可能向普通树移动，也可能向山核桃树移动。

$$FS_{nt}^{t+1}=\begin{cases}FS_{nt}^{t}+d_g\times G_c(FS_{ht}^{t}-FS_{nt}^{t}), & R_3\geqslant P_{dp}\\ \text{随机位置}, & \text{其他}\end{cases} \tag{4-20}$$

$$L=0.5\rho C_L V^2 S \tag{4-21}$$

式中，$\rho=1.204\ \mathrm{kg/m^3}$ 为空气密度；C_L 为升力系数；$V=5.25\ \mathrm{m/s}$ 为速度；$S=0.0154\ \mathrm{m^2}$ 为飞鼠膜表面积。

$$\phi=\arctan(L/D) \tag{4-22}$$

$$d_g=\frac{h_g}{\tan\varphi} \tag{4-23}$$

式中，d_g 为飞鼠一次的滑行距离；R_1、R_2、R_3 均为 0～1 范围内的随机数；FS_{nt}^{t} 为山核桃树的位置；t 为当前迭代次；G_c 为滑动常数，选择为 1.9，以实现全局和局部搜索之间的平衡。

天敌在所有情况下出现的概率为 0.1。正常飞行飞鼠一次滑动的水平距离 5～25 m 时，d_g 控制在 9～20 m。

4.2.1.2 季节变换策略

飞鼠觅食活动受到天气的影响，在秋冬季节，由于体型小且体温高等因素，导致其在觅食过程中会消耗大量热量，同时天敌的存在会增加觅食的代价。大部分飞鼠在秋冬活动明显不活跃，为防止算法陷入局部最优，通过季节变换策略进行判断。式（4-24）是对季节常数 S_c 的计算，式（4-25）是对季节变化条件的计算。

$$S_c^t = \sqrt{\sum_{z=1}^{3}\sum_{k=1}^{d}(FS_{at,k}^{t,z} - FS_{ht,k})^2} \tag{4-24}$$

$$S_{min} = \frac{10E^{-6}}{365^{\frac{2.5t}{t_m}}} \tag{4-25}$$

式中，t 是当前迭代次数，该算法的全局和局部搜索能力受季节变化的影响。滑动常数 G_c 用于平衡搜索能力。若符合季节变化条件，在普通树上飞鼠的位置将随机改变，得到位置如式（4-26）所示。

$$FS_{nt,i}^{t+1} = FS_{iL}^t + \text{Levy} \times (FS_{i,U} - FS_{i,L}) \tag{4-26}$$

4.2.2 基于贪婪策略模拟退火 ISSA

4.2.2.1 贪婪策略基本思想

该解决方案由一系列步骤确定，每个步骤都给出了特定的解决方案，随后可以实现针对给定问题的完整解决方案。简而言之，在做出选择时，应该有一个贪婪的最佳解决方案。有关贪婪策略的一些要点如下。

为了寻找最佳的解决方案，并先假定某个方案是最佳的解决方案。这种方法是功能较弱的编程技术。它不适用于动态编程方法等更广泛的领域。这对于解决优化问题很有用。它仅生成一个解决方案序列。贪婪策略是可以对每个步骤进行局部最优解的搜索。对于由 n 个不同元素组成的集合，需要首先找到集合的子集，同时要求该子集的元素个数最少，并且能够满足目标的要求。集合中的每个元素都会影响所需的最终效果，因此有必要找到一个具有所需最小元素的子集，该子集也可以实现最终效果。

贪婪算法实际上是将每一步的收益最大化，先收集最有效的，然后收集最大的，直到问题解决。贪婪算法将每一步的最优解组合起来形成一个全局最优解，然后将它们组合起来形成新的全局最优解。

4.2.2.2 模拟退火算法基本流程

模拟退火算法（simulated annealing，SA）由 Metropolis[115] 在 1953 年研究二位相变时发现并提出的。后被许多学者用于组合优化问题中，逐渐形成了启发式随机迭代搜索算法。模拟退火算法作为局部搜索算法的扩展，其采用一定的概率对邻域中的目标最大值的状态进行选择。模拟退火算法基于物理问题求解与物理系统退火之间存在的相似性，使用 Metropolis 准则调整温度进行全局优化。

模拟退火算法是对物理固体降火退温的过程进行模拟操作的一种算法，该过程主要分为两个步骤：先将该固体进行加热使其变成液体状态，接下来对该液体进行冷却凝固变成一种规则晶体。并利用概率的变迁不断修正其搜索方向，以概率为工具优化最优解搜索过程。Metropolis 准则是通过模拟物理现象得出的。假设 S 是解空间，f 是映射到实数场的解空间，t 是温度参数。假设该实例存在相应解的产生机制和邻域，$f(i)$ 和 $f(j)$ 表示为不同目标值 i、j 情况下的解。采用式（4-27）Metropolis 准则针对 i 到 j 的过渡。

$$P(i \to j | t_k) = \begin{cases} 1, & f(i) \geqslant f(j) \\ \exp\left(\dfrac{f(i) - f(j)}{t_k}\right), & f(i) < f(j) \end{cases} \tag{4-27}$$

由于模拟退火算法适用范围较广，得到的全局最优解可靠性较高并易于实现等特点，通常与其他算法混合优化可以提高算法全局最优解的可靠性。表 4-3 为该算法的特点。

表 4-3 模拟退火算法特点

特　点	特 点 原 理
接受“差”解	引入随机因素、物理退火的自然机理
引入参数	引入退火温度计算控制参数、制定舍入模式
函数要求少	无需辅助信息，邻域结构选择相邻解

当模拟退火算法迭代更新可执行解时，它可以基于一定概率接受比当前结果差的解，在这种情况下，算法跳出最优局部解，以实现整体优化目标。因此，本章选择模拟退火算法来改进飞鼠搜索算法，具体其流程如表 4-4 所示。

表 4-4 引入模拟退火算法流程

操作步骤	操 作 内 容
1	设置初始温度 T，同温度搜索次数 L，以及降温参数 X，初始解状态 x 为算法迭代中的最优染色体，目标函数 $f(x)$ 为适应度
2	利用变异算子作为扰动函数生成新解，计算增量
3	若 $Af<0$，则接受 X_{new} 作为最新的当前解，否则以 $\exp(-A/T)$ 为概率接受当前解
4	令 $T=XT$，同时结束模拟退火算子

基于多目标模拟退火算法基本流程如图 4-5 所示。

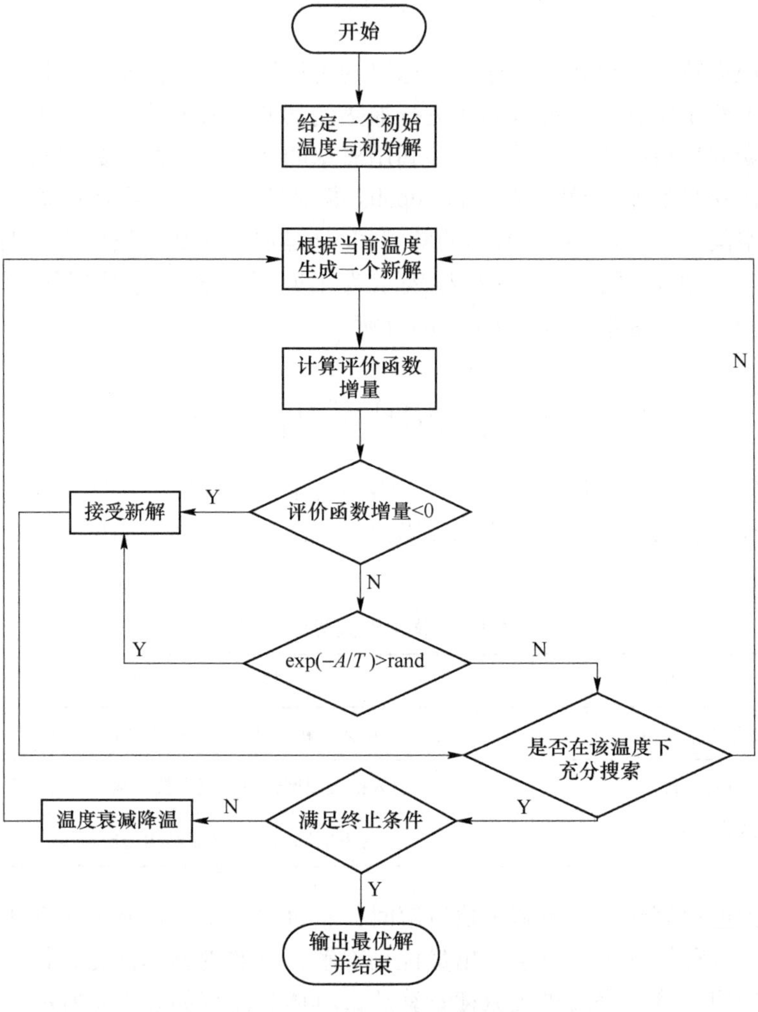

图 4-5　模拟退火算法流程图

4.2.3　混合贪婪策略模拟退火 ISSA 设计

4.2.3.1　贪婪策略种群初始化

解的质量和求解速度受到初始种群的影响，根据作业车间特点，本章提出了基于贪婪策略 ISSA，对飞鼠搜索算法初始种群进行贪婪处理，生成局部最优的初始种群来提高搜索能力，针对具体执行飞鼠位置随机初始化步骤如图 4-6 所示。

森林中存在的 M 只飞鼠，采用贪婪策略对初始种群进行依次迭代，首先随机生成初始种群，当迭代次数大于 2 时，建立上一次迭代的飞鼠适应值与当前迭

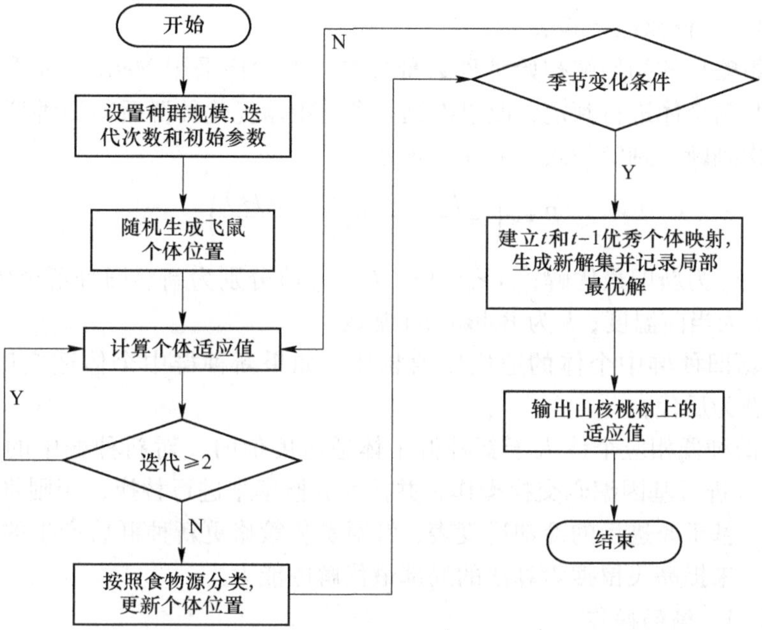

图 4-6　贪婪初始化飞鼠搜索算法流程图

代的飞鼠适应值的排序映射，记录上下两代的优秀飞鼠个体的最优解。具体可以理解为将第 N 次迭代和 $N-1$ 次迭代的优秀个体均进行保留重新计算，增强上下代飞鼠个体间优秀个体的关联性，并将其优秀个体依次代入位置进行更新迭代直至结束。

飞鼠搜索算法的初始解会直接影响到最优解的质量，用完全随机的方法生成初始种群不能保证初始解的质量和速度。为了有效地保证飞鼠种群的多样性，需要对种群规模进行扩大。因此，本章采用贪婪策略地对飞鼠搜索种群初始化。部分策略初始化伪码如下：

```
fitness = zeros(1,pop);
 fori = 1:pop
fitness(i) = fob j(FS(i,:));
end
[ ~ ,index] = sort(fitness);
 GBestF = fitness(index(1));
GBestX = FS(index(1),:);
 curve = zeros(Max_iter,1);
curve(1) = GBestF;
 FS0 = x_ini;
```

FS1 = Tent Initialization(pop, dim, ub, lb) ;

4. 2. 3. 2　模拟退火算法

贪婪策略后的初始解初始种群数量过多，本章将采用 Metropolis 准则，用于对旧个体与新个体进行判定，改进准则在贪婪策略优化种群后新旧种群对比筛选时进行再次判断，判定如式（4-28）所示：

$$P = e\left(-\frac{f(x_n(j)) - f(x_o(j))}{kT} \right) \tag{4-28}$$

式中，x_n，x_o 为新旧最优解；$f(x_n(j))$，$f(x_o(j))$ 分别为新、旧种群个体；j 为适应度值；T 为当前温度；k 为 Boltzmann 常数。

（1）新旧种群中个体的适应度值相比，如果新种群中个体适应度值更好，则接受更新为后代；

（2）旧种群相应个体大于新种群个体适应度值时，对新种群中的个体按照 0. 01 的概率进行基因编码交换操作，并按照 p 概率来进行替换，否则将保留旧种群的个体。基于改进后的冷却进度表，针对贪婪策略更新种群后产生的个体进行降温操作，来提高飞鼠搜索算法的局部最优解的能力。

4. 2. 3. 3　编码操作

目前，柔性作业车间调度问题的常用编码方法有四种。分别为基于工序的编码[116]、基于工序序列的编码[117]、基于工序和工厂序列[118]的双层编码和基于工序、机器和工厂序列的三层编码[119]。

编码方式示例如图 4-7 所示，每个工序编码对应一个数字从左到右，表示其工序加工顺序。工序层编码为“13213231”，其中第一个位置上的数字“1”表示工序 $O_{1,1}$，第二次出现的数字“1”表示工件 J_1 的第二道工序 $O_{1,2}$，第三位置

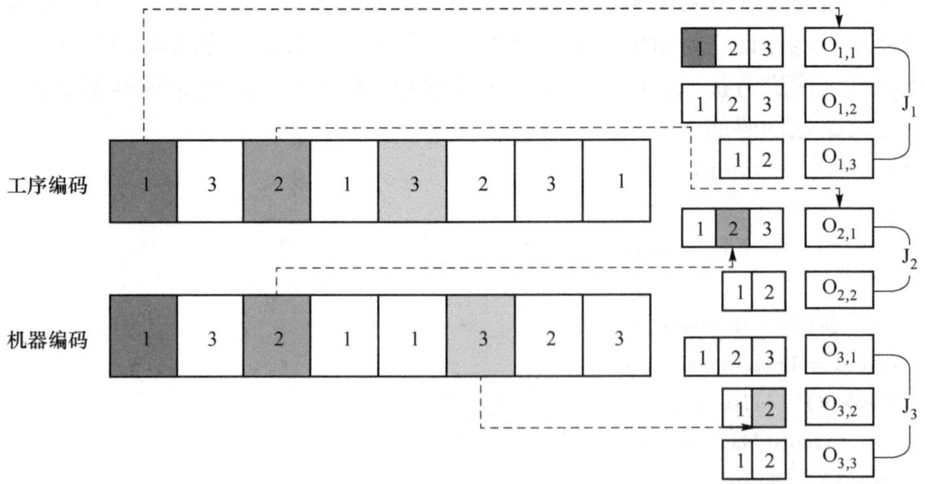

图 4-7　工序机器编码图

上的“2”表示工件 J_2 的第一道工序 $O_{2,1}$，第五个位置上的数字“3”表示 J_3 的第二道工序 $O_{3,2}$，以此类推。

机器编码中每台机器对应一个的数字，机器编码的每个整数对应其数字下工序所选择的机器序号，机器加工顺序依次从左至右进行。机器层编码为“13211323”，第一个位置上的数字“1”表示为工序 $O_{1,1}$ 在机器 M_1 上加工，第三个位置上的数字“2”表示工序 $O_{2,1}$ 在机器 M_2 上进行加工。

4.2.3.4 解码操作

解码是对编码转换成调度方案的一个步骤，解码按照工序顺序从左到右依次读取，找到机器工序对应信息后，从而得到每一道工序的加工机器和加工序号。本章采用左移插入法（left-shift insertion）进行解码操作。对于同一个工序串序列，通过不同的解码方法会得到不同的调度方案。表 4-5 和图 4-8 展示了半主动调度、主动调度和全主动调度三种类型的关系和含义。

表 4-5 解码调度类型

解码类型	特　点
半主动调度	机器上工序先后顺序不变，无可提前加工的工序
主动调度	无延迟工序或无改变顺序的工序，无可提前加工的工序
全主动调度	无可左、右移动工序的调度

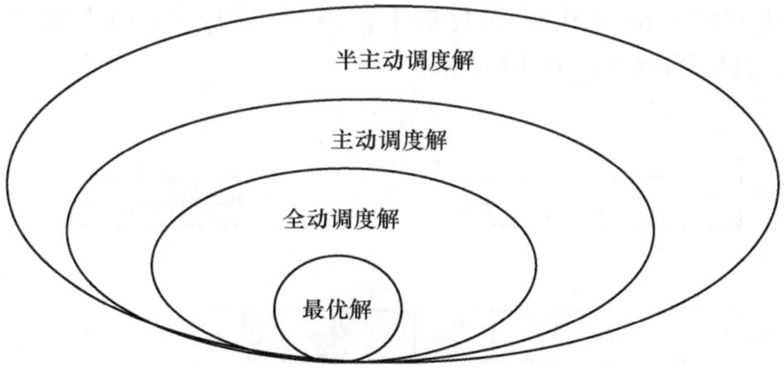

图 4-8 调度类型关系图

从左到右，表示操作的处理顺序。机器的编码层表示与操作相对应的加工机器。在满足机器限制和操作限制的前提下，需要合理安排操作的处理时间，保证机器可正常加工。为了更清楚地展示给出了一组实例的解码过程，其初始工序序列为［3，1，3，2，1，3，2］。图 4-9 为半主动调度解，在机床 M_1 上，工序

$O_{1,2}$前存在可允许 $O_{2,2}$插入的空闲时间；在机床 M_2 上，工序 $O_{3,2}$前存在可允许 $O_{3,1}$插入的空闲时间；在机床 M_3 上，工序 $O_{3,3}$前存在可允许 $O_{2,1}$插入的空闲时间。半主动调度解可获得 C_{max}为 8 的半主动调度解，全主动解码可获得 C_{max}为 8 的全主动调度解，全主动调度解码后的工序序列更新为［1，2，3，2，3，3，1］。

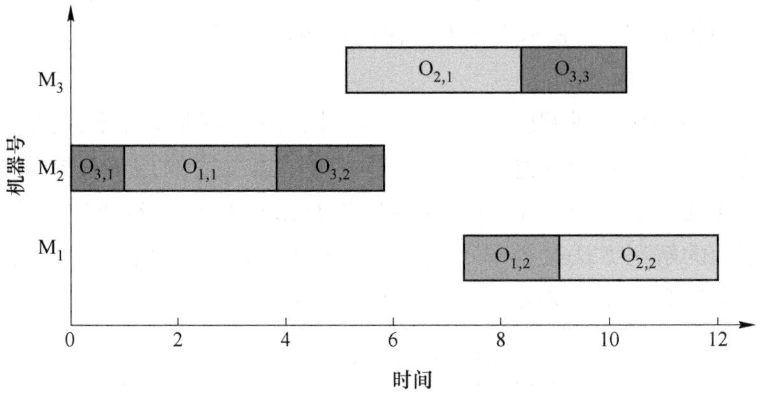

图 4-9　半主动调度解

解码具体步骤如下：首先依次读取工序编码串，在机器编码部分找到与其工序 O_{ij}对应的机器 M_n 的信息并提取；选择机器 M_n 上的空闲时间段［T_p，T_q］，T_p 为空闲时间的开始时间，T_q 为空闲时间的结束时间。比较［T_p，T_q］是否大于 T_{ij}的加工时间，若满足 T_{ij}的加工时间则选择 O_{ij}插入［T_p，T_q］空闲时间段内，否则将工序 O_{ij}移动到机器 M_n 上进行加工，当 M_n 完成全部工序加工时再对工序 O_{ij}进行加工。具体图示如图 4-10 所示。

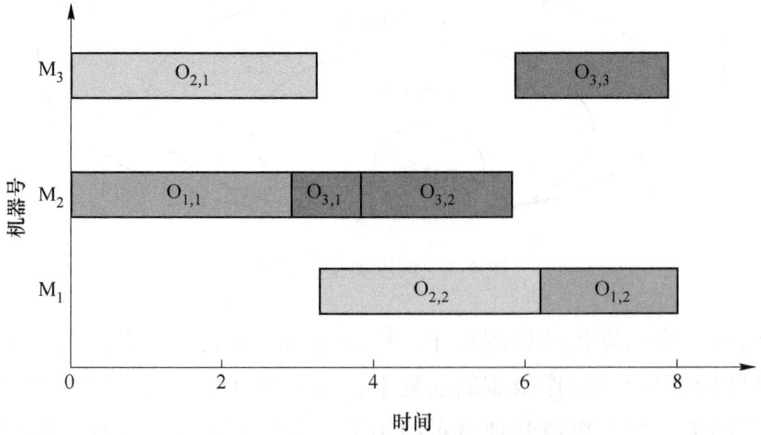

图 4-10　全主动调度解

4.2.3.5 变邻域搜索

算法进行变邻域搜索设计时，需要考虑两个问题，首先需要确定选出多少个个体进行变邻域搜索，第二点是用何种邻域方法对选出的个体进行搜索。本章的邻域搜索方法采用邻域结构为移动两道工序的变邻域搜索。其原理为移除一道关键工序后，通过再移除另一道工序增大所移除关键工序的可插入位置。

首先需要对第一个关键工序进行确定，需要确定其关键路径，关键路径是指，从第一个工序开始加工直至完成全部工序加工且加工时间连续不间断组合起来时间最长一条路径。在任意一个调度方案中，都可以有多个关键路径，并且所有位于关键路径上的工序均是关键工序。如图 4-11 所示，“$O_{3,1}$→$O_{1,1}$→$O_{3,2}$→$O_{4,2}$→$O_{2,2}$”为该调度中的其中一条关键路径，该路径中 $O_{3,1}$、$O_{1,1}$、$O_{3,2}$、$O_{4,2}$、$O_{2,2}$这五个工序均为关键工序，并且该路径的长度等于其最大完工时间。

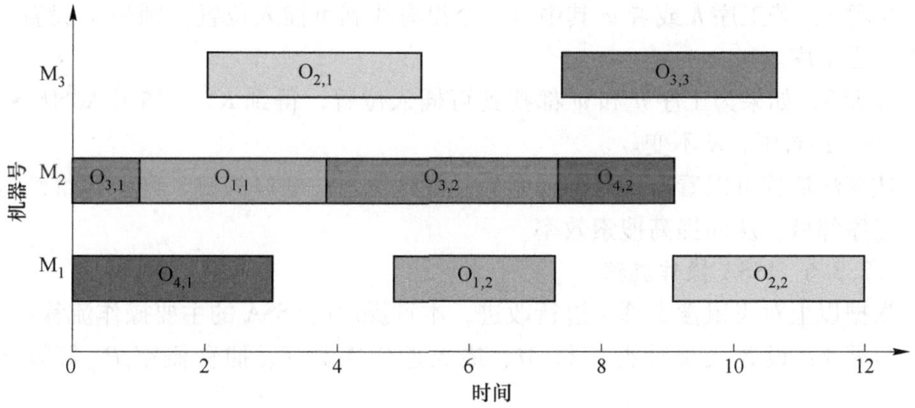

图 4-11 实例案例甘特图

对于任何一道加工工序 h，SE_h 与 SL_h 分别为 h 的最早与最晚开工时间，C_h^{E} 与 C_h^{L} 分别为 h 的最早和最晚完工时间，T_h 表示 h 的实际加工时间。同时，J_h^{P} 和 J_h^{S} 分别代表与工序 h 属于同一工件的上一道工序及下一道工序，PM_h 与 SM_h 分别为与工序 h 同在一个机器上加工的上一道工序及下一道工序。

$$T_{\mathrm{p}} \geqslant C^{\mathrm{E}}(J_h^{\mathrm{P}}) \tag{4-29}$$

$$T_{\mathrm{P}} + T_{\mathrm{h}} \leqslant SE(J_h^{\mathrm{S}}) \tag{4-30}$$

$$T_{\mathrm{q}} + T_{\mathrm{h}} \geqslant SE(J_h^{\mathrm{S}}) \tag{4-31}$$

式（4-29）表示关键工序的上一道工序的最早完工时间小于空闲时间；式（4-30）表示关键工序同属工件下一道工序的最早开始时间应大于机器空闲时间的开始时刻加上关键工序的加工时间；式（4-31）表示空闲时间的结束时刻大

于等于关键工序同属工件后继工序的最早开始时间；采用该邻域结构的局部搜索步骤如下：

步骤1：首先对当前解的一条关键路径进行识别，并设定工序 h 为起始关键工序。

步骤2：重复步骤3和步骤4直至遍历完所有关键工序，或者为工序 h 和 w 找到满足约束条件的可插入位置。

步骤3：移除关键工序 h 和 K 中的第一道工序 $w(w!\ h)$，得到 K^-。

步骤4：重复步骤5~步骤7，直至为工序 h 和 w 都找到可插入位置，或者 w 为 K 的最后一道工序。

步骤5：在 K 中，为工序 h 寻找位置插入。若找到可插入位置，则插入工序 h 得到 K^{-h}；否则，转至步骤7。

步骤6：在 K^{-h} 中，为工序 w 寻找位置插入，若找到可插入位置，则插入工序 w 得到 K^{w-}；否则，转至步骤7。

步骤7：若工序 h 或者 w 其中有一个没有找到可插入位置，则将 w 设置为 G 的下一道工序。

步骤8：如果为工序 h 和 w 都找到可插入位置，得到 K^{wh}。如果 K^{wh} 优于 K，则 $K=K^{wh}$；否则，K 不变。

从算法流程可以看出，局部搜索一旦找到比当前解好的解，则不再继续遍历其他工序邻域，从而提高搜索效率。

4.2.3.6 ISSA 操作流程

根据以上对飞鼠搜索算法进行改进，本章提出的 ISSA 的主要操作流程如下：

步骤1：设置飞鼠种群规模 M、最大迭代次数 T、捕食概率 P_{dp} 等算法的参数；

步骤2：计算全部飞鼠个体的适应值，按照其适应值排序，选择飞鼠位于各食物源的个体位置；

步骤3：根据贪婪策略，当 T 大于2时，对 T 次和 $T-1$ 次最优解的选择保留部分个体继续循环操作，补充到初始种群中；

步骤4：将贪婪策略更新后的种群进行退火处理，对新旧种群个体适应值对比筛选；

步骤5：为种群中位于橡子树和普通树的个体根据控制参数 P_{dp} 和 S_c 选择执行正余弦或者滑翔搜索操作；

步骤6：对季节常数 S_c 和 S_{min} 进行计算，对季节变化进行判断，符合则对普通树上的飞鼠进行随机位置分配，否则执行步骤2；

步骤7：判断算法是否完成 T 次迭代，若完成则输出最优适应度值和最优解的位置，否则执行步骤2继续循环。

4.3 基于改进 A^* 算法求解绿色智能车间 AGV 调度模型

4.3.1 AGV 调度方法

AGV 的调度是为了便于 AGV 可以顺利地完成任务，同时对于 AGV 运输中的路径冲突进行研究。伴随着分配机制的科学研究已经取得了许多研究成果。目前，AGV 系统调度控制的主要机制有：速度修正法[120]、几何修正法[121]和时间窗法[122]等方法。

（1）速度修正法：当系统检测到 AGV 运行轨迹即将发生冲突时，需要增加或降低 AGV 的运行速度，以避免 AGV 之间的碰撞，该方法非常适合解决 AGV 的单方向冲突问题。以现有的 AGV 的速度控制技术无法完全避免 AGV 之间的碰撞。

（2）几何修正法：在冲突检测过程中，通过对无法通行区域或对冲突区域增加权重来对 AGV 运行的冲突部分进行划分检测。在此基础上，需要对 AGV 的优先级进行判断，对低优先级的 AGV 重新进行路径规划，以减少路径冲突。该方法可以解决两方向的 AGV 冲突问题，但每次都需要对冲突 AGV 进行重规划路径，导致重规划 AGV 路径时可能会拥堵、死锁或发生更严重的情况。

（3）时间窗方法：时间窗由约束（时间）、横坐标（时间）、纵坐标（冲突区域）组成。分析和调整 AGV 之间实现的时间窗口解决冲突。时间窗方法可以有效地解决各种冲突情况，不需要改变冲突 AGV 的路径和速度，因此逐渐成为一种有效的方法，成为解决 AGV 路径冲突最常用的方法。

4.3.2 单 AGV 常用算法概述

4.3.2.1 Dijkstra 算法

Dijkstra 算法是由 E. W. Dijkstra[123] 于 1959 年提出，是目前一种典型求解最短路径的方法之一。Dijkstra 算法基于一个源点作为中心，从该点不断向外逐步拓展搜寻，找到此源点到目标节点的最短路径。但由于 Dijkstra 算法需要对源点到达每个点的最短路径进行计算，这导致一次搜索到的结果整体耗时较长，虽然可以有效地对最短路径进行搜索，但是搜索时间的增加极大地影响了 Dijkstra 算法的搜索效率。

对于 Dijkstra 算法的核心搜索过程就是不断地从未标记的点中找到距离源点最近的点，将该点列为标记点加入集合中，并对未标记的点集合继续循环上述步骤，直至更新完所有未标记点集合，其算法流程图如图 4-12 所示。

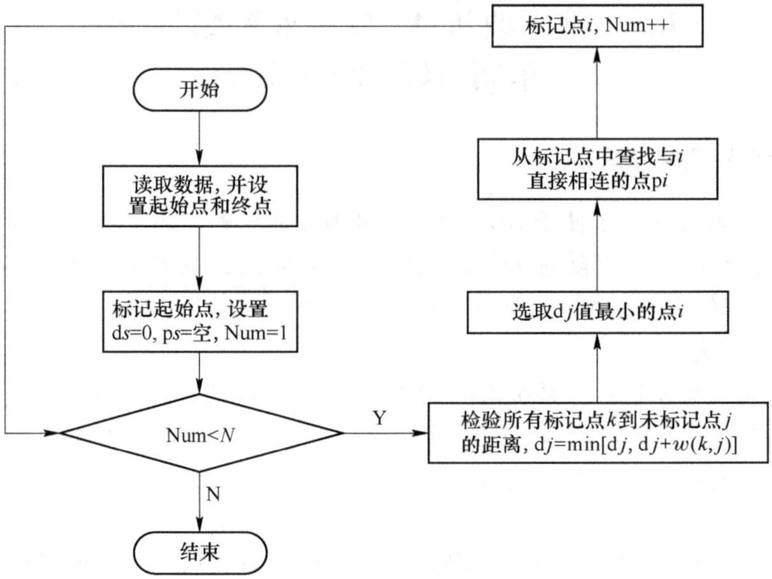

图 4-12　Dijkstra 算法流程图

4.3.2.2　A* 算法

A* 算法[124]是在 Dijkstra 基础上进化而来的，A* 算法和 Dijkstra 算法在本质上基本相同。但 Dijkstra 需要对每个方向同时按照均匀的速度进行搜索拓展，这使得其搜索效率极大降低，增加了许多无效的搜索区域，相对于 A* 算法搜索速率较慢。

传统的 A* 算法是一种静态环境下的启发式路径搜索算法，在一定程度上避免了无效路径，提高了搜索效率。根据目的地位置和地图进行全局路径规划。通过对搜索区域进行划分，分为若干个方形网格，其中节点为每个网格的中心点。A* 算法的核心就是对方格移动的节点数量的计算，其函数如式（4-32）所示。A* 算法可以通过对 H 值的预先估计有效地降低寻路走弯路的可能性，相对于其他算法更高效寻找到距离最短路径。由于其他寻路方法缺少启发性算法，因此，A* 算法相对于其他算法具有更强的鲁棒性。

$$F(x,y) = G(x,y) + H(x,y) \tag{4-32}$$

原始 A* 算法针对起始点到单个节点的路线进行搜索，其全局规划的路径会存在拐点，导致转弯次数过多影响 AGV 运行时间。因此，本章引入安全距离因子，提出一种 IA* 算法，在剔除多余拐点同时增加路径安全性达到优化 AGV 运动路径的目的。

4.3.3 绿色智能多目标 AGV 调度模型

4.3.3.1 参数设置

本章绿色柔性作业车间调度的目标是对 AGV 运行的路径进行优化，提高运输效率，节约运输时间，进而达到减少车间能耗节约成本的目的。在柔性车间的加工任务中，假设有 R 个任务，Q 辆 AGV 车辆，r_i 和 q_j 表示为 AGV 的任务编号和车辆编号，P_{mn} 为单辆 AGV 消耗的机械功率，具体参数和定义如表 4-6 所示。

表 4-6 相关参数和定义

主要参数	含 义
R	全部任务集合
Q	AGV 车辆集合
r_i	当前出货任务编号
q_j	当前 AGV 车辆编号
P_{mn}	单 AGV 消耗的总机械功率
o	栅格编号
l	栅格边长
v	AGV 的行走速度
α_{mn}	电弧的弧特定常数（m，n）
w_0	空载 AGV 车辆重量
u_{mnq}	负载 AGV 车辆重量
β	特定车辆常数
t_{mn}	AGV 车辆的运行时间
v_{mn}	AGV 车辆的运行速度
d_{mn}	弧内的几何距离
E_{mn}	汽车的电池能量
eff_{m}	电机效率
eff_{p}	电源效率
eff_{d}	电池放电效率

4.3.3.2 问题描述及约束条件

AGV 路径规划与调度问题可描述如下：当 AGV 运送加工工件时，在一定时间内，完成要求数量的任务的运输，在完成一个任务时，将再次返回起点进行下一次运输任务。本章以 AGV 运送任务路径最短和运输碳排放最小建立数学模型，在满足生产计划的时间约束下，将工件运送任务分配至 AGV。

建立模型是为了在最大限度上减少 AGV 车辆的冲突和死锁，采用单向导引路径网络（unidirectional guide path network，UNG）来降低对路径的管理难度，仅允许 AGV 单方向行驶，且相邻路径上的 AGV 沿相反方向行驶，即 $w_{ij} \neq w_{ji}$。$i,j=(1,2,3,\cdots)$是路径网络的节点编号，AGV 行驶路径编号为 k，其中 V_k 是路径 k 中所有节点的集合。$V(k_1,k_2)$表示路径 k_1 和 k_2 重合节点的集合。对 AGV 进行路径规划，在 AGV 车辆运行过程中，停车等待和重新路径规划是解决路径冲突的最常见的策略。w 为路径网络中路段的集合，其中 $w_{ij}=\{i\rightarrow j, i,j \in V\}$，表示节点 i 到节点 j 之间的距离；$w(k_1,k_2)$为路径 k_1 和 k_2 中重叠路段的集合，w_{ij}不等于 w_{ji} 表示 AGV 车辆保持单向行驶状态。为了方便建模，考虑以下假设：

（1）AGV 车辆电量充足；

（2）AGV 启动无准备时间；

（3）每台 AGV 每次最多运送一种工件；

（4）每台 AGV 匀速行驶一个单元格；

（5）将 AGV 行驶区域抽象为矩形网格，AGV 沿网格行驶，故其行走距离为折线距离。

AGV 车辆的二氧化碳排放量是由 Bektas 和 Laporte[125] 提出的瞬时燃料消耗模型计算出来的。车辆燃料消耗模型不仅是距离函数，而且是由车辆的行驶距离、载货量和弧线速度组成的函数。本章问题定义在一个完整的有向图 $G=(X,A)$ 上，其中节点为 $X=\{0,1,2,\cdots,x\}$，同时也包括目标位置$\{1,2,\cdots,x\}$和一个点 0，弧 A 表示节点之间所有可能的连接，定义为$\{(m,n):m,n \in X, i\neq j\}$。AGV 在弧$(m,n)$上每辆 AGV 的所需要消耗的总机械功率计算如式（4-33）所示：

$$p_{mn} \approx \alpha_{mn}(w_0 + u_{mnq})d_{mn} + \beta v_{mn}^2 d_{mn} \tag{4-33}$$

需要通过式（4-34）来计算电弧中的电弧比常数(m, n)；其中 $g=9.81\ \mathrm{m/s^2}$ 为重力常数，$C_r=0.01$ 为滚动阻力系数。

$$\alpha_{mn} = \alpha + g\sin\theta_{mn} + gC_r\cos\theta_{mn} \tag{4-34}$$

计算运行中每辆 AGV 车辆碳排放量，如式（4-35）所示：

$$Cb_{mn} \approx 207.68 \times (E_{mn} + P_{mn}) \cdot r \tag{4-35}$$

EP_{mn}为本研究使用的效率值；其中 $eff_m=1.2$；$eff_d=1.1$；$eff_p=0.75$，Eff_{total} 估计为 1.00。

$$EP_{mn} \approx eff_m \cdot eff_d \cdot eff_p \cdot P_{mn} \tag{4-36}$$

4.3.3.3　模型构建

采用二维空间有限地图栅格图对 AGV 运行路径进行环境构建，空间由多个规则矩形组成（障碍物空间和自由空间），障碍物空间为车间设备等物品，车辆无法进行行驶，自由空间是 AGV 车辆可行进的路径。障碍物用黑色表示，自由空间用白色表示，为了保证 AGV 车辆可以在车间内正常通行，实际生产车间中会存在一些不规则的障碍物，将其补偿为矩形。以 20×20 为例，划分后的栅格图如图 4-13 所示，栅格图建模流程如图 4-14 所示。

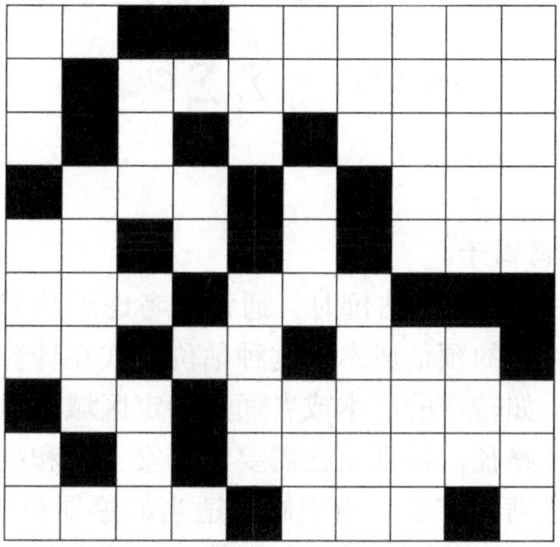

图 4-13 栅格图

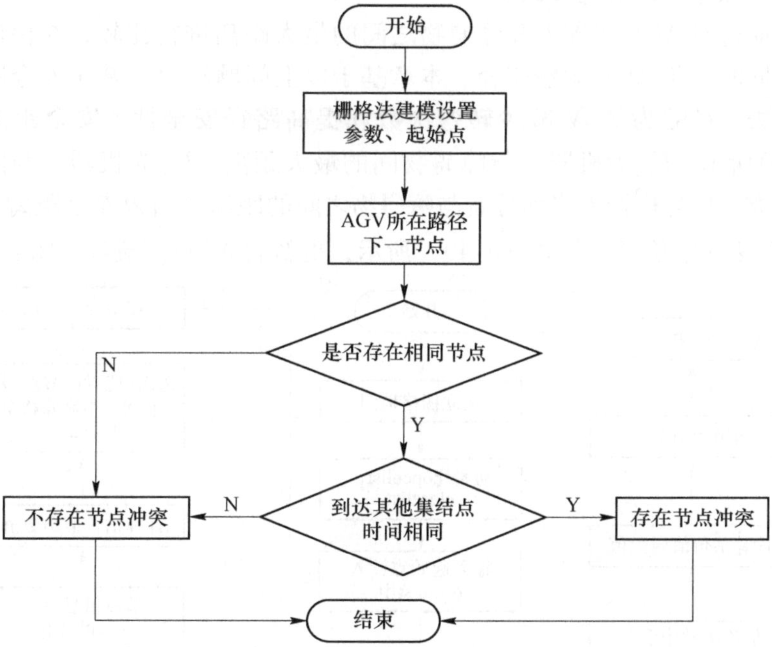

图 4-14 栅格地图规划流程图

通过对 AGV 运行时间的约束，达到减少 AGV 运行中产生的碳排放能耗的目标。对于上述约束条件，建立考虑碳排放的 AGV 路径规划问题的目标函数，式（4-37）为最小化 AGV 运行时间，式（4-38）为最小化碳排放量。

$$\min f_4(x) = \min\left[\max_{\forall q}\left(\sum_{r=1}^{|\pi q|} t_{rj}\right)\right] \tag{4-37}$$

$$\min f_5(x) = \sum_{r=1}^{R}\sum_{q=1}^{Q} Cb_{mn} \tag{4-38}$$

4.3.4　IA*算法

4.3.4.1　安全距离因子

原始的 A*算法在进行节点估价时，通常只考虑到从起点到当前节点的已知成本和从当前节点到终点的预估成本。这种估价方式在计算过程中并不考虑节点周围的特定环境因素，如转弯的成本或者通过特定区域的风险，这导致算法在某些情况下无法生成最优路径。特别是在需要考虑安全性和高效性的全局路径规划中，这种方法往往不能满足需求。由于缺少适当的惩罚机制，原始的 A*算法还可能在路径规划中生成过多的冗余节点，即算法可能会包含一些不必要的路径或者绕路，从而使得运动轨迹不够直接或高效。这不仅影响路径规划的效率，还可能增加实际操作中的时间和成本。

本章通过对 AGV 机器人和障碍物之间的最大距离进行比较，在保证运输路径安全的同时优化 AGV 运输路径。本章基于以上问题提出了基于安全距离因子的 IA*算法，目的为 AGV 减少转弯次数和提高路径安全性，安全距离因子如式（4-39）所示，l_{max}为机器人与障碍物间的最大距离，l_{min}为机器人与障碍物间的最小距离，l_{xy}为机器人当前位置与障碍物之间的距离。引入安全距离因子后的传统 A*算法的估价函数如式（4-40）所示，更新后 A*算法流程如图 4-15 所示。

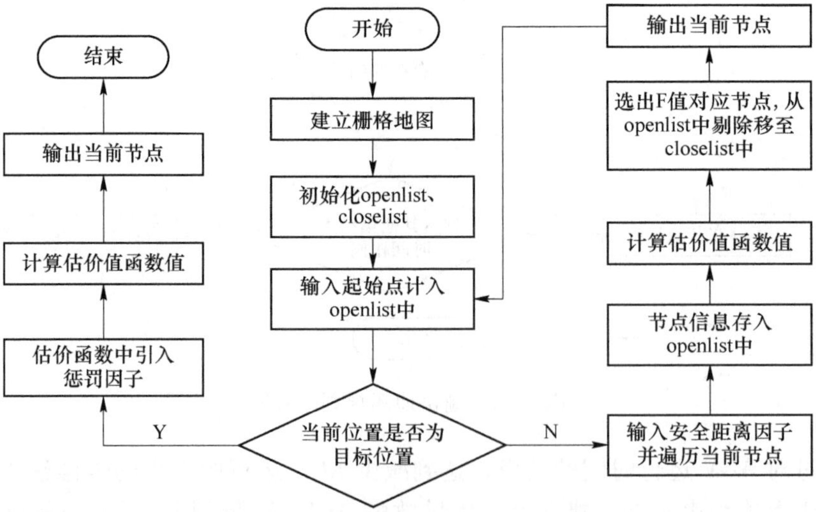

图 4-15　引入安全因子 A*算法流程

$$S(x,y)=\begin{cases}1-\dfrac{l_{\min}\cdot l_{\max}}{l_{\max}-l_{\min}}\cdot\left(\dfrac{1}{l_{xy}}-\dfrac{1}{l_{\max}}\right), & l_{xy}\leqslant l_{\max}\\ 1, & l_{xy}\geqslant l_{\max}\end{cases}\tag{4-39}$$

$$F(x,y)=G(x,y)+\frac{1}{s(x,y)}l_{xy,\mathrm{goal}}\tag{4-40}$$

4.3.4.2　路径平滑

在自动化物料搬运系统中，AGV 的效率至关重要。AGV 的能耗主要受到运行时间和运行路径的影响，因此优化这些因素可以显著提高整体运行效率。AGV 移动路径中的节点数量直接影响其运行时间，节点越多，AGV 在转弯或改变方向时所需的时间也越长，这不仅延长了运行时间，还增加了能耗。为了有效地处理这一问题，可以通过优化路径设计来减少路径中的冗余节点。简化 AGV 的移动路径，即通过减少路径中的非必要节点和转弯，能够直接缩短 AGV 的移动距离，从而降低运行时间和能耗。这种方法不仅能够提高 AGV 的运行效率，还能延长其使用寿命，因为频繁的转向操作会增加机械磨损。

为了实现这一目标，本章提出了基于梯度下降法的路径优化算法。梯度下降法是一种寻找函数最小值的优化算法，通过迭代寻找最佳解。在 AGV 路径的优化中，该方法被用来识别并消除路径中不必要的转弯节点。通过对所有路径点进行迭代优化，该算法能够有效地平滑路径，减少路径长度和复杂性。该优化过程从对当前 AGV 路径的初始评估开始，识别出路径中可能的冗余节点，然后逐步调整这些节点的位置，直到找到一个更为直接和高效的路径。在每次迭代中，算法评估路径改变后的总能耗和时间效率，以确保每一步优化都朝着减少总耗时和能耗的方向发展。通过应用梯度下降法，不仅可以减少 AGV 的运行时间和能耗，还可以提高整个物流系统的效率。这种方法为物料搬运系统中的路径规划提供了一种科学和系统的优化策略，有助于实现更加绿色和经济高效地运营。最终，这种优化不仅改善了 AGV 的运行效率，也对整个生产流程的优化和成本控制起到了积极作用。

具体操作步骤：首先从起点开始进行，确定起点位置后依次选择与其相邻的路径中的 5 个节点来定义平滑度与路径节点的关系，并将第 3 个节点进行位置移动，若相邻两个节点 2 和节点 4 之间没有障碍物且连接后路径可移动的范围内则保留新路径。将原先节点 3 剔除，直接从节点 2 向节点 4 移动，连接节点 2 和节点 4，有效地减少了 AGV 移动距离，梯度方向保留原先节点 3 的移动方向，使得五个路径节点的平滑度达到最小值。若移动节点 3 位置后移动范围之间有障碍物且无法达到安全距离因子，则保留原先节点路径。依次历遍全部节点直至选取目标节点结束操作。

定义节点的最优位移为 ΔP，ΔP 的大小为移动距离且移动方向为梯度方向。

通过平滑度对 ΔP 的一阶导等于 0 可求得梯度方向，如式（4-41）所示：

$$\Delta P = -\frac{1}{6}(P_{-2} - 4P_{-1} + 6P - 4P_1 + P_2) \tag{4-41}$$

4.3.5　Kacem 和 Brandimarte 经典案例测试

4.3.5.1　Kacem 和 Brandimarte 标准算例

为了保证 ISSA 在 FJSP 问题中的有效性，基于 Brandimarte[126] 和 Kacem[127] 经典问题实例进行测试，均给出了工件数量、并行机数量、加工时间等详细加工数据。在 Kacem 标准算例包含三个类型 FJSP 问题，分别为 8×8、10×10 和 5×10（工件数量×加工机器数量）。Kacem 8×8 和 Kacem 10×10 具体工序的加工信息如表 4-7 和表 4-8 所示。

表 4-7　Kacem 8×8 标准算例　　(s)

工件	工序	加工时间							
		M_1	M_2	M_3	M_4	M_5	M_6	M_7	M_8
Job_1	$O_{1,1}$	5	3	5	3	3	0	10	9
	$O_{1,2}$	10	0	5	8	3	9	9	6
	$O_{1,3}$	0	10	0	5	6	2	4	5
Job_2	$O_{2,1}$	5	7	3	9	8	0	9	0
	$O_{2,2}$	0	8	5	2	6	7	10	9
	$O_{2,3}$	0	10	0	5	6	4	1	7
	$O_{2,4}$	10	8	9	6	4	7	0	0
Job_3	$O_{3,1}$	10	0	0	7	6	5	2	4
	$O_{3,2}$	0	10	6	4	8	9	10	0
	$O_{3,3}$	1	4	5	6	0	10	0	7
Job_4	$O_{4,1}$	3	1	6	5	9	7	8	4
	$O_{4,2}$	12	11	7	8	10	5	6	9
	$O_{4,3}$	4	6	2	10	3	9	5	7
Job_5	$O_{5,1}$	3	6	7	8	9	0	10	0
	$O_{5,2}$	10	0	7	4	9	8	6	0
	$O_{5,3}$	0	9	8	7	4	2	7	0
	$O_{5,4}$	11	9	0	6	7	5	3	6
Job_6	$O_{6,1}$	6	7	1	4	6	9	0	10
	$O_{6,2}$	11	0	9	9	9	7	6	4
	$O_{6,3}$	10	5	9	10	11	0	10	0

续表 4-7

工件	工序	加工时间							
		M_1	M_2	M_3	M_4	M_5	M_6	M_7	M_8
Job_7	$O_{7,1}$	5	4	2	6	7	0	10	0
	$O_{7,2}$	0	9	0	9	11	9	10	5
	$O_{7,3}$	0	8	9	3	8	6	0	10
Job_8	$O_{8,1}$	2	8	5	9	0	4	0	10
	$O_{8,2}$	7	4	7	8	9	0	10	0
	$O_{8,3}$	9	9	0	8	5	6	7	1
	$O_{8,4}$	9	0	3	7	1	5	8	0

表 4-8 Kacem 10×10 标准算例 (s)

工件	工序	加工时间									
		M_1	M_2	M_3	M_4	M_5	M_6	M_7	M_8	M_9	M_{10}
Job_1	$O_{1,1}$	1	4	6	9	3	5	2	8	9	5
	$O_{1,2}$	4	1	1	3	4	8	10	4	11	4
	$O_{1,3}$	3	2	5	1	5	6	9	5	10	3
Job_2	$O_{2,1}$	2	10	4	5	9	8	4	15	8	4
	$O_{2,2}$	4	8	7	1	9	6	1	10	7	1
	$O_{2,3}$	6	11	2	7	5	3	5	14	9	2
Job_3	$O_{3,1}$	8	5	8	9	4	3	5	3	8	1
	$O_{3,2}$	9	3	6	1	2	6	4	1	7	2
	$O_{3,3}$	7	1	8	5	4	9	1	2	3	4
Job_4	$O_{4,1}$	5	10	6	4	9	5	1	7	1	6
	$O_{4,2}$	4	2	3	8	7	4	6	9	8	4
	$O_{4,3}$	7	3	12	1	6	5	8	3	5	2
Job_5	$O_{5,1}$	7	10	4	5	6	3	5	15	2	6
	$O_{5,2}$	5	6	3	9	8	2	8	6	1	7
	$O_{5,3}$	6	1	4	1	10	4	3	11	13	9
Job_6	$O_{6,1}$	8	9	10	8	4	2	7	8	3	10
	$O_{6,2}$	7	3	12	5	4	3	6	9	2	15
	$O_{6,3}$	4	7	3	6	3	4	1	5	1	11
Job_7	$O_{7,1}$	1	7	8	3	4	9	4	13	10	7
	$O_{7,2}$	3	8	10	7	5	13	4	6	8	4
	$O_{7,3}$	5	4	2	1	2	1	8	14	5	7

续表 4-8

工件	工序	加工时间									
		M_1	M_2	M_3	M_4	M_5	M_6	M_7	M_8	M_9	M_{10}
Job_8	$O_{8,1}$	5	7	11	3	2	9	8	5	12	8
	$O_{8,2}$	8	3	10	7	5	13	4	6	8	4
	$O_{8,3}$	8	5	4	8	6	1	2	3	10	12
Job_9	$O_{9,1}$	3	9	1	3	8	1	6	7	5	4
	$O_{9,2}$	4	6	2	5	7	3	1	9	6	7
	$O_{9,3}$	8	5	4	8	6	1	2	3	10	12
Job_{10}	$O_{10,1}$	4	3	1	6	7	1	2	6	20	6
	$O_{10,2}$	3	1	8	1	9	4	1	4	17	15
	$O_{10,3}$	9	2	4	2	3	5	2	4	10	23

其中 Kacem 算例和 Brandimarte 算例的机器加工能耗和空转能耗信息在表 4-9 和表 4-10 中显示。表 4-11 为 Brandimarte 算例的信息。在文献［128］中，Khare 等人测试了飞鼠搜索算法中主要参数，发现当 $sf=30$，$G_c=1.5$，$P_{dp}=0.15$ 时，算法具有最优的性能表现。因此本章 SSA 算法和 ISSA 算法均采用上述参数设置。将 ISSA 与 SSA、PSO 算法进行对比，运行算例为 Kacem 8×8、Kacem 10×10、Kacem 15×10、MK01、MK05、MK07、MK010。

表 4-9　Kacem 设备加工能耗信息　　(kW)

机器	M_1	M_2	M_3	M_4	M_5	M_6	M_7	M_8	M_9	M_{10}
加工功率	21	17	10	14	15	10.5	9	12	9	14
空闲功率	3.45	3.62	1.86	1.68	1.98	1.48	1.22	0.85	1.2	1.22

表 4-10　Brandimarte 设备加工能耗信息　　(kW)

机器	加工功率	空闲功率
M_1	20	6.45
M_2	15	2.82
M_3	6	0.84
M_4	12	1.58
M_5	10	1.41
M_6	5.5	0.55
M_7	7.5	1.02

续表 4-10

机器	加工功率	空闲功率
M_8	3	0.37
M_9	5.5	1.16
M_{10}	10	1.8
M_{11}	8	0.88
M_{12}	11	1.12
M_{13}	15	1.32
M_{14}	16	0.95
M_{15}	11	0.85

表 4-11 Brandimarte 算例信息

算 例	工序数	工件数	机器数	下 限
MK01	57	10	6	36
MK02	58	10	6	24
MK03	150	15	8	204
MK04	95	15	8	48
MK05	90	15	4	168
MK06	150	20	15	33
MK07	100	20	5	133
MK08	215	20	10	523
MK09	240	20	10	299
MK10	233	20	15	165

表 4-11 显示了 MK01 ~ MK10 的算例信息。本章选取 MK01、MK05、MK07 和 MK10 四个算例进行验证。保证在不同工件数量下进行测试，保证测试的准确性和全面性，由于案例 MK06 ~ MK10 均为 20 个工件数，在其中选取两组机器数量最多和机器数量最少的 MK10 和 MK07 两个算例。图 4-16 和图 4-17 为基于 ISSA 得到的 Kacem 8 ×8 和 Kacem 10 ×10 最优调度甘特图。

图 4-16、图 4-17 的横坐标是基于抽象时间单位内的加工时间，纵坐标为工序可选择的加工机器号。其中 Kacem 8 ×8 算例的最优解甘特图如图 4-16 所示，

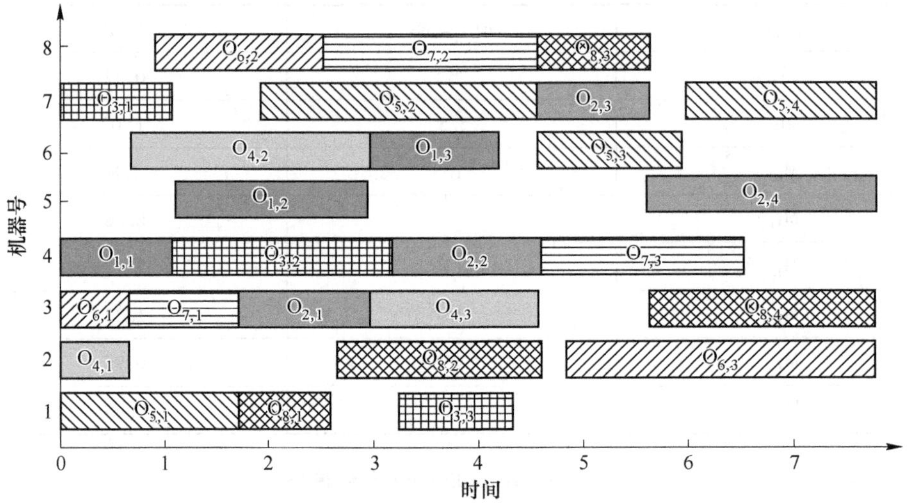

图 4-16　Kacem 8 ×8 甘特图

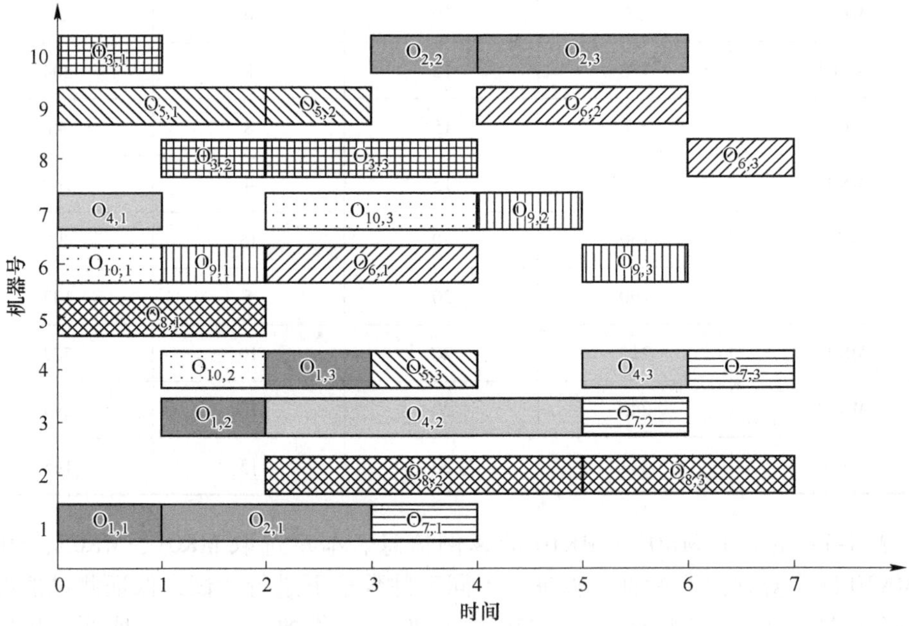

图 4-17　Kacem 10 ×10 甘特图

同一个工件的不同工序均采用相同颜色进行表示，O_{ij}是工件 i 的第 j 道工序，ISSA 均可以找到该调度的最优解，算例结果如表 4-12 所示。

表 4-12 算例结果

算例	规模	PSO			SSA			ISSA		
		C_{max}	C_w	E_T	C_{max}	C_w	E_T	C_{max}	C_w	E_T
Kacem	8×8	15	45	24.4	14	35	24.9	14	33	23.6
Kacem	10×10	8	16	14.5	7	23	14.7	7	22	13.9
Kacem	10×15	17	63	29.7	15	59	30.2	14	58	31.8
MK01	10×6	48	131	67.4	46	132	61.5	43	117	58.6
MK05	15×4	215	285	189.4	196	235	183.2	189	216	170.2
MK07	20×5	168	239	142.8	158	214	152.6	146	158	158.2
MK10	20×15	352	558	458.2	342	527	538.6	316	491	515.9

综上所述，基于贪婪退火策略优化的飞鼠搜索算法的收敛精度和速度相对于传统飞鼠搜索算法和粒子群算法得到较大的提高，尤其是通过对 Kacem 和 Brandimarte 案例 7 个车间调度进行仿真验证，证明了本章 ISSA 可有效地解决车间调度问题。

4.3.5.2 算法评价指标

在讨论车间调度问题时，解的数量和质量是评估其有效性的重要指标。车间调度问题的目标通常是优化生产效率、降低成本或最小化延迟等多个目标，因此这类问题属于多目标优化问题。在这种情况下，生成的解决方案不仅要满足单一的最优化标准，还应考虑到多个目标之间的权衡。因此，模型求解所产生的非支配解（即在所有目标上都不被其他解支配的解）的数量成为衡量算法性能的关键。

非支配解的数量越多，意味着算法能在多目标空间中探索出更多的潜在最优解，从而提供给决策者更广泛的选择空间。这反映了算法在发现解决方案的多样性和覆盖范围方面的能力。算法求解精度高通常表示其能更有效地逼近真实的帕累托前沿，这是多目标优化中理想的解集，其中包含了在所有目标上都无法同时改进的解。通过提升模型求解的质量和数量，不仅可以增加非支配解的数量，还可以提高整体的求解精度，从而为实际的车间调度问题提供更为有效和实用的解决方案。这样的提升直接关联到生产效率的改进、成本的降低以及对市场需求的快速响应能力，是制造业竞争力的关键。

为了更好地得到尽可能多的高质量解，本章选用超体积[129]（hypervolum，HV）和反世代距离（inverted generational distance，IGD）[130]作为验证算法的评价指标，仍选择 PSO、SSA 和 ISSA 进行比较验证。

由参考集中的点射向算法后得到的解的最短距离的平均值表示为 IGD，通过对比 IGD 的大小可以反映算法的收敛性、广泛性和综合性能。IGD 的值越大即平均最短距离越大，意味着该算法的解离散综合性能差。反之，距离越短的算法性能更优，其中的 IGD 计算方法如式（4-42）所示：

$$\mathrm{IGD}(A,P^*) = \frac{\sum_{\mu \in P*} d(\mu,A)}{|P^*|} \tag{4-42}$$

非支配解集 A 和极限参考点 H 所包围的空间体积表示为 HV，通过判断空间体积的大小来评估综合性能。算法的一致性和收敛性与 HV 呈正相关。HV 计算方法如式(4-43)所示，本书中 $h=(h_1,h_2,h_3,h_4,h_5)^{\mathrm{T}}$ 为可被 A 的解支配的参考点。

$$HV(A,h) = \mathrm{volume}\left\{\bigcup_{f\in A}[f_1,h_1]\times\cdots\times[f_g,h_g]\right\} \tag{4-43}$$

各算法中参考点数目为 300，种群大小为 200，最大迭代次数为 500。为了减少误差，首先分别对 SSA、ISSA 和 PSO 独立运行 10 次，独立 10 次运行结果如表 4-13 所示，对比折线图结果如图 4-18、图 4-19 所示。

表 4-13　求解算例各评价指标值

算例	算法	IGD（标准差）	*HV* 均值（标准差）
Kacem 8×8	PSO	17.2964（1.2832）	0.4633（0.0523）
	SSA	19.2743（1.1356）	0.3425（0.0125）
Kacem 8×8	ISSA	18.2362（0.8347）	0.5372（0.0943）
Kacem 10×10	PSO	15.2593（1.5326）	0.5321（0.2158）
	SSA	15.4665（1.9573）	0.4256（0.1522）
	ISSA	14.3858（2.0542）	0.4536（0.0251）
Kacem 10×15	PSO	53.5821（3.2168）	0.5263（0.0376）
	SSA	52.6238（4.5236）	0.4834（0.2637）
	ISSA	50.2951（3.4621）	0.5253（0.0261）
MK01	PSO	40.1425（1.4252）	0.6482（0.0223）
	SSA	38.6943（1.2524）	0.6362（0.0425）
	ISSA	37.2948（1.1432）	0.5928（0.0229）
MK05	PSO	197.2684（2.6347）	0.9832（0.3235）
	SSA	185.1872（6.2165）	0.9216（0.2813）
	ISSA	189.7357（7.6274）	0.9603（0.2963）
MK07	PSO	245.2356（9.5263）	0.7351（0.0756）
	SSA	232.6431（8.3478）	0.7813（0.0328）
	ISSA	213.6386（7.2448）	0.8266（0.0261）
MK10	PSO	422.1257（19.7671）	0.8235（0.0253）
	SSA	412.2361（18.5203）	0.8273（0.0636）
	ISSA	419.2835（19.2036）	0.9211（0.0935）

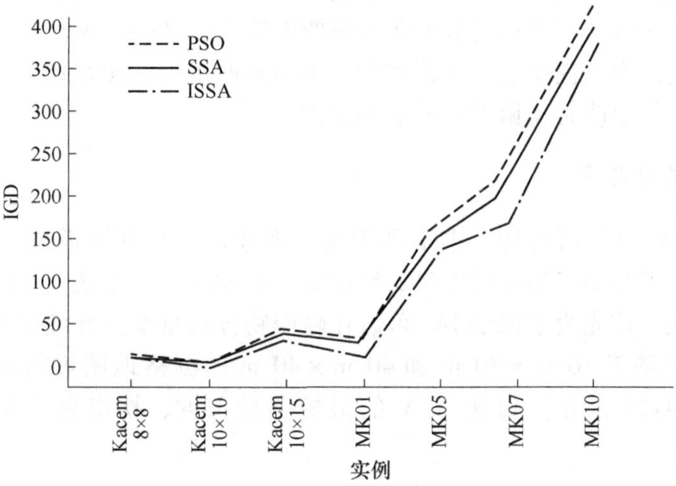

图 4-18 ISSA 与其他算法 IGD 值比较折线图

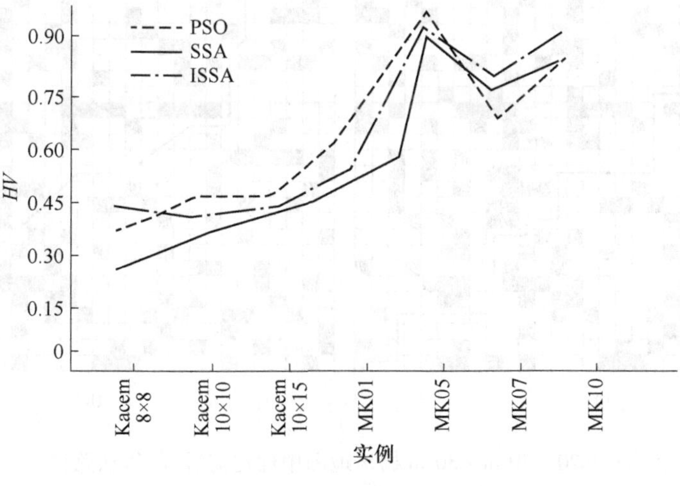

图 4-19 ISSA 与其他算法 *HV* 值比较折线图

对于表 4-13 的结果，将三种算法一一对应比较并绘制折线图。首先比较 SSA 与 PSO，根据表 4-13 可知，除了算例 Kacem 8 ×8，SSA 在其他六个算例上取得了更优的 IGD 均值与标准差，PSO 也在 Kacem 10 ×15、MK05 和 MK10 三个算例上取得了更优的 *HV* 均值与标准差，且两个算法的运行时间相差小，因此综合来看 SSA 的综合性能比 PSO 更优。

然后比较 SSA 与 ISSA，ISSA 在 Kacem 8 ×8、Kacem 10 ×10、Kacem 10 ×15、MK01、MK07 五个算例上取得了更优的 IGD 均值，仅仅在案例 MK05 和 MK07 上

SSA 的 IGD 均值更优，同时 ISSA 在所有算例上的 HV 均值更优，这表明 ISSA 的综合性能优于 SSA，可见本章引入变邻域搜索算法的策略有效。

综上所述，本章提出的贪婪策略和模拟退火改进种群初始化策略、变邻域局部搜索可以有效地改善飞鼠搜索算法的性能。

4.3.6　IA* 算法验证

为验证 IA* 算法可行性，本章利用栅栏图建模进行环境模拟，采用 CPU 为 Intel(R) Core(TM) i5-7200UCPU@2.50GHz，Windows 10 系统上的 MATLA2018b 进行仿真验证。首先为了保证 IA* 可以在障碍物分布复杂且环境空间大的情况下的性能，分别基于 30 m×30 m 和 40 m×40 m 的栅格地图进行环境建模，如图 4-20、图 4-21 所示。每辆 AGV 的最短路径长度、拐点数量和运行时间如表 4-14 所示。

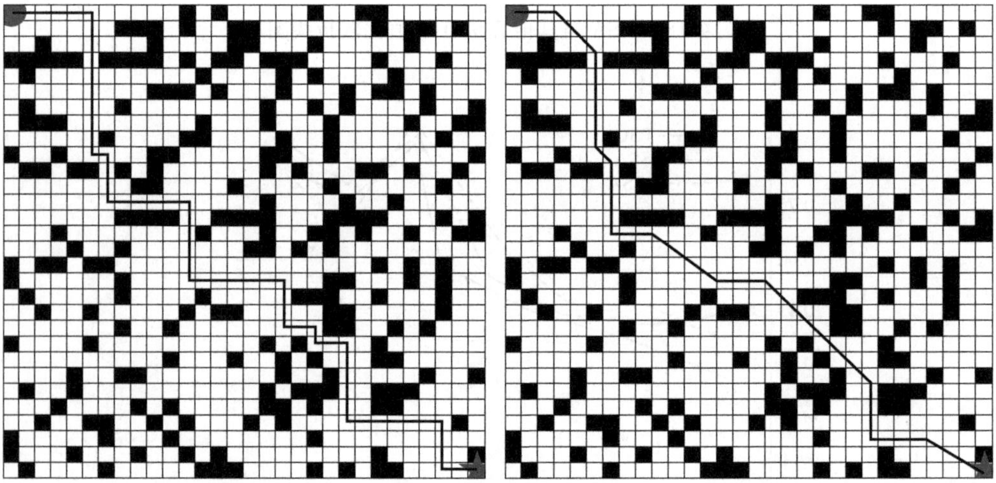

(a)　　(b)

图 4-20　30 m×30 m 栅格地图中优化前后 A* 算法路径

(a) 优化前；(b) 优化后

表 4-14　AGV 路径仿真实验结果

路径信息	算法	30 m×30 m	40 m×40 m
拐点数量	A*	14	22
	IA*	11	17
最短路径长度	A*	60	80
	IA*	46.5	69.3

续表 4-14

路径信息	算法	30 m×30 m	40 m×40 m
路径运行时间	A*	13.2	24.8
	IA*	10.4	19.4
平均碳排放	A*	190.2	357.9
	IA*	150.1	280.1

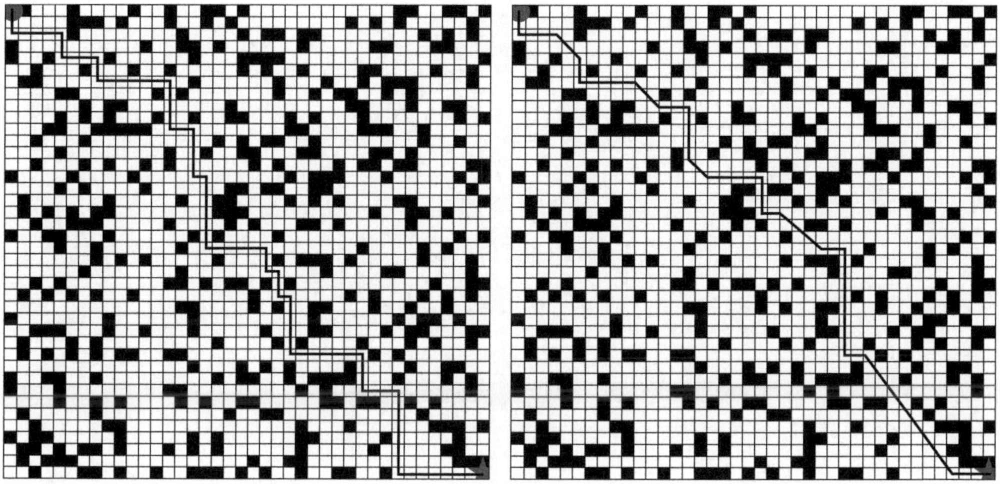

(a) (b)

图 4-21 40 m×40 m 栅格地图中优化前后 A*算法路径
(a) 优化前；(b) 优化后

从表 4-14 中可以看出，优化后的 A*可以有效地避免路段冲突和节点冲突。且 IA*在路径运行时间和最短路径长度上都比传统 A*更早更快。拐点数量也比传统 A*低 22%，节约碳排放 21%。因此，本章提出的 IA*是可行的。

4.4 本 章 小 结

本章主要建立了一个考虑绿色能耗的多目标生产车间调度模型，并提出了一种改进的飞鼠搜索算法，通过采用贪婪策略初始化种群并结合模拟退火算法进行新旧种群的筛选，以强化种群之间优秀个体的关联性。此外，算法在编码和解码过程中采用了工序和机器的双层编码，并实施了全主动调度方法。变邻域搜索则通过移动两道工序来进行优化。同时，还探讨了单 AGV 路径优化，使用了

Dijkstra 和 A* 算法，增加了安全距离因子和路径平滑操作，以优化 AGV 的行驶路径。最后，基于实际案例对三种算法进行对比测试并采用超体积和反世代距离对算法综合性能来验证 ISSA 的可行性与有效性，在绿色制造的背景下研究绿色智能作业车间调度问题更契合现实环境，具有重要现实意义。

5 绿色柔性制造车间机器与 AGV 集成调度多目标算法研究

制造业的能源浪费加剧了污染排放，因此绿色制造引起了广泛的关注。由于工件的运输过程占整个生产过程的比例很大，运输过程中的能量消耗也是不可忽视的环节。因此，对生产过程中机器与 AGV 的绿色集成调度是促进企业绿色转型的有效途径。同时，柔性作业车间的输运过程和加工过程是相互联系、不可分割的。因此，为了减少制造车间中机械加工和运输过程的总能耗，本章在单目标优化的基础上，结合车间生产实际需要考虑的能耗问题，提出并研究了一种多目标约束下的绿色柔性制造车间机器与 AGV 集成调度问题（green integrated scheduling in flexible job-shop problem with multi-AGVs transportation，GISFJSPT & Multi-AGVs）。本章节的主要工作如下。

（1）建立 GISFJSPT & Multi-AGVs 的混合整数规划模型（mixed integer linear programming model，MILP），该模型同时追求最大完工时间、机器与 AGV 的综合能耗两个目标之间的平衡。在 MILP 模型中，建立了机器和 AGV 运行过程能耗模型，分析机器和 AGV 机器运行过程中的能量消耗模块。

（2）为了解决集成调度多目标优化问题，提出基于多种机制融合的改进型多目标樽海鞘群优化算法（improved multi-objective salp swarm algorithm，IMOSSA）。首先，通过基于随机和启发式规则的混合初始化策略生成满足约束条件的初始解；其次，引入改进混合离散化樽海鞘群算法（hybrid discrete salp swarm algorithm，HDSSA）的自适应策略和差分变异交叉机制，在兼顾全局搜索与局部开发能力的基础上，进一步提升 IMOSSA 的搜索效率。然后，在外部储存库更新过程中，结合快速非支配排序构造 Pareto 非支配解集，使种群以较快的速度向 Pareto 前端进化，保证非支配解多样性和均匀分布；最后，对外部存储库中的非支配解集进行有效的变领域操作，增强了算法的局部搜索能力。

5.1 GISFJSPT & Multi-AGVs 问题描述

5.1.1 问题描述

GISFJSPT & Multi-AGVs 问题描述如下：在一个绿色柔性制造车间中，有 n 个需要在 m 台机器上加工的作业，机器处于多柔性模式运行，有加工和待机两种状态。每种工件都包括一个或多个工序，每个工序都可以选用一台以上的机器进行加工，而在各机器上的加工时间未必相同。每台机器旁均置缓冲区用于停放 AGV，缓冲区可以实现工件在 AGV 上的上下料。AGV 可以在任何两个设备间进行搬运工件，AGV 的运行状态分为空载、负载和待运 3 种状态。在不同状态下，机器和 AGV 的单位能耗不同。在该模型中，每个候选机器执行每个工序的加工时间和能耗、每个机器单位时间的负载能耗、待机能耗、机器之间的运输时间都是预先已知的。

为了简化绿色柔性制造车间机器与 AGV 集成调度问题，假设条件如下：

（1）在初始时刻所有工件处于待加工状态，所有工件和 AGV 的起始位置都在装载区，零时刻所有 AGV 和机器均可用；

（2）任意时刻每台机器只能加工一道工序，一旦机器开始加工则不能中断加工；

（3）同一工件的工序有先后约束，不同工件具有相同的优先级；

（4）工件在机器上的加工顺序按先到先加工的规则；

（5）AGV 和机器连续运行没有故障，AGV 电量充足；

（6）所有 AGV 都具有单位负载能力，每辆 AGV 每次只能运送一个工件；

（7）AGV 的数量已知，且不考虑 AGV 的差异性，如电量约束、AGV 速度、故障等；

（8）AGV 装卸时间是固定的，被认为是运输时间；

（9）AGV 的速度是恒定的，负载或空载不影响 AGV 的行驶速度；

（10）LU 区域与机器之间以及机器与机器之间的机器布局和车辆路径是已知的；

（11）不考虑 AGV 的路径冲突问题、碰撞、死锁等问题。

5.1.2　集成调度数学模型

5.1.2.1　参数变量

在建立模型之前，为了用公式准确表达 GISFJSPT & Multi-AGVs 问题的数学模型，本节对符号变量进行了说明（见表 5-1）。

表 5-1　参数符号描述

集合变量	描　述
J_i	待加工的工件集合，$J=\{J_1, J_2, \cdots, J_n\}$
M_k	加工机器集合，$M=\{M_0, M_1, \cdots, M_m\}$
A_v	AGV 小车集合，$A=(A_1, A_2, \cdots, A_v)$

续表 5-1

参数变量	描　述
$O_{i(j)}$	工件 i 的第 j 道工序，$i \in J, j \in H_i$
$M_{i(j)}$	第 i 个工件的第 j 道工序的加工机器
$A_{i(j)}$	为 $O_{i(j)}$ 的搬运任务分配的 AGV
$T^s(k,ij)$	工序 $O_{i(j)}$ 在机器 M_k 加工的开始时间
$T^e(k,ij)$	工序 $O_{i(j)}$ 在机器 M_k 加工的结束时间
$T(k,ij)$	工序 $O_{i(j)}$ 在机器 M_k 所需的加工时间
$WT(k,ij)$	M_k 执行加工序号 $p-1$ 之后到执行加工任务 p 之前的待机等待时间
N_v	分配给自动导引小车 A_v 执行任务的数量
q	分配给 A_v 搬运任务的编号
$ET_{M_{k'}}^{M_k}$	机器 k 到机器 k' 的空载行程时间/二维平面距离
$LT_{M_{k'}}^{M_k}$	机器 k 到机器 k' 的负载行程时间/二维平面距离
$ET^s(v,ij)$	A_v 执行任务序号 q 的空载行程开始时间
$ET^e(v,ij)$	A_v 执行任务序号 q 的空载行程结束时间
$ET(v,ij)$	A_v 执行任务序号 q 的空载行程时间
$LT^s(v,ij)$	A_v 执行任务序号 q 的负载行程开始时间
$LT^e(v,ij)$	A_v 执行任务序号 q 的负载行程结束时间
$LT(v,ij)$	A_v 执行任务序号 q 的负载行程时间
$WT(v,ij)$	A_v 执行任务序号 $q-1$ 之后和 A_v 执行任务序号 q 之前的等待时间

本章所构建模型所需的决策变量如下：

（1）加工机器判定参数 $X(k,ij)$：用来限制一道工序只能由一台加工机器完成。

$$X(k,ij)=\begin{cases}1, \text{工序 } O_{i(j)} \text{ 在机器 } M_k \text{ 上加工} \\ 0, \text{工序 } O_{i(j)} \text{ 在其他机器上加工}\end{cases}$$

（2）加工顺序判定参数 $XP(k,pqij)$：限制同一台加工机器上工序的加工顺序。

$$XP(k,pqij)=\begin{cases}1, \text{工序 } O_{p(q)} \text{ 在机器 } M_k \text{ 上优先于工序 } O_{i(j)} \text{ 加工} \\ 0, \text{其他}\end{cases}$$

(3) AGV 运输判定参数 $Y(v,ij)$：用来限制同一道工序只能由一台 AGV 运输。

$$Y(v,ij)=\begin{cases}1, \text{工序 } O_{i(j)} \text{ 的运输任务 } A_{i(j)} \text{ 由 } A_v \text{ 负责运输}\\ 0, \text{其他}\end{cases}$$

(4) 运输顺序判定参数 $YP(v,pqij)$：用来限制同一台 AGV 上工序的运输顺序。

$$YP(v,pqij)=\begin{cases}1, \text{运输工序任务 } A_{p(q)} \text{ 在 } A_v \text{ 上优先于工序 } A_{i(j)} \text{ 运输}\\ 0, \text{其他}\end{cases}$$

(5) AGV 位置停放判定参数 $S(vk,ij)$：用来限制同一道工序只能选择一台 AGV 停靠在机器旁边。

$$S(vk,ij)=\begin{cases}1, \text{工序 } O_{i(j)} \text{ 的运输任务 } A_{i(j)} \text{ 选择停靠在机器旁的缓冲区}\\ 0, \text{其他}\end{cases}$$

5.1.2.2 时间节点模型

(1) AGV 空载行程的开始时间。AGV 运输任务 A_{ij}空载行程的开始时间分为两种情况，如式（5-1）所示。当A_{ij}为对应 AGV 上的首个运输任务时，其空载行程开始时间为 0；否则，根据其他情况下的公式计算 A_{ij}空载行程的开始时间。

$$ET^{s}(v,ij)=\begin{cases}0, \sum_{v=1}^{g}\sum_{p=1}^{n}\sum_{q=1}^{h_p+1} YP(v,pqij)=0\\ \sum_{v=1}^{g}\sum_{p=1}^{n}\sum_{q=1}^{h_p+1} LT^{e}(v,pq)\times YP(v,pqij), \text{其他}\end{cases} \tag{5-1}$$

(2) AGV 空载行程的结束时间。AGV 运输任务 A_{ij}空载行程结束时间由式（5-2）表示。若出现以下两种情况，则 AGV 运输任务 A_{ij}不存在空载运输状态：

1) A_{ij}运输的工序 $O_{i(j)}$ 与其紧前工序 $O_{i(j-1)}$ 在同一台机器上加工；

2) A_{ij}运输的是工件的第一道工序，同时也是该 AGV 的第一个运输任务。其他情况下，A_{ij}的空载状态结束时间大于 AGV 空载到达时间和上一道工序 $O_{i(j-1)}$ 的加工完成时间。

$$ET^{e}(v,ij)=\begin{cases}ET^{s}(v,ij), \sum_{k=0}^{m}\sum_{p=1}^{n}\sum_{q=1}^{h_p+1} XP(k,pqij)\times(i-p+1)\times(j-q)\\ \quad =1 \text{ or } \left[\sum_{v=1}^{g}\sum_{p=1}^{n}\sum_{q=1}^{h_p+1}\times YP(v,pqij)=0, j=1\right]\\ \max\left\{ET^{s}(v,ij)+\sum_{v=1}^{g}\sum_{p=1}^{n}\sum_{q=1}^{h_p+1}\sum_{k=0}^{m}\sum_{k'=0}^{m} X[k,i(j-1)]\times X(k',ij)\times\right.\\ \quad \left. YP(v,pqij)\times Y(v,ij)\times ET_{M_k}^{M_{k'}}, T^{e}[k,i(j-1)]\right\}, \text{其他}\end{cases} \tag{5-2}$$

（3）AGV 负载行程的开始时间。AGV 搬运工件过程中有空载、负载和等待三种状态。当空载行程结束后，若 AGV 运输任务 A_{ij} 对应工序 $O_{i(j)}$ 的紧前工序 $O_{i(j-1)}$ 完成加工，AGV 立即进入负载状态；否则，需要在机器缓冲区等待工序 $O_{i(j)}$ 加工完成后，才能进入负载状态。AGV 运输任务 A_{ij} 的负载状态开始时间如式（5-3）所示。

$$LT^{s}(v,ij)=\begin{cases}ET^{e}(v,ij),ET^{e}(v,ij)=T^{e}[k,i(j-1)]\\ET^{e}(v,ij)+WT(v,ij),\text{其他}\end{cases}\tag{5-3}$$

（4）AGV 负载行程的结束时间。AGV 运输任务 A_{ij} 的负载状态结束时间分为两种情况，如式（5-4）所示。若工序 $O_{i(j)}$ 与其紧前工序 $O_{i(j-1)}$ 在同一台机器上加工时，则 A_{ij} 不存在负载状态；其他情况下，AGV 负载结束时间大于 AGV 负载到达时间和在工序 $O_{i(j)}$ 对应的机器上先于 $O_{i(j)}$ 加工的工序 $O_{p(q)}$ 完成时间。

$$LT^{e}(v,ij)=\begin{cases}LT^{s}(v,ij),\sum_{k=0}^{m}\sum_{p=1}^{n}\sum_{q=1}^{h_p+1}XP(k,pqij)\times(i-p+1)\times(j-l)=1\\ \max\Big\{LT^{s}(v,ij)+\sum_{v=1}^{g}\sum_{k=0}^{m}\sum_{k'=0}^{m}X[k,i(j-1)]\times X(k',ij)\times\\ \quad Y(v,ij)\times LT_{M_k}^{M_{k'}},T^{e}(k,pq)\Big\},\text{其他}\end{cases}\tag{5-4}$$

（5）机器加工状态的开始时间。机器处理工序 $O_{i(j)}$ 的开始时间可以分为两种情况，如式（5-5）所示。当工序 $O_{i(j-1)}$ 和 $O_{i(j)}$ 在同一台机器上加工时，$O_{i(j)}$ 的开始加工时间等于其前道工序 $O_{i(j-1)}$ 的结束加工时间；其他情况下，$O_{i(j)}$ 的开始时间等于 *AGV* 运输任务 A_{ij} 的负载状态结束时间。

$$T^{s}(k,ij)=\begin{cases}T^{e}[k,i(j-1)],\sum_{k=0}^{m}\sum_{p=1}^{n}\sum_{q=1}^{h_p+1}XP(k,pqij)\times(i-p+1)\times(j-l)=1\\ \max\Big\{LT^{e}(v,ij),\sum_{k=0}^{m}\sum_{p=1}^{n}\sum_{q=1}^{h_p+1}T^{e}(k,pq)\times X(k,ij)\times X(k,pq)\times\\ \quad XP(k,pqij)\Big\},\text{其他}\end{cases}\tag{5-5}$$

（6）机器加工状态的结束时间。工序 $O_{i(j)}$ 在机器上加工的结束时间等于 $O_{i(j)}$ 的开始时间与其在对应机器上的加工时间之和，如式（5-6）所示。

$$T^{e}(k,ij)=T^{s}(k,ij)+\sum_{k=0}^{m}X(k,ij)\times T(k,ij)\tag{5-6}$$

5.1.2.3 约束条件

$$\sum_{k=1}^{m}X(k,ij)=1\tag{5-7}$$

$$T^{e}(k,ij) = T^{s}(k,ij) + \sum_{k=1}^{m} X(k,ij) \times T(k,ij) \tag{5-8}$$

$$T^{s}(k,ij) \geqslant LT^{e}(v,ij), T^{s}(k,ij) \geqslant T^{e}(k,pq) \cdot [1 - XP(k,pqij)],$$
$$\forall i,p \in \{1,2,\cdots,n\}, \forall j,q \in \{1,2,\cdots,h_i\} \tag{5-9}$$

$$T^{s}(k,ij) \geqslant T^{e}[k,i(j-1)] \cdot \{1 - XP[k,i(j-1)]\} \tag{5-10}$$

$$\sum_{v=1}^{g} Y(v,ij) = 1 \tag{5-11}$$

$$ET^{s}(v,ij) \geqslant LT^{e}(v,pq) \cdot [1 - YP(v,pqij)], ET^{s}(v,ij) \geqslant T^{s}(k,ij)$$
$$\forall i,p \in \{1,2,\cdots,n\}, \forall j,q \in \{1,2,\cdots,h_i\} \tag{5-12}$$

$$ET^{e}(v,ij) = ET^{s}(v,ij) + \sum_{v=1}^{g} Y(v,ij) \times ET(v,ij) \tag{5-13}$$

$$LT^{s}(v,ij) \geqslant LT^{e}(v,ij), LT^{s}(v,ij) \geqslant T^{e}[k,i(j-1)] \tag{5-14}$$

$$LT^{e}(v,ij) = LT^{s}(v,ij) + \sum_{v=1}^{g} Y(v,ij) \times LT(v,ij) \tag{5-15}$$

约束（5-7）表示每道工序同一时刻只能分配给一台机器上加工；约束(5-8)表示工序的完工时间为开始加工时间与机器加工时间之和；约束（5-9）表示工序的开始加工时间不早于 AGV 负载行程的结束时间和该机器上前一道工序的加工结束时间；约束（5-10）表示每个工件的任意一道工序的加工开始时刻不小于上一道工序的结束加工时间；约束（5-11）表示同一时刻每个搬运任务只能分配一辆 AGV 运输；约束（5-12）表示每辆 AGV 的空载出发时间至少大于该 AGV 上一个工件的负载行程结束时间和工件开工时间；约束（5-13）表示每辆 AGV 的空载行程结束时间等于空载开始时间与空载运输时间之和；约束（5-14）表示某工件负载行程开始时间不早于 AGV 空载到达机器的时间和工件的完成时间；约束（5-15）表示 AGV 的负载结束运输时间为负载开始时间与在机器间的负载运行时间之和。

5.1.3　集成调度问题结构

考虑到机器与 AGV 集成调度模型的复杂性，借鉴文献［131］问题结构化分解的思想，通过结构化分析对原问题进行分解。针对本章问题分解的组合调度结构如图 5-1 所示。首先将考虑运输资源限制的智能柔性制造车间集成调度问题分解为柔性车间调度问题（FJSP）和 AGV 分配问题，然后分别构建工序排序、AGV 分配和机器选择三个子问题的调度规则，最后针对各个子问题的选择规则进行组合求解模型。

针对工序排序问题，首先根据工件的工艺要求确定所有工件的加工顺序，即工序排序过程。由于本章未考虑实时调度问题，因此这一过程不需考虑工件的到达时间。其次，确定 AGV 的优先级，以解决工件在工序间搬运任务如何分配

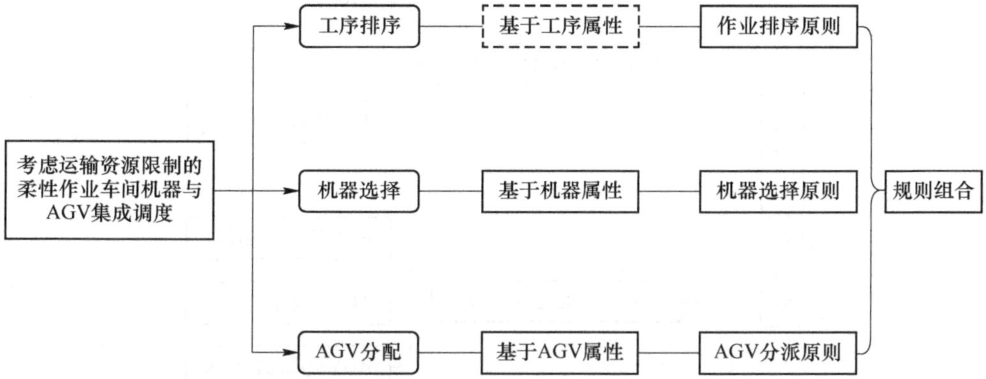

图 5-1 柔性制造车间 AGV 与机器集成调度问题分解

AGV 的问题，即 AGV 的分配过程。这一过程需要考虑 AGV 的位置信息、空闲时刻、执行任务的状态等信息，进而确定 AGV 分配规则。而对于机器的选择问题，基于机器的最早可用时间、机器的加工时间、机器缓冲区工件数量等属性确定机器选择规则，进而确定工件的每道工序的加工机器，即机器选择过程。

5.2 多目标混合整数规划模型

针对 GISFJSPT & Multi-AGVs 问题，建立了以最小化最大完工时间和机器与 AGV 综合能耗为目标的混合整数线性规划数学模型，MILP 模型包括目标函数和约束条件。为建立目标函数，分析了柔性制造车间内机器的能耗行为，在机器上执行一个工序会消耗能量，机器在等待工件的过程中会产生待机能耗。此外，对于同一个工件，在不同的机器上进行两道连续工序加工的情况下，还应考虑到 AGV 搭载工件在机器之间移动所产生的能量消耗。

因此，从节能减排角度，整个车间生产过程中主要能量消耗可归类为机器运行能耗模块（machine energy consumption module，ME）和 AGV 运输能耗模块（transport energy consumption module，TE）。

5.2.1 机器与 AGV 运行能耗模型

柔性作业车间的机器与 AGV 综合能耗主要由以下 5 部分能耗模块组成：机器加工和待机时的能量消耗、AGV 运行过程的负载行程和空载行程的能量消耗，以及 AGV 等过程的能量消耗，具体模块类型如图 5-2 所示。

机器运行能耗模块（ME）可以分为待机状态能耗模块（machine energy consumption module for waiting state，ME^{w}）和加工状态的能耗模块（machine

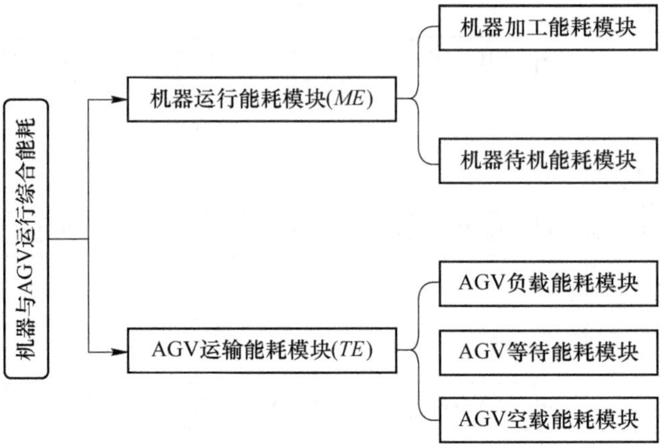

图 5-2　机器与 AGV 综合能耗组成模块

energy consumption module for processing state, ME^{p}), 其计算过程如式(5-16)所示。

$$ME = \sum_{i=1}^{n}\sum_{j=1}^{h_i}[ME^{w}(k,ij) + ME^{p}(k,ij)] \tag{5-16}$$

(1) 机器待机状态的能耗可以通过等待时间 $WT(k,ij)$乘以待机功 $MP_{w}(k)$计算，如式（5-17）所示。

$$ME^{w}(k,ij) = \sum_{k=1}^{m}\sum_{i=1}^{n}\sum_{j=1}^{h_i} WT(k,ij) \times MP_{w}(k) \tag{5-17}$$

$$WT(k,ij) = \sum_{p=1}^{n}\sum_{q=1}^{h_p}\sum_{k=1}^{m} X(k,pq) \times X(k,ij) \times XP(k,pqij) \times [T^{s}(k,ij) - T^{e}(k,pq)] \tag{5-18}$$

(2) 机器加工状态的能耗可以通过等待时间 $T(k,ij)$乘以待机功 $MP_{p}(k)$计算，如式（5-19）所示。

$$ME^{p}(k,ij) = \sum_{k=1}^{m}\sum_{i=1}^{n}\sum_{j=1}^{h_i} T(k,ij) \times MP_{p}(k) \tag{5-19}$$

$$T(k,ij) = T^{e}(k,ij) - T^{s}(k,ij) \tag{5-20}$$

根据 AGV 在不同机器之间搬运状态和时间，AGV 运输总能耗（TE）模块可以分为 AGV 空载能量消耗、AGV 负载能量消耗以及 AGV 等待过程中的能量消耗，具体计算过程如式（5-21）所示。

$$TE = \sum_{i=1}^{n}\sum_{j=1}^{h_i}[TE^{e}(v,ij) + TE^{l}(v,ij) + TE^{w}(v,ij)] \tag{5-21}$$

(3) AGV 空载行程能量消耗模块（energy consumption module for AGV no-load transportation, TE^{e}）。AGV 空载行程能耗可以通过空载行程时间 $ET(v,ij)$乘

以空载运输功率 $TP^{e}(v)$ 计算，如式（5-22）所示。

$$TE^{e}(v,ij)=ET(v,ij)\times TP^{e}(v) \tag{5-22}$$

$$ET(v,ij) = \sum_{v=1}^{g}\sum_{i=1}^{n}\sum_{j=1}^{h_i}\sum_{k'=0}^{m+1}\sum_{k=0}^{m+1}X[k',i(j-1)]\times X(k,ij)\times Y(v,ij)\times ET_k^{k'} \tag{5-23}$$

（4）AGV 负载行程能量消耗模块（energy consumption module for AGV load transportation，TE^{l}）。AGV 负载行程能耗可以通过负载行程时间 $LT(v,ij)$ 乘以负载运输功率 $TP^{l}(v)$ 计算，如式（5-24）所示。

$$TE^{l}(v,ij)=LT(v,ij)\times TP^{l}(v) \tag{5-24}$$

$$LT(v,ij) = \sum_{v=1}^{g}\sum_{i=1}^{n}\sum_{j=1}^{h_i}\sum_{k'=0}^{m+1}\sum_{k=0}^{m+1}X[k',i(j-1)]\times X(k,ij)\times Y(v,ij)\times LT_k^{k'} \tag{5-25}$$

（5）AGV 等待状态能量消耗模块（energy consumption module for AGV waiting state，TE^{w}）。AGV 在运行过程中，需要空载行驶到机器缓冲区装载工件。如果该目标机器上的加工任务尚未完成，AGV 需要等待加工任务完成后才能装载工件，就会产生 AGV 等待时间，具体时间可以通过式（5-26）计算；当 AGV 装载工件后负载行驶到目标机器旁，若该 AGV 下一个搬运任务工序也在该目标机器上加工，则 AGV 需在该机器缓冲区等待其工件完成加工后才能装载工件，则产生 AGV 等待时间，计算方式如式（5-27）所示。因此，AGV 搬运工件的过程中产生 AGV 等待状态能耗可以通过 AGV 等待时间乘以 AGV 待机功率 $TP^{w}(v)$ 进行计算，如式（5-28）所示。

$$WT^{l}(v,ij) = \sum_{v=1}^{g}Y(v,ij)\times[ET^{s}(v,ij)-LE^{s}(v,ij)] \tag{5-26}$$

$$WT^{e}(v,ij) = \sum_{v=1}^{g}Y(v,ij)\times[ET^{s}(v,ij)-ET^{e}(v,ij-1)] \tag{5-27}$$

$$TE^{w}(v,ij)=[WT^{l}(v,ij)+WT^{e}(v,ij)]\times TP^{w}(v) \tag{5-28}$$

5.2.2 目标函数

GISFJSPT & Multi-AGVs 以最大完工时间（makespan）和综合能耗为优化目标的 MILP 模型如下：

$$f_1=\min\{\max T_i\} \quad i=1,2,\cdots,n \tag{5-29}$$

$$f_2 = \min E = \min\sum_{m=1}^{m+1}\sum_{v=1}^{g}ME + TE \tag{5-30}$$

式中，目标 f_1 为最小化最大完工时间；目标 f_2 为最小化最大完工时间内机器和 AGV 运行过程的总综合能耗。

5.3　改进型多目标樽海鞘群算法设计

本节在单目标樽海鞘群算法的基础上，以 MOSSA 为主体提出一种融合多种策略机制的改进型多目标樽海鞘群算法，以便 MOSSA 能够更好地解决 GISFJSPT & Multi-AGVs 多目标优化问题，有效快速地找到更优的非支配解。IMOSSA 的设计思路主要包括：混合初始化策略、双自适应策略和差分变异交叉机制、基于快速非支配排序和外部存储库的选择机制和变邻域局部搜索策略。

5.3.1　混合初始化策略

在求解多目标优化问题时，初始解的优劣直接关系到算法的收敛速度与最优解的质量。MOSSA 通常采用随机生成的初始解作为种群的初始信息，增加了算法的早熟风险，影响算法的优化结果。为了获得高质量的初始种群并加快算法的收敛速度，IMOSSA 采用完全随机选择（random selection，RS）和启发式初始化算法两种混合初始化策略，生成机器选择编码和 AGV 分配编码，以确保初始群体的随机多样性，而且能有效加快算法的收敛。

基于启发式算法的初始化方法通过对问题本身的特征及经验产生一个新的群体，从而在较快的速度下求解出一个次优的调度方案，该方法虽然不能得到一个最优的工序加工顺序，却能在某种程度上确保工序处理序列的局部最优性。RS 是根据工序可选机器集随机选择机器以及空闲的 AGV，具有一定的遍历性和随机性，可以得到分布更均匀的种群初始值，有助于算法跳出局部最优解。基于种群的元启发式算法的性能严重依赖于初始种群，初始解的质量对算法的收敛速度以及求解结果的质量具有至关重要的影响。在工序加工顺序确定后，有必要为每一道工序分配最早能到达的 AGV，以及为每道工序选择完工时间最早的机器。因此，本节设计了一种基于 AGV 最早到达待搬运工件和机器最早完成时间原则的启发式初始化方法，AGV 与机器选择流程如图 5-3 所示。

该方法首先获取调度序列中下一个加工工序 $O_{i(j)}$、每个 AGV 已经完成上一次任务分配的时间 $T(v,q)$ 和位置 $L(v,M_{k'})$，以及每台机器 M_k 处理 $O_{i(j)}$ 加工时间。然后，选择在当前位置 $M_{i(j-1)}$ 或 $j=1$ 的装载区域（LU 区域）的 AGV 装载工件 i。最后选择加工作业 $O_{i(j)}$ 的机器。在进行下一次作业之前，更新所选 AGV 和机器可用于下一次作业的时间和位置。重复进行以上操作，直到所有工序都解码完为止，可以确定 AGV 分配编码和机器选择编码，具体的解码步骤如下。

步骤 1：初始化 OSC，遍历 OSC 的每道工序 $O_{i(j)}$，进行机器选择和 AGV 的分配。

步骤 2：获取每辆 AGV 的可用时间 $T(v,q)$ 和位置 $L(v,M_{k'})$ 以及每台机器 M_k

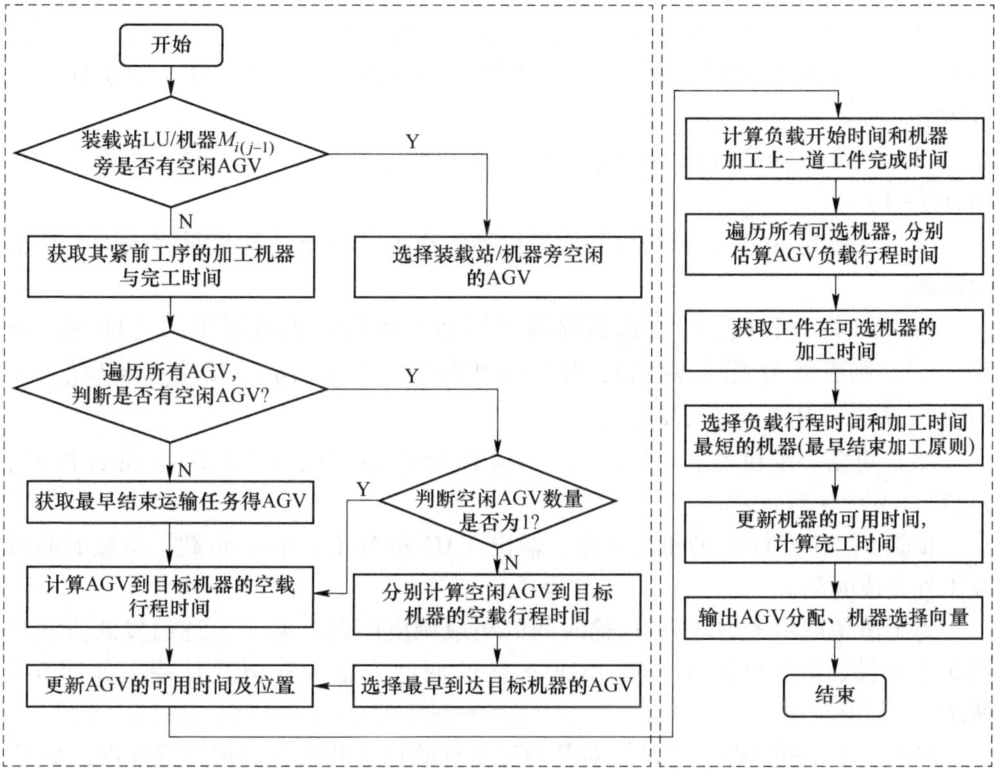

图 5-3 基于提前调度的机器与 AGV 集成调度启发式策略流程图

的可用时间。

步骤 3：判断工序 $O_{i(j)}$ 是否为工件 i 的第一道工序。若是，跳转步骤（1）；否则，跳转步骤 4。

（1）判断装载区域（LU）内是否有 AGV，若有，则选择装载区内 AGV 搬运该工件（AGV 空载运输时间 $ET_{M_k}^{LU}=0$）；否则，遍历所有 AGV，选择到达装载区域 LU 空载时间最短的 AGV 运输该工件。

（2）确定搬运工序的 AGV 后，在满足 AGV 资源约束和加工机器约束的条件下选择最早完成加工的机器（$M_{i(1)}=M_k$）。

（3）计算车辆 A_v 从装载区负载出发的时间：$LT_{(v,q)}^{s}=T(v,q)+ET_{M_k}^{LU}$

（4）更新 AGV 的可用时间和位置：

$$T^*(v,q)=LT_{(v,q)}^{s}+ET_{LU}^{M_{i(1)}},L^*(v,M_k)=L(v,M_{i(1)})$$

（5）更新分配机器的可用时间，计算作业完成时间：

$$T^{e}(k,i1)=\max\{T(v^*,q),T(m,p)\}+T(k,i1)$$

步骤 4：获得该工序上一道工序 $O_{i(j-1)}$ 的完工时间 $T^{e}(k,i(j-1))$ 及加机

器 $M_{i(j-1)}$。

(1) 判断该工件紧前工序的机器缓冲区是否有空闲的 AGV，若存在空闲的 AGV，选择该 AGV 进行运输该工件；否则，选择最早到达机器 $M_{i(j-1)}$ 的 AGV 进行运输。

(2) 计算车辆离开机器 $M_{i(j-1)}$ 的时间：$LT^{s}_{(v,q)} = \max\{T(v,q) + ET^{M_{i(j-1)}}_{M_k}, T^{e}[k,i(j-1)]\}$。

(3) 在满足 AGV 资源约束和加工机器约束的条件下选择最早完成 $O_{i(j)}$ 加工的机器。

(4) 如果工序 $O_{i(j)}$ 的可选机器与其紧前工序的加工机器不同 [即 $M_{i(j)} \neq M_{i(j-1)}$]，则更新分配车辆的可用时间和位置：$T^{*}(v,q) = LT^{e}_{(v,q)} = LT^{s}_{(v,q)} + ET^{M_{i(j)}}_{M_{i(j-1)}}, L^{*}(v,M_k) = L(v,M_{i(j)})$。

(5) 更新分配机器的可用时间，计算作业完成时间：$T^{e}(k,ij) = \max\{T(v^{*},q), T(m,p)\} + T(k,ij)$。

步骤 5：遍历 OSC 的每道工序，输出 VAC 和 MSC、AGV 负载、空载时间以及工件完成时间。

为了清楚展示考虑 AGV 运输时间的集成调度问题，基于上述启发式方法求解 5 个工件、8 台机器和 3 辆 AGV 运输的调度方案，其调度甘特图如图 5-4 所示。

以图 5-4 中的 AGV_1 为例，对其搬运工件的加工和搬运过程进行分析，AGV_1 的运输过程：从装载站（LU）装载工件 J_2 后，负载行驶至机器 M_2，卸下工件后空载至 LU（装载工件 J_1），然后负载行驶至 M_1，然后在机器 M_1 的缓冲区等待工序 O_{11} 完成加工后装载 J_1，负载行驶至 M_2 缓冲区等待，工序 O_{21} 加工完毕后由 A_1 负载运至机器 M_5，在 M_5 缓冲区等待工序 O_{22} 加工完成，继续装载工件 J_2 负载行驶至机器 M_4，在 M_4 缓冲区待工序 O_{23} 加工完毕，装载工件 J_2 负载行驶至成品处（LU）。

5.3.2 双自适应步长控制权重策略

5.3.2.1 双步长控制因子策略

针对 SSA 在迭代过程中存在收敛速度慢，容易陷入局部最优的缺点，通过在领导者的位置更新公式中加入两个关键步长控制因子 ω_1 和 ω_2，在一定程度上增强了 SSA 的全局搜索能力。引入双步长控制因子领导者位置更新公式如式（5-31）所示：

$$x_j^1(t) = \begin{cases} \omega_1 \times F_j + c_1[(ub_j - lb_j)c_2 + lb_j], & c_3 \geq 0.5 \\ \omega_2 \times F_j - c_1[(ub_j - lb_j)c_2 + lb_j], & c_3 < 0.5 \end{cases} \tag{5-31}$$

式中，F_j 为第 j 维食物源位置；ω_1 作用于算法的前半部分以提高算法的全局搜索

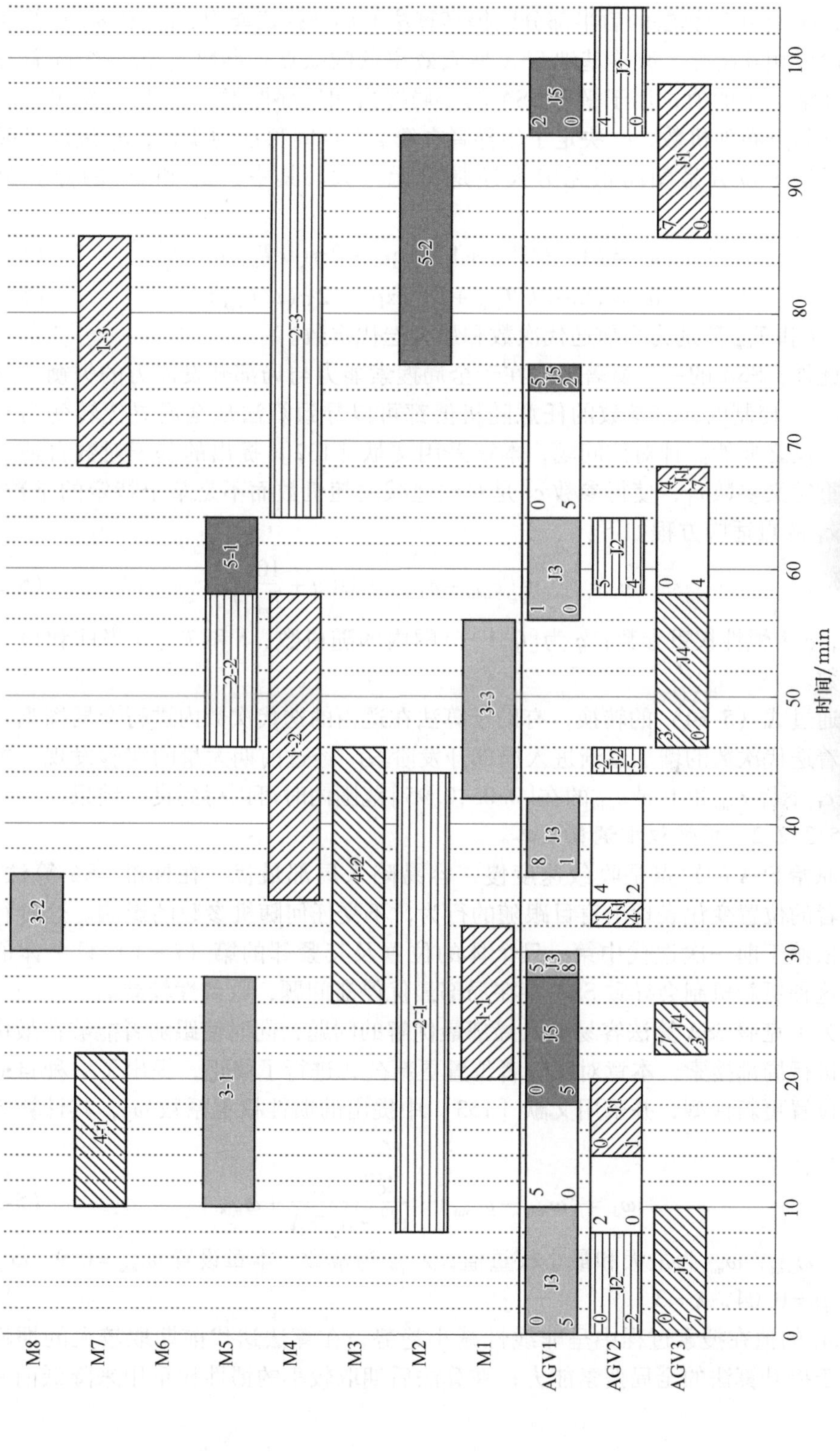

图 5-4 8×5 实例调度方案的甘特图

范围，ω_2 作用于算法的后半部分以提高算法的局部搜索能力，ω_1 和 ω_2 在算法的整个阶段相互配合，改善基础 SSA 搜索效率低的缺点；参数 c_1 为一个随着算法迭代逐渐减小的值，用于平衡 SSA 的全局搜索和局部搜索；c_2 和 c_3 为(0，1)区间上均匀分布随机数，c_2 决定了领导者在第 j 维空间移动的步长，c_3 决定了领导者的下一个位置是朝向正无穷大还是负无穷大。其中，ω_1 和 ω_2 的计算公式如下：

$$\omega_1 = (1 - t/T_{max} + 1)^2 \exp[-2\pi(t/T_{max})] \tag{5-32}$$

$$\omega_2 = (2 - 2t/T_{max} + 1)^2 \exp[-2\pi(t/T_{max})] \tag{5-33}$$

式中，t 和 T_{max} 分别为当前迭代次数和最大迭代次数。

此外，SSA 的一个显著缺陷在于全局搜索能力与局部开发能力的失衡。这是由参数 c_1 控制的，该参数的任意随机值都可以导致算法从全局寻优转变为局部搜索，反之亦然。针对该问题，本章采用文献［132］提出的基于对数自适应惯性权重定义参数 c_1，使得参数 c_1 是对数递减的随机数而不是某个特定的常数值。参数 c_1 的自适应方程如下：

$$c_1 = c_{max} + (c_{min} - c_{max}) \cdot \lg\left(q + \frac{10t}{T_{max}}\right) \tag{5-34}$$

式中，c 为惯性权重参数；q 为[0,1]范围内的随机数；t 和 T_{max} 为当前和最大迭代次数。

通过式（5-34）的转换，有助于算法在适当的迭代次数内进行全局探索，然后随着迭代次数的增加逐渐进入局部开发阶段。经过前期大量的实验发现，控制参数 c_1 下界 c_{min} 和上界 c_{min} 的在[0.05,0.95]范围内时可以得到良好结果。

5.3.2.2　惯性权重调整策略

原始 SSA 的缺点是收敛速度慢，容易陷入局部最优。在标准 SSA 算法中，跟随者的位置变化表现出盲目跟随的行为，不受任何随机参数的影响。这种行为完全依赖于前一次迭代中第 i 只个体的位置及其紧邻的第（$i-1$）只个体的影响，这种更新机制会导致 SSA 存在局部最优停滞问题，收敛性较差。

为了克服 SSA 算法容易陷入局部最优解的问题，同时使跟随者能够在最优解附近进行局部搜索，本章对跟随者位置更新公式进行了修正，提出了一种自适应惯性位置更新模型，并采用文献［133］中提出的惯性权重系数 ω_3，其计算方式如下：

$$\omega_3 = (\omega_{max} - \omega_{min}) \cdot \frac{e^{10} - \mu t}{e^{10} - \mu t + \lambda} + \omega_{min} \tag{5-35}$$

式中，ω_{max}，ω_{min} 为最大和最小权重值；λ，μ 为常数，本章设置 $\omega_{max}=0.9$，$\omega_{min}=0.2$，$\mu=0.04$，$\lambda=3$。

ω_3 的值在搜索过程中呈非线性减小趋势，在算法迭代前期取较大的惯性权重用于提升算法的全局搜索能力；在算法后期取较小的惯性权重用来降低前一个跟随者对后一个跟随者的影响，有助于提高算法的局部探索能力，引入惯性权重调整策略的跟随者位置更新表达式为：

$$x_j^i(t)=\frac{1}{2}[x_j^i(t-1)+\omega_3 x_j^{i-1}(t-1)] \tag{5-36}$$

5.3.3 基于差分变异和交叉扰动的编码机制

鉴于遗传算法具备较优的全局搜索能力，而基于差分的变异和交叉操作降低了操作的复杂性，差分进化算法也被王子实等[134]应用于求解 FMS 中机器与多载 AGV 调度。为提高 SSA 算法的全局搜索能力，引入差分变异的思想并融合变异和交叉算子对原始 SSA 算法进行了改进，如式（5-37）所示：

$$X_i^{t+1}=p_m\otimes F_1(X_i^t)+p_c\otimes F_2(V_i^t,X_i^t)+F_3[f(U_i^t),f(X_i^t)] \tag{5-37}$$

式中，p_m 为变异概率；F_1 为变异操作；目标个体 X_i^t 经过变异操作得到变异个体 V_i^t；p_c 为交叉概率；F_2 为交叉操作；变异个体 V_i^t 通过与目标个体 X_i^t 进行交叉得到实验个体 U_i^t；$f(U_i^t)$，$f(X_i^t)$ 分别为试验个体与目标个体的适应度；F_3 表示选择操作，通过判断 $f(U_i^t)$，$f(X_i^t)$ 的适应度大小，选择适应度较高的个体进入下一代。

根据上文三层编码的特点，对工序、AGV 和机器编码分别执行变异操作。

（1）对工序排序编码，采用 IPOX[135] 交叉算子，具体方式如图 5-5 所示。首先，随机将工件集 J_i 分为两个非空互补子集 S_1 和 S_2；其次将 P_1 中包含在 S_1 中的工件复制到 C_1 的相同位置，将 P_2 中包含在 S_2 中的工件按照原来的顺序复制到 C_1；最后将 P_1 中包含在 S_1 中的工件按照原顺序复制到 C_2 中，P_2 中包含在 S_2 中的工件复制到 C_2 的相同位置。

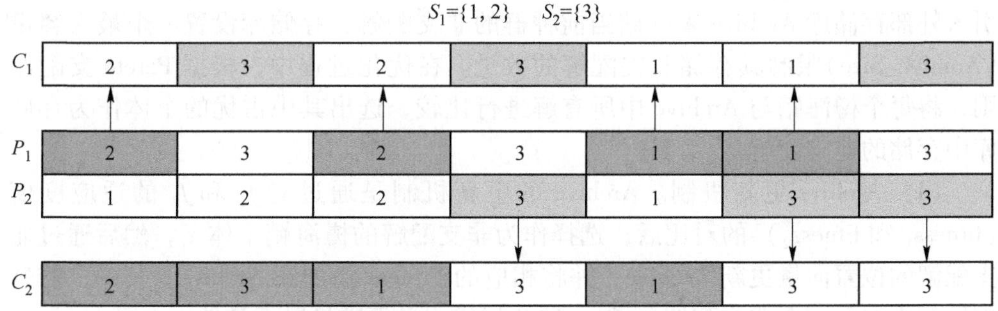

图 5-5　IPOX 交叉算子过程示意图

（2）对 AGV 分配编码，采用两点交叉操作，对于选定的两个父代，随机生成两个交叉点，交换所设定的两个交叉点之间的父代编码中对应的 AGV 编号。

（3）对机器选择编码，采用 MPX[136] 交叉算子，具体过程如图 5-6 所示。首先，生成一个由 0 和 1 组成的，长度等于父代编码的随机集合 M。然后，将 P_1 中与 M 中对应 1 位置的机器序号复制到 C_2 的相同位置；将 P_2 中与 M 中对应 1 的位置的机器序号复制到 C_1 中；最后分别保留 P_1 和 P_2 中的其他机器序号到 C_1 和 C_2。

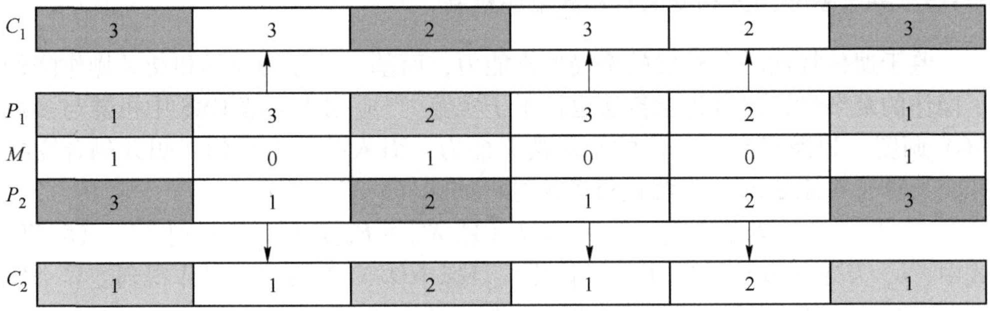

图 5-6　MPX 交叉算子过程示意图

5.3.4　外部存储库更新与选择机制

食物源对应的是绿色柔性制造车间集成调度模型中的适应度函数值，本章多目标优化模型求解的是最大完工时间和综合能耗的最小值，所以用相应的目标函数来确定群体中的个体的适合值，即适应度函数计算式如式（5-38）所示。

$$\text{Fitness} = \begin{cases} \text{fitness}_1 = f_1 \\ \text{fitness}_2 = f_2 \end{cases} \tag{5-38}$$

为了解决绿色柔性车间机器与 AGV 集成调度多目标优化问题，MOSSA 算法引入外部存储库 Archive 来存储当前种群的非支配解，存储库设置一个最大容量(Archive_Size)限制其存储非支配解的数量。在优化过程中，根据 Pareto 支配原则，将每个樽海鞘与 Archive 中所有解进行比较，选出其中占优的个体作为存储库中存储的非支配解。

（1）Archive 更新机制。Archive 的更新机制是通过对 f_1 和 f_2 的适应度值（fitness_1 和 fitness_2）的对比后，选择作为非支配解的樽海鞘个体 x_i，然后通过非支配解的位置向量更新 Archive，并将相应的 Fitness 添加到 Archive。其中，若外部储存库中的两个非支配解 x_i 和 x_j 彼此相邻，必须满足以下条件：

$$\begin{cases} |f_a(x_i) - f_a(x_j)| < H_a, \forall a \in n_{\max} \\ H_a = \dfrac{f_a^{\max} - f_a^{\min}}{\text{Archive\_Size}} \end{cases} \tag{5-39}$$

式中，f_a 为第 a 个目标函数的值；$n_{\max}$ 为目标函数的个数；H_a 为第 a 个目标函数的邻域解密度；$f_a^{\max}$，$f_a^{\min}$ 为当前 Archive 中第 a 个目标函数的最大值和最小值；Archive_Size 为在 Archive 中存储的非支配解的最大数量。

外部存储库更新规则如下：

1）如果新个体支配 Archive 中的一个或多个个体，则将新个体添加到 Archive 中，并删除由其支配的旧个体；

2）如果新个体被外部存储库中至少一个解所支配，则直接丢弃该个体；

3）如果一个樽海鞘与 Archive 中所有解相比是互相不支配的，则必须被添加到 Archive 中。以上规则可以保证 Archive 能够保存算法进化过程中得到的非支配解。

然而，当储存库充足时，即 Archive_Size 取得最大值，并且与储存库中的解相比，新的樽海鞘个体处于非支配地位，需要移除外部储存库中领域解数量较多的非支配解。首先将 Archive 中的个体按照领域解的数量进行排序，然后利用轮盘赌方法（roulette wheel selection，RWS）删除 Archive 中领域解密集度最大的一个解，再将此樽海鞘个体替换为存储库中的一个非支配解。

（2）食物源选择机制。由于 GISFJSPT & Multi-AGVs 搜索空间内存在多个最优解，最基本的方法是从 Archive 中随机选择食物源。然而，为了确保 Archive 中非支配解的多样性，通常会优先选择 Archive 中领域解密集程度最低的非支配解作为食物源。食物源选择过程与外部储存库更新机制中使用相同的排序方法和轮盘赌选择下一代领导者追求的食物源个体。在储存库更新机制中，相邻解的个数越多，即邻域解密集程度高的解，将其从储存库中移除的概率越高。相比之下，在食物源选择机制中，当相邻解的数量较少（即邻域解的密集程度较低）时，被选为食物源的概率更高。

以图 5-7 为例，在 Archive 更新机制中，最上方领域解密度最高的非支配解

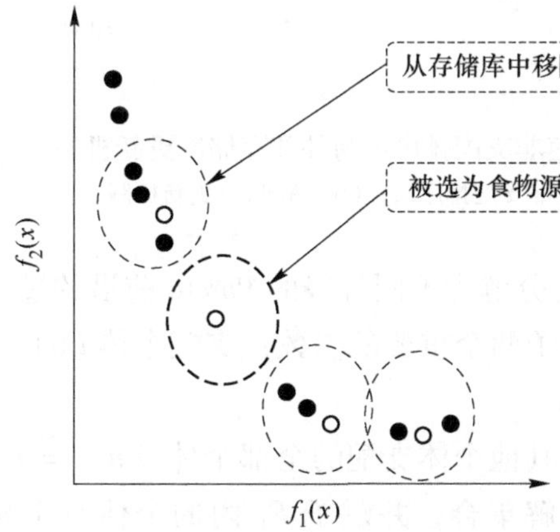

图 5-7 外部存储库满时的更新机制

被移除的概率最大，中间没有领域解的非支配解被选为食物源的概率最高。外部储存库择优策略使算法搜索过程向帕累托最优前沿的领域解稀疏区域进化，从而保证了当前种群个体最大限度上覆盖整个解空间并且均匀分布。

5.3.5 基于快速非支配排序构造 Pareto 解

对于 GISFJSPT & Multi-AGVs 多目标优化问题，在 IMOSSA 外部存储库更新选择机制中，结合快速非支配排序和计算拥挤度构造进化种群的非支配解集[137]并存入外部存储库中，从而找到 Pareto 最优解，即所求的多目标优化问题的最优解。

外部存储库更新机制能够确保当前种群个体尽可能地覆盖整个解空间[138]，从而在维护种群多样性和分布性方面具有较大的优势。结合基于 Pareto 支配的快速非支配排序法，能够使种群快速达到 Pareto 前端并保持解空间均匀分布。快速非支配排序法如图 5-8 所示。从图 5-8(a)中可以看出，P_1 和 P_2 两个解因受到其他解的支配而被删除；如图 5-8(b)所示，如果利用外部储存库更新机制，则 P_5 因为领域解密度较大而被删除。

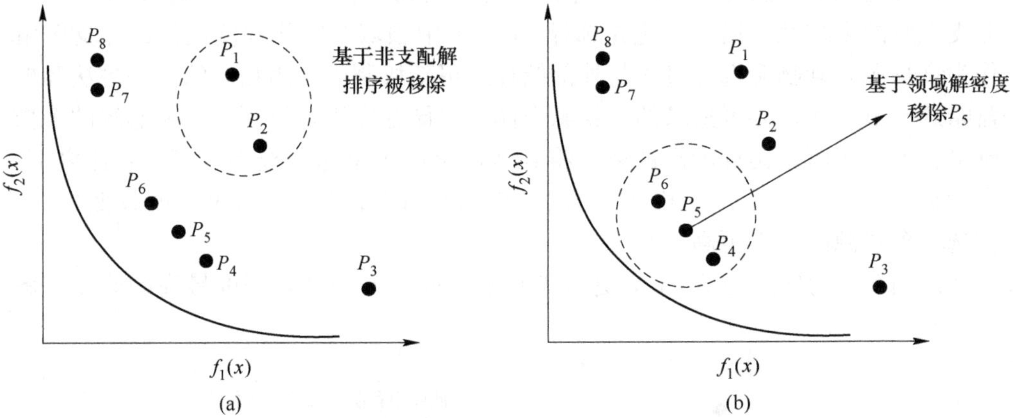

图 5-8　快速非支配排序法与外部存储库更新机制

(a) 快速非支配排序法；(b) Archive 更新机制

快速非支配排序是将解集分解为不同等级的 Pareto 前沿的过程，步骤如下：

步骤 1：给每一个个体赋予两个重要的参数：支配个体 i 的解数量 $n_{(i)}$ 以及被其所支配的解集 S_i；

步骤 2：将群体中没有被其他个体支配的全部个体［$n_{(i)}=0$］归入当前集合 F_1，将 F_1 作为第一级非支配解集合，并赋予 F_1 内的个体一个相同的非支配序（i_{rank}）；

步骤3：对于 F_1 中的个体，遍历每一个解 i 所支配的解集 S_i，将其中的每个支配个体 i 的 $n_{(i)}$ 减去1，并将［$n_{(i)}-1=0$］的个体归入集合 F_2；

步骤4：对集合 F_2 重复上述操作并赋予相应的 i_{rank}，直到解集中所有个体都被归入某一集合 F_i。

利用快速非支配排序确定种群个体的非支配等级后，对于同一等级的个体，可以通过目标函数值进一步计算各非支配等级中个体的拥挤度，以维持种群的多样性。d_i 值越大，说明其个体优先级越高，具体步骤如下：

初始时将相同等级的个体拥挤度距离设置为0，然后根据目标函数对该等级的个体升序排列，令边界个体的拥挤距离为无穷，而同一层级中的其他个体 i 的拥挤度距离计算过程如式（5-40）所示。

$$d_i = \begin{cases} \sum_{b=1}^{q} \dfrac{F_b(i+1) - F_b(i-1)}{F_b^{\max} - F_b^{\min}}, & 2 \leqslant i \leqslant n_i - 1 \\ \infty, & i = 1, n_i \end{cases} \tag{5-40}$$

式中，d_i 为第 i 个个体的拥挤距离；q 为目标函数的数量；n_i 为个体 i 所在非支配等级上解的数量；$F_b^{\max}$，$F_b^{\min}$ 为个体 i 对应非支配等级上目标值的最大值与最小值。

5.3.6 变邻域搜索操作

借鉴文献［139］提出的变邻域搜索方法，将变邻域搜索的最大迭代次数设为 l_s，对 Archive 中非支配解的每维元素以 $1/D$ 的比例变异，如式（5-41）所示。

$$A_{l',j} = A_{l,j} + \varepsilon RK$$
$$K = \begin{cases} 1, r < 1/D \\ 0, r > 1/D \end{cases} \tag{5-41}$$

式中，$A_{l,j}$为 Archive 中第 l 个个体位置的第 j 维变量；$A_{l',j}$为变异操作后第1个个体位置的第 j 维变量；ε 经过测试取 $\varepsilon=0.01$；R 为遵循标准正态分布的随机数；r 为介于[0,1]区间内的随机数。

若变异后的新个体 $A_{l'}$ 支配 A_l，则放弃原个体 A_l，保留 $A_{l'}$ 并将其存入 Archive 中，否则舍弃 $A_{l'}$，继续进行变邻域搜索操作，直至达到最大搜索次数。

5.3.7 IMOSSA 流程

IMOSSA 的流程是基于 SSA 流程框架提出的，如图 5-9 所示。利用 IMOSSA 算法寻找帕累托前沿，得到绿色柔性制造车间机器与 AGV 集成调度问题优化结果的具体步骤如下：

步骤1：初始化参数，首先输入待加工工件信息、工序可选机器集合、加工

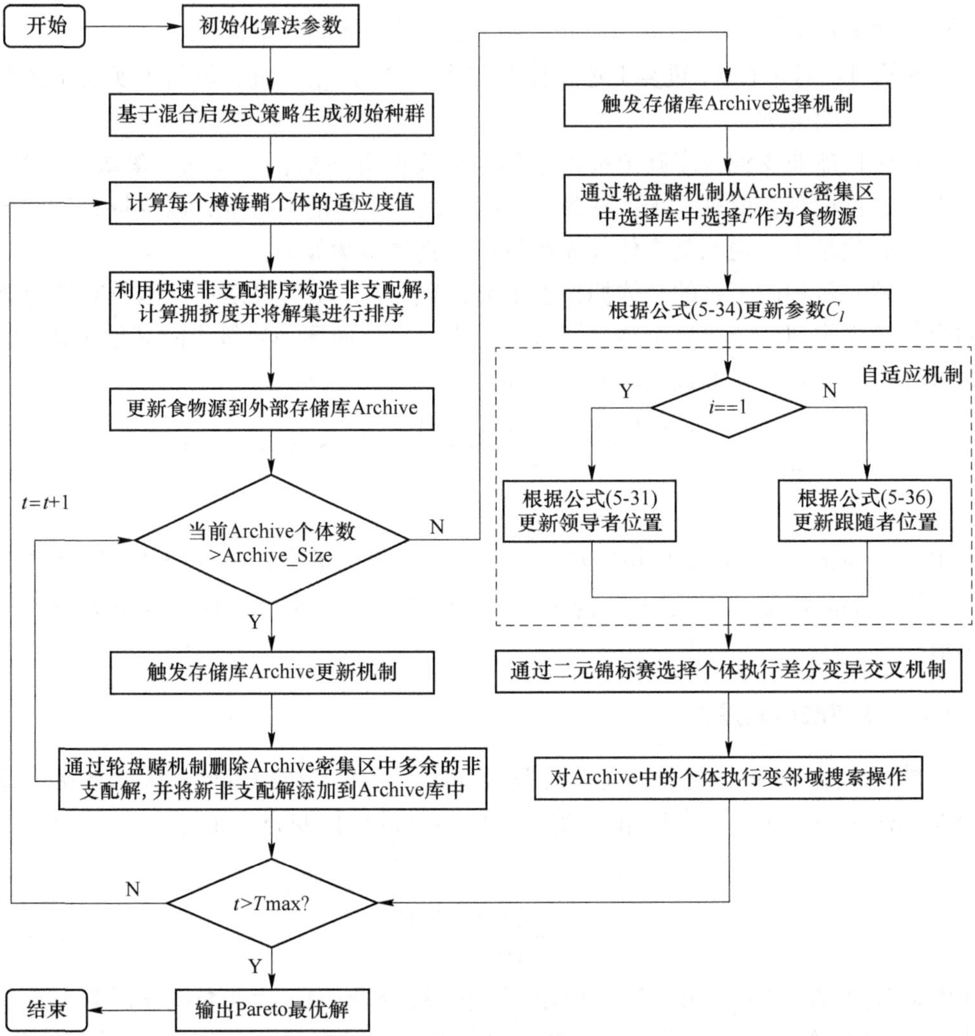

图 5-9　IMOSSA 算法流程图

时间、AGV 运输时间以及设备的额定功率、负载功率和 AGV 负载功率、空载功率和等待功率等信息。其次，设置问题维数 *Dim*、种群规模 *Pop*、外部存档规模 Archive_Size、优化目标个数 *Obj*、最大迭代次数 T_{max}、差分变异概率 P_m、交叉概率 P_c、变邻域搜索次数 l_s、AGV 数量 A、上下限 ub_j，lb_j 等算法参数。

步骤 2：初始化种群，使用混合初始化策略生成 *Pop* 个樽海鞘个体，并令 $t=1$。

步骤 3：对所有个体的适应度（$fitness_1$ 和 $fitness_2$）进行评价，采用快速非支配排序构造非支配解集，并对其进行拥挤度的计算，选择非支配个体存入外部储存库。

步骤4：根据新解与原非支配解的关系更新外部储存库。

步骤5：判断储存库中非支配解的数量是否超过 Archive_Size，如果满足，则判断每个非支配解邻域内其他解的密度，优先删除密度最大的个体。否则，在外部储存库稀疏区中，通过轮盘赌方法选择一个非支配解作为下一代领导者所要追求的食物源个体 F。

步骤6：根据改进的位置更新公式分别更新领导者和跟随者的位置，引入双步长控制系数和自适应参数分别对领导者和跟导者位置方式更新进行调整优化。

步骤7：通过二元锦标赛策略选择待变异个体，并执行基于差分变异和交叉扰动机制。

步骤8：对 Archive 中的每个个体执行变邻域搜索操作。

步骤9：判断算法是否达到最大迭代次数，若达到，则输出外部存储库 Pareto 解集，即柔性制造车间机器与 AGV 绿色集成调度的优化完工时间和综合能耗方案，否则转至步骤步骤3。

5.4 案 例 应 用

5.4.1 参数设置

为了确定 IMOSSA 最佳的参数组合，通过田口正交试验[140]进行调整算法参数。IMOSSA 有4个主要参数：种群规模、变领域搜索次数、变异概率、交叉概率，试验中涉及的方法的参数设置如表5-2所示。

表5-2 IMOSSA 算法参数因子水平设置

参数设置	因子水平			
种群规模	25	50	75	100
领域搜索次数	5	10	15	20
变异概率	0.6	0.7	0.8	0.9
交叉概率	0.1	0.3	0.5	0.7

为了研究算法参数对调度结果的影响，选取 Mk01 算例作为正交实验的算例。IMOSSA 独立运行20次，记录所得到的非支配解集，并通过 HV 值评价所得 Pareto 前沿的收敛性和非劣解的多样性。图5-10展示了 HV 值主效应图，HV 值越大代表该参数的取值越好。

基于以上分析，IMOSSA 的参数设置如下：种群大小为100，变领域搜索的次数为20，变异概率为0.7，交叉概率为0.5作为最佳的参数组合进行下文的算

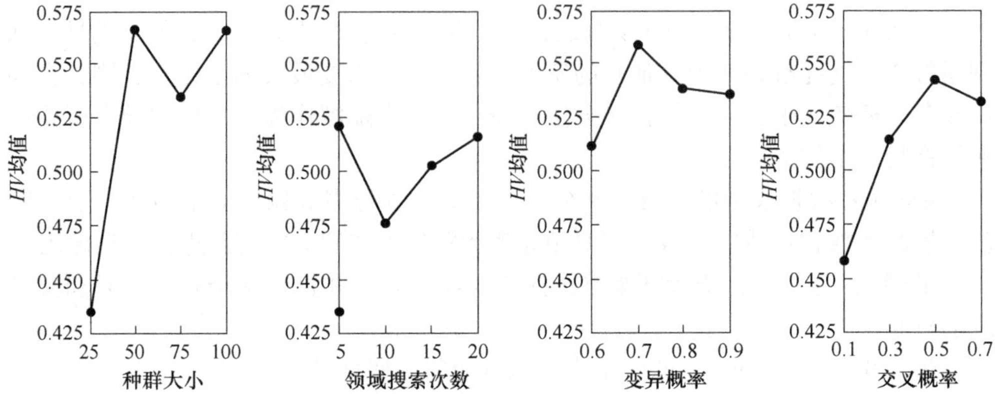

图 5-10　*HV* 值主效应图

法对比试验。另外，将算法其他相关参数设置如下：最大迭代次数 $T_{max}=100$，外部存储库容量 Archive_Size = 200。

5.4.2　案例描述

为深入地验证所建立的模型、IMOSSA 算法及其改进策略在实际车间环境中的实用性，本节采用 IMOSSA 算法求解实际考虑运输时间的柔性作业车间机器与 AGV 调度问题。该案例是一个 10 × 10 的柔性生产车间的带有 AGV 运输时间的 FJSP 问题[20]，共有 10 种作业类型，32 种作业需要在 10 台机床上进行加工。各机床之间有多台 AGV 用于搬运作业，一旦完成作业的操作，工件可以通过可用的 AGV 立即进行运输。AGV 的负载功率设定为 2.5 kW，空载功率为 1.5 kW，待机功率为 0.3 kW。AGV 在不同机器间的运输时间如表 5-3 所示，第一行和第一列表示机器编号。其中，LU 表示装卸区，零时刻所有工件都在装卸台等待 AGV 搬运。

表 5-3　AGV 在装载区和机器之间的行驶时间　　(min)

从/至	LU	M_1	M_2	M_3	M_4	M_5	M_6	M_7	M_8	M_9	M_{10}
LU	0	2	4	5.5	7	8	11	9.5	11	11	6.5
M_1	11	0	3	4.5	6	7	10	8.5	10	10	5.5
M_2	11	12	0	2.5	4	7	10	8.5	10	10	5.5
M_3	9.5	10.5	4.5	0	2.5	5.5	8.5	7	8.5	8.5	4
M_4	11	12	6	4.5	0	4	7	8.5	10	10	9.5
M_5	8	9	11	9.5	11	0	4	5.5	7	7	6.5
M_6	7	8	10	8.5	10	11	0	2.5	4	6	5.5

续表 5-3

从/至	LU	M_1	M_2	M_3	M_4	M_5	M_6	M_7	M_8	M_9	M_{10}
M_7	5.5	6.5	8.5	7	8	9.5	4.5	0	2.5	4.5	4
M_8	8	5	7	8.5	10	11	6	4.5	0	3	5.5
M_9	2	3	5	6.5	8	9	12	10.5	12	0	7.5
M_{10}	6.5	7.5	5.5	4	5.5	6.5	5.5	4	5.5	5.5	0

表 5-4 详细说明了车间每个工件的工序数、可选机器、加工时间以及每台机器的相关功率信息。其中，“—”表示该工序不能在此机器上完成。

表 5-4 柔性作业车间零件加工时间表

工件	工序	加工时间单位/min									
		M_1	M_2	M_3	M_4	M_5	M_6	M_7	M_8	M_9	M_{10}
J_1	O_{11}	18	20	40	—	—	—	45	—	—	—
	O_{12}	—	—	—	—	—	—	—	—	20	14
	O_{13}	17	20	30	—	—	—	28	—	—	—
J_2	O_{21}	12	10	20	—	—	—	15	—	—	—
	O_{22}	15	20	—	—	—	—	—	30	—	—
	O_{23}	—	—	—	—	—	—	—	—	20	25
J_3	O_{31}	30	33	40	—	—	—	40	—	—	—
	O_{32}	—	—	—	—	—	—	—	—	20	25
J_4	O_{41}	11	10	10	—	—	—	25	—	—	—
	O_{42}	—	—	—	—	—	—	—	—	15	16
	O_{43}	15	17	29	—	—	—	30	—	—	—
	O_{44}	21	15	20	—	—	—	20	—	—	—
J_5	O_{51}	20	17	16	—	—	—	25	—	—	—
	O_{52}	—	—	—	—	—	—	—	—	20	20
	O_{53}	25	28	37	—	—	—	40	—	—	—
J_6	O_{61}	—	—	—	15	25	30	—	—	—	—
	O_{62}	—	—	—	25	20	30	—	—	—	—
	O_{63}	20	10	10	—	—	—	35	—	—	—
J_7	O_{71}	—	—	—	10	20	30	—	—	—	—
	O_{72}	—	—	—	15	15	20	—	—	—	—
	O_{73}	15	15	30	—	—	—	30	—	—	—
J_8	O_{81}	—	—	—	20	25	30	—	—	—	—
	O_{82}	15	20	30	—	—	—	40	—	—	—

续表 5-4

工件	工序	加工时间单位/min									
		M_1	M_2	M_3	M_4	M_5	M_6	M_7	M_8	M_9	M_{10}
J_9	O_{91}	—	—	—	—	18	23	—	—	—	—
	O_{92}	—	—	—	15	20	20	—	—	—	—
	O_{93}	5	5	7	—	—	—	11	—	—	—
	O_{94}	10	12	17	—	—	—	15	—	—	—
J_{10}	O_{101}	—	—	—	10	10	20	—	—	—	—
	O_{102}	—	—	—	15	10	25	—	—	—	—
	O_{103}	10	10	25	—	—	—	30	—	—	—
	O_{104}	20	15	30	—	—	—	40	—	—	—
	O_{105}	—	—	—	—	—	—	—	—	—	—
机器加工功率/kW		20	15	6	12	10	5.5	7.5	3	5.5	10
机器待机功率/kW		3.45	2.82	0.84	1.58	1.41	0.55	1.02	0.37	1.16	1.8

下面分别通过 IMOSSA 和对比算法 MOPSO、NSGA-Ⅱ、MOSSA 对上述柔性车间实际案例进行求解，IMOSSA 主要参数参照 5.4.1 节的设置，其他参数分别设定为：种群规模取 100，最大迭代次数取 500。图 5-11 是 4 种算法运行 10 次得到 Pareto 前沿图，即在完工时间、机器与 AGV 综合能耗两个维度上的 Pareto 非支配解集空间分布情况。

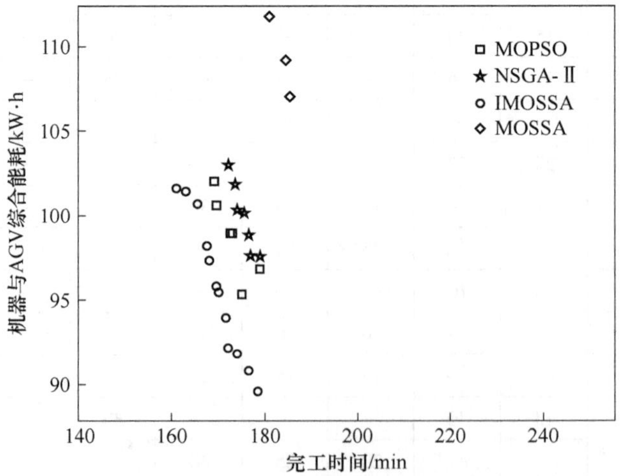

图 5-11　四种算法求解案例的 Pareto 最优解集

根据图 5-11 展示的四种算法得到案例的 Pareto 前沿分析可知，在相同的算法初始参数设置下，IMOSSA 算法所得到的 Pareto 前沿明显优于 MOSSA 算法。相比于 MOPSO 和 NSGA-Ⅱ所得到的 Pareto 前沿，IMOSSA 算法所找到的 Pareto 最优解数量更多，且非支配解集的分布更加均匀，验证了算法改进的有效性，以及在实际应用中的可行性。通过对四种算法求解案例的分析，得到的完工时间、机器与 AGV 综合能耗随迭代次数的进化曲线如图 5-12 所示。

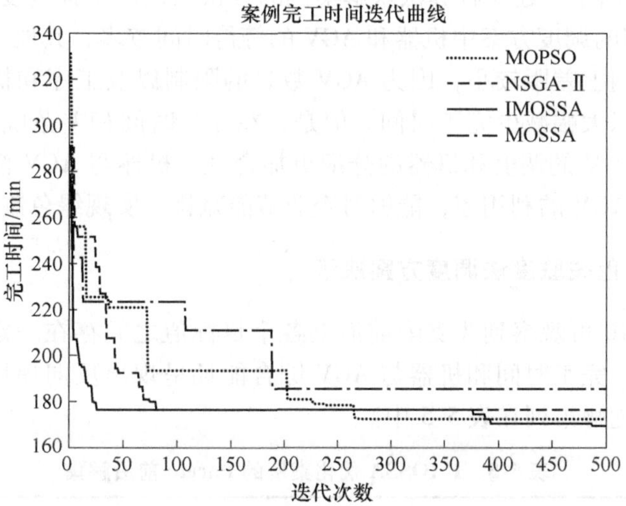

(a)

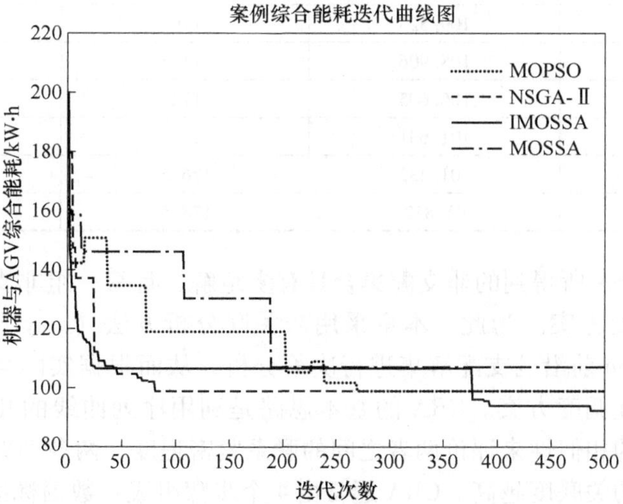

(b)

图 5-12　4 种对比算法下完工时间和能耗随迭代次数的进化轨迹

（a）完工时间收敛曲线图；（b）机器与 AGV 能耗收敛曲线

从算法收敛速度方面可以看出，在算法进化初期，IMOSSA 的搜索效率较高，尽管在进化中期，MOPSO 和 NSGA-Ⅱ的能耗略低于 IMOSSA，但所需的加工时间较长，且在进化后期容易陷入局部最优。相较之下，IMOSSA 在进化过程中表现出较强的跳出局部最优解的能力，通过在一定可接受范围内牺牲加工时间，以寻求机器与 AGV 能耗更低的调度结果，这对于实际生产过程中的生产计划安排以及降低车间运行成本是切实可行的。

图 5-13 给出了上述 4 种算法求解案例的甘特图，从 4 种调度方案可以看出，除 MOSSA 得到的调度方案中机器和 AGV 的等待时间较多，其他三种算法的调度方案在加工时间上差距较小，因为 AGV 数量的限制以及工序和机器加工时间的限制，导致难以大幅减少完工时间。但是，在完工时间相差范围不大的情况下，IMOSSA 对于 AGV 的调度和机器的分配更加合理，机器与 AGV 消耗的能耗相对较低，提高了 AGV 的利用率，能够对企业节能减排、实现绿色制造提供帮助。

5.4.3　基于灰色关联度法调度方案决策

根据图 5-10 可观察到非支配前沿上各个目标值之间存在一定的差异，在这些非支配解中，完工时间和机器与 AGV 综合能耗呈现出反向递增的关系，所得到的 Pareto 最优解集列在表 5-5 中。

表 5-5　IMOSSA 优化案例的 Pareto 前沿解集

非支配解集			
f_{Makespan}	f_{Energy}	f_{Makespan}	f_{Energy}
161	109.525	170	95.419
163	108.906	171.5	93.947
165.5	106.605	172	92.157
167.5	101.631	174	91.817
168	101.432	176.5	90.809
169.5	95.872	178.5	89.584

由于 IMOSSA 所得到的非支配集合具有多组解，且每一组非支配解都对应着一种可行的调度方案。为此，本章采用灰关联分析方法（gray relation analysis，GRA），对 Pareto 前沿的支配解集进行决策分析，从而根据实际生产需求，选取一个确定的最优调度方案。GRA 的基本思路是利用序列曲线的几何特征与理想最佳序列曲线的相似性来评价两者之间的联系紧密程度。两条曲线距离越近，说明相应序列间的关联度越高。GRA 通常由 4 个步骤组成：数据标准化、建立关联系数序列、计算灰色关联度和方案排序与分析。主要步骤如下：

（1）数据标准化。假设共有 n 个备选方案，m 个目标函数值，本章采用极值法将各个目标函数值的原始数据进行标准化处理，使得数据在相同的量纲下进行

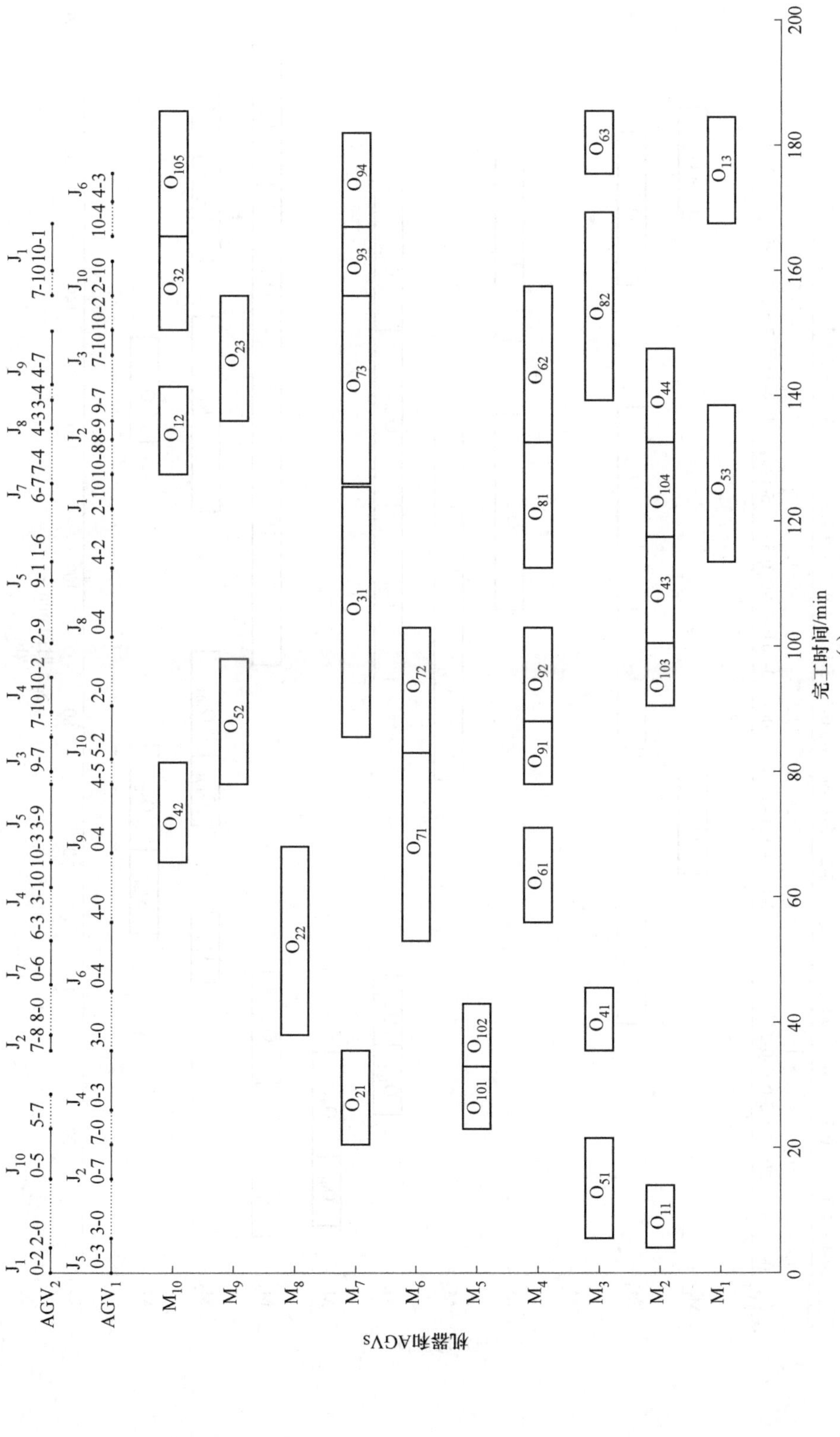
完工时间/min
机器和AGVs
AGV_2
AGV_1
M_{10}
M_9
M_8
M_7
M_6
M_5
M_4
M_3
M_2
M_1
0
20
40
60
80
100
120
140
160
180
200
O_{11} O_{12} O_{13}
O_{21} O_{22} O_{23}
O_{31} O_{32}
O_{41} O_{42} O_{43} O_{44}
O_{51} O_{52} O_{53}
O_{61} O_{62} O_{63}
O_{71} O_{72} O_{73}
O_{81} O_{82}
O_{91} O_{92} O_{93} O_{94}
O_{101} O_{102} O_{103} O_{104} O_{105}

(a)

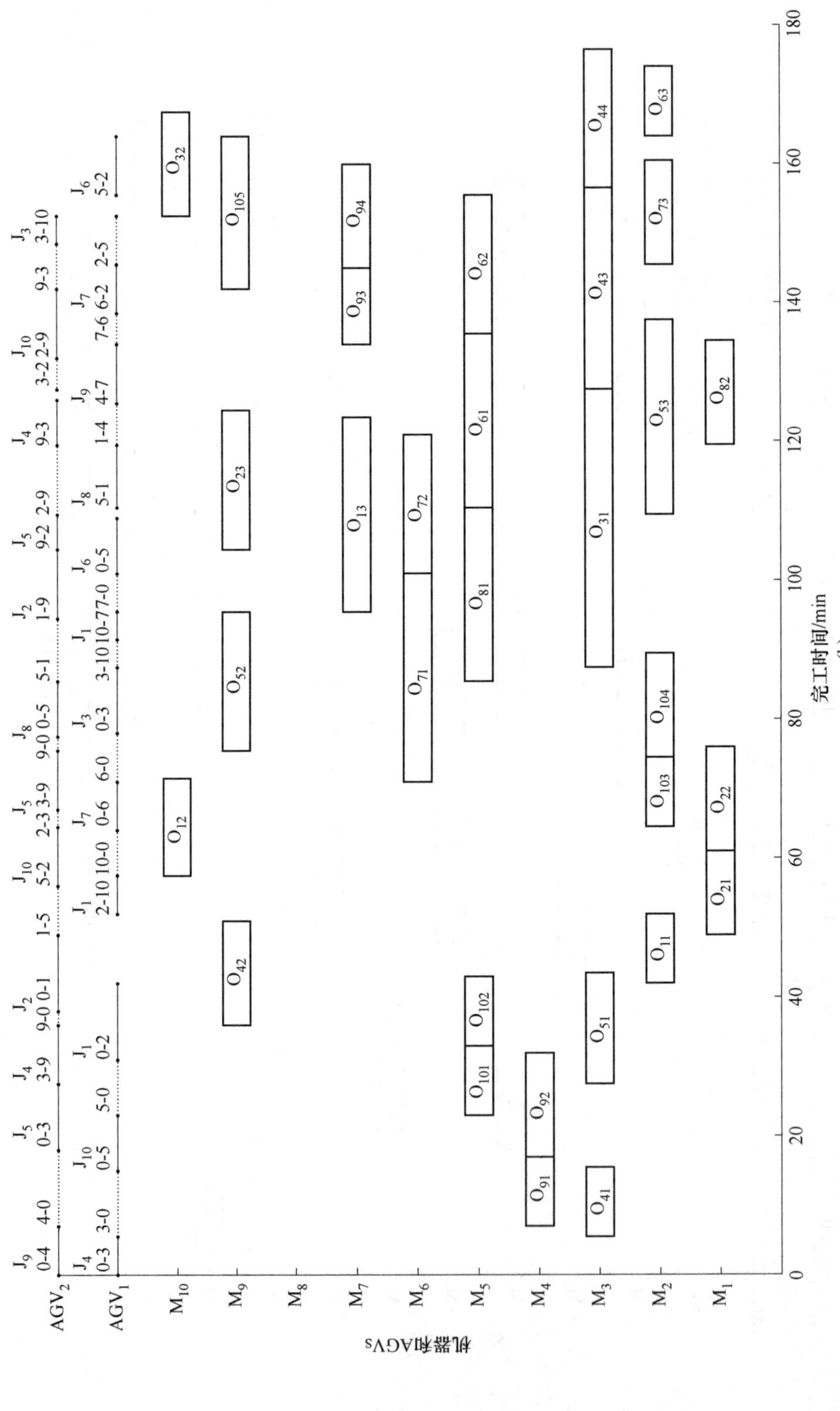

(b)

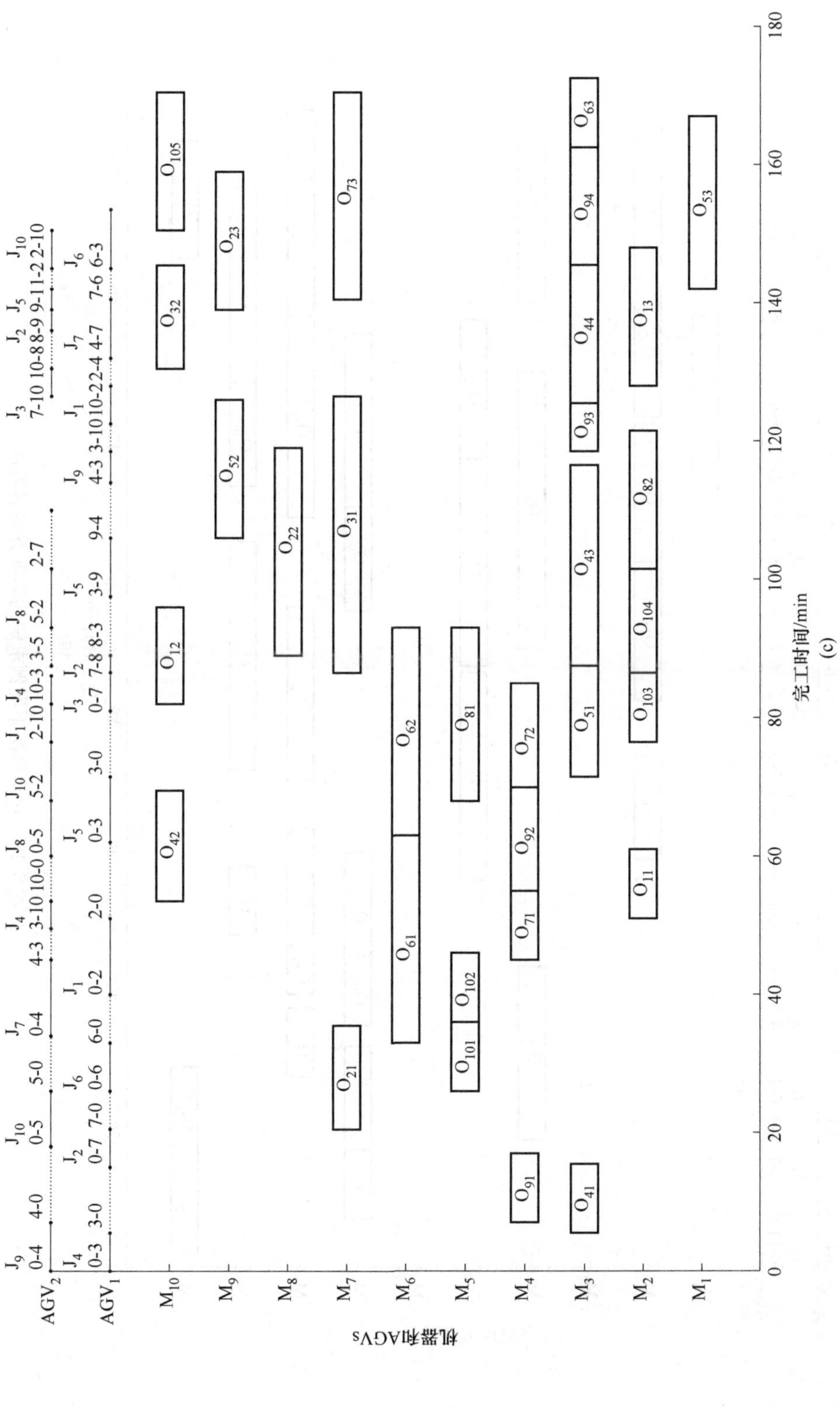

(c)

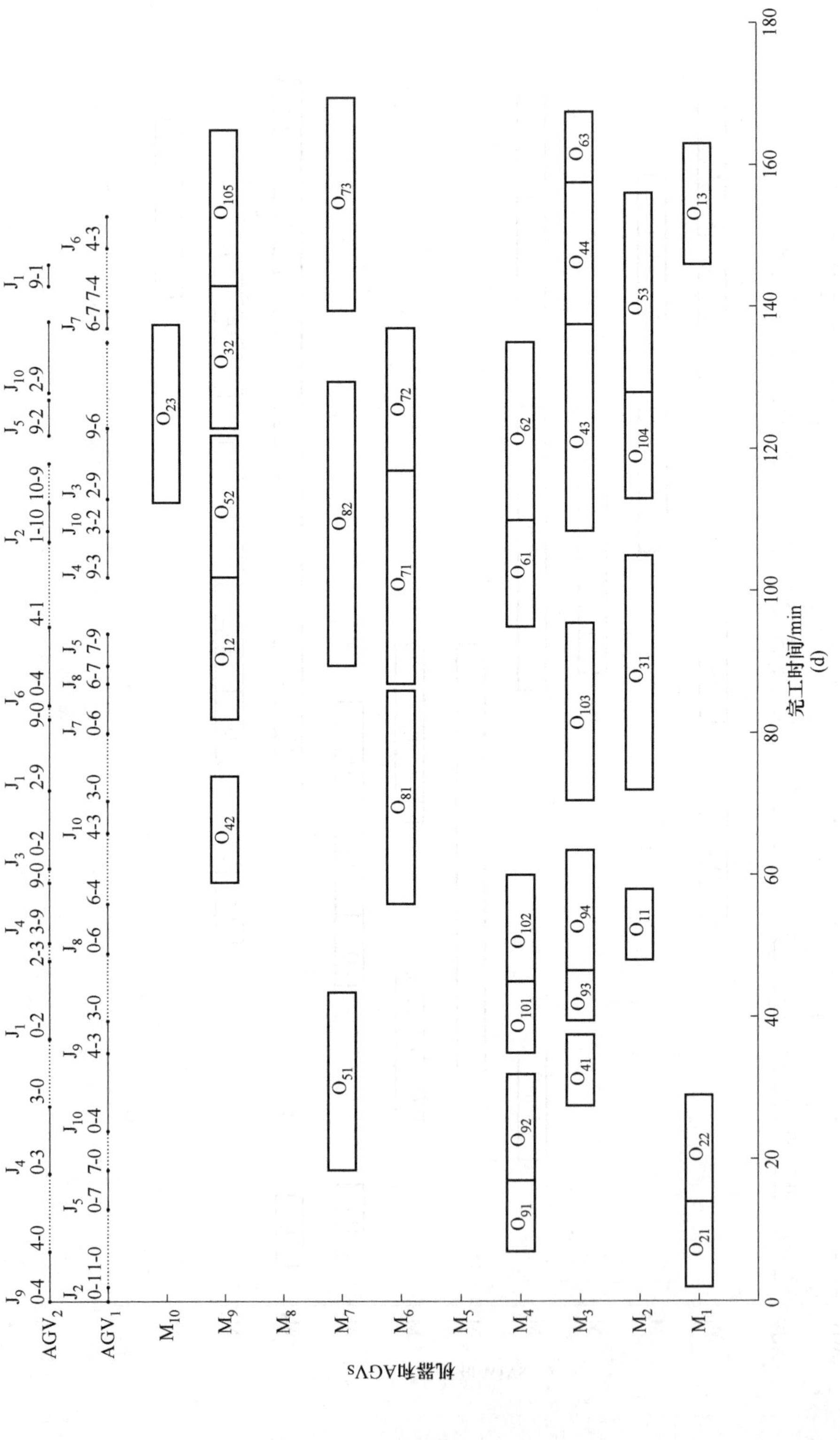

图 5-13　对比算法下案例求解的调度方案甘特图

（a）MOSSA 求解案例的调度方案甘特图；（b）NSGA-Ⅱ求解案例的调度方案甘特图；（c）MOPSO 求解案例的调度方案甘特图；（d）IMOSSA 求解案例的调度方案甘特图

比较，如式（5-42）所示。

$$\zeta_{i,j}=\frac{|f_{i,j}-f_j^*|}{f_j^*} \tag{5-42}$$

式中，$\zeta_{i,j}$为无量纲化处理后的目标值；$f_{i,j}$为第 i 个方案的第 j 个目标函数值；f_j^*为所有方案的第 j 个目标函数值的最优值。

（2）计算灰色关联系数 $\eta_{i,j}$。$\eta_{i,j}$代表$f_{i,j}$和期望值之间的关联程度，由式（5-43）计算。

$$\eta_{i,j}=\frac{\zeta_j^{\min}+\rho\cdot\zeta_j^{\max}}{\zeta_{i,j}+\rho\cdot\zeta_j^{\max}} \tag{5-43}$$

式中，$\zeta_j^{\min}$、$\zeta_j^{\max}$ 为所有非支配解是标准化处理后的最小值和最大值；$\rho\in(0,\infty)$，为灰色分辨系数，ρ 越小，分辨力越大，通常取 0.5 时分辨力最好。

（3）计算灰色关联度。根据 $\eta_{i,j}$计算得到每个目标的权重，再代入灰色关联系数矩阵计算灰色关联度，计算公式分别如下：

$$\overline{\lambda}_j=\frac{1}{n}\sum_{i=1}^{n}\eta_{i,j} \tag{5-44}$$

$$\lambda_j=\frac{\overline{\lambda}_j}{\sum_{j=1}^{m}\overline{\lambda}_j} \tag{5-45}$$

$$\omega_i=\sum_{j=1}^{m}n_{i,j}\lambda_j \tag{5-46}$$

式中，$\overline{\lambda}_j$ 为第 j 个目标的灰色关联系数均值；λ_j 为由关联系数计算得到的第 j 个目标的权重；ω_i 为灰色关联度，其值越大表示所代表的备选方案效果越好。

（4）方案排序与选择。根据表 5-5 中的 Pareto 前沿解集，然后通过 GRA 对 12 组备选方案解集进行决策，具体的计算过程如下：

$$f_{i,j}=\begin{bmatrix}161 & 109.525\\ 163 & 108.906\\ 165.5 & 106.605\\ 167.5 & 101.631\\ 168 & 101.432\\ 169.5 & 95.872\\ 170 & 95.419\\ 171.5 & 93.947\\ 172 & 92.157\\ 174 & 91.817\\ 176.5 & 90.809\\ 0.109 & 89.584\end{bmatrix}\quad \zeta=\begin{bmatrix}0.000 & 0.223\\ 0.012 & 0.216\\ 0.028 & 0.190\\ 0.040 & 0.134\\ 0.043 & 0.132\\ 0.053 & 0.070\\ 0.056 & 0.065\\ 0.065 & 0.049\\ 0.068 & 0.029\\ 0.081 & 0.025\\ 0.096 & 0.014\\ 0.109 & 0.000\end{bmatrix}\quad \eta=\begin{bmatrix}1.000 & 0.333\\ 0.814 & 0.340\\ 0.660 & 0.369\\ 0.574 & 0.453\\ 0.556 & 0.457\\ 0.507 & 0.613\\ 0.493 & 0.631\\ 0.455 & 0.696\\ 0.443 & 0.795\\ 0.402 & 0.817\\ 0.361 & 0.891\\ 0.333 & 1.000\end{bmatrix}$$

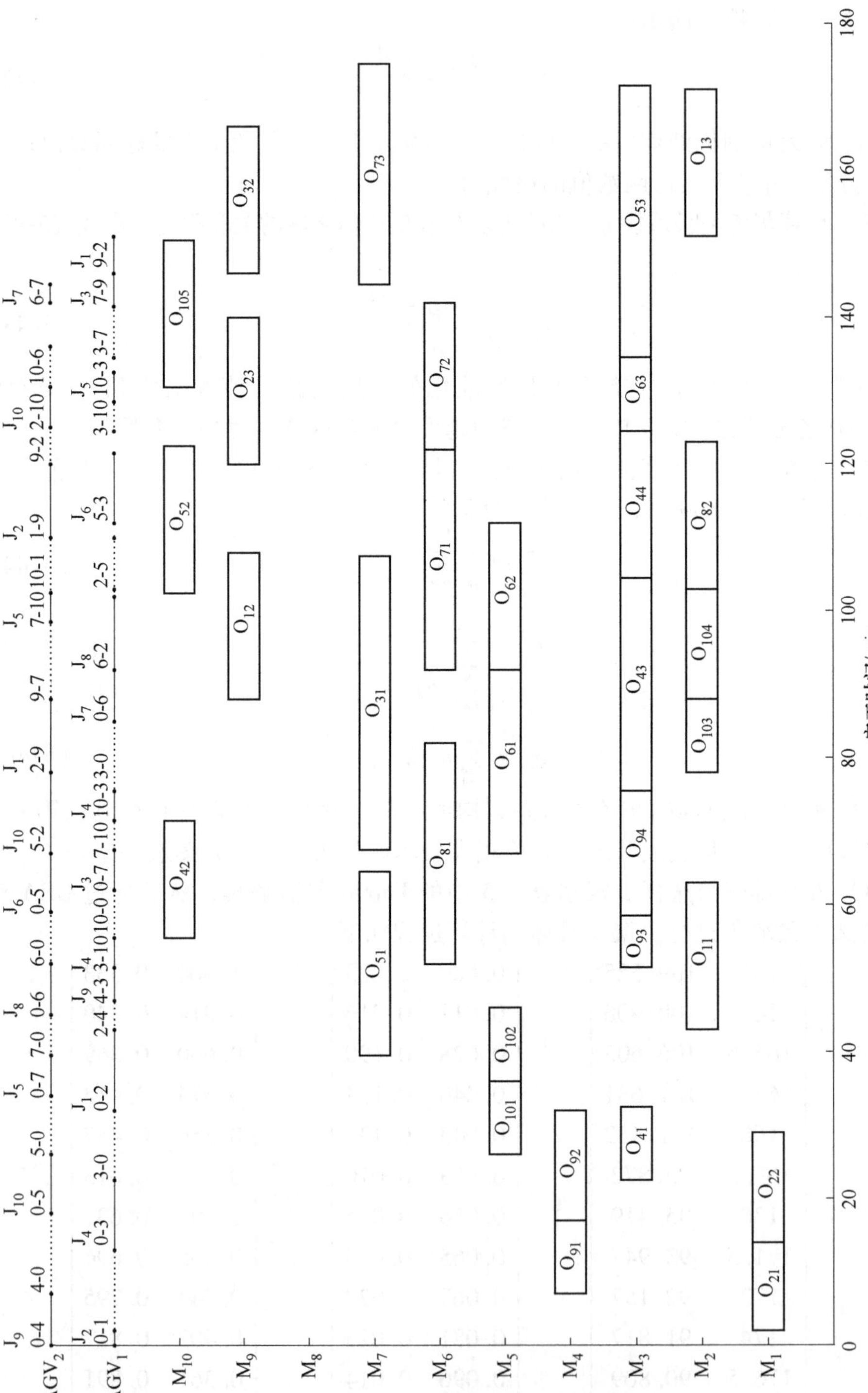

图 5-14　案例的最优调度方案甘特图

完工时间与综合能耗权重矩阵：$\lambda = [0.472 \quad 0.528]^T$

灰色关联度矩阵：

$$\omega = [0.648\ 0.564\ 0.507\ 0.510\ 0.503\ 0.563\ 0.566\ 0.582\ 0.629\ 0.621\ 0.641\ 0.686]$$

从 ω 中可以看出，第十二组非支配解的灰色关联度最大，相应的调度方案最大完成时间为 178.5 min，在完工时间范围内 AGV 与机器的总能量消耗达到了 89.584 kW · h，最佳的调度方案对应的甘特图如图 5-14 所示。

5.5 本章小结

本章研究了绿色柔性制造车间的机器与 AGV 集成调度多目标算法。在制造业中，由于工件运输在生产过程中占据了显著的比例，其能耗问题不容忽视。本章在柔性车间调度的基础上，针对车间生产过程的能耗问题，提出了一种多目标约束下的绿色柔性制造车间机器与 AGV 集成调度问题。首先，建立了一个混合整数规划模型，旨在平衡最大完工时间和机器与 AGV 的综合能耗两个目标。其次，为了解决这一多目标优化问题，设计了一种改进型多目标樽海鞘群优化算法，该算法通过快速非支配排序构造 Pareto 非支配解集，有效提升了算法的搜索效率。

6　结论与展望

随着经济和制造业的发展，国家对于生产型企业要求越来越严格，促使现代生产企业在经济下行趋势中尽量做到零库存以增强竞争力。在这样的大环境下，企业的生产与运输环节需紧密结合，以提高生产效率和快速响应客户需求，从而增强核心竞争力。全球500强制造型企业大多采用按单生产模式，根据客户订单直接生产并快速交付，避免库存和分销成本。本书聚焦于柔性作业车间，探讨智能和绿色车间的调度问题，这是应对未来挑战的关键。在推进“碳达峰，碳中和”工作和创建绿色发展型社会的背景下，绿色节能生产变得尤为重要。本书建立了柔性车间机器与AGV集成调度的多目标模型，设计改进智能优化算法对模型求解，以优化生产调度并推动制造业的可持续发展。

本书首先综述了车间调度问题的产生及发展、集成调度的必要性、绿色制造车间集成调度等内容，阐明了本书研究的目的、意义及主要研究内容。在此基础上，对车间调度问题类型及求解方法、集成调度的目标和研究方法、多目标调度问题的特性及多目标优化问题等进行了深入的研究。总结全书，得出以下结论：

（1）充分调研了关于柔性作业车间调度、绿色车间调度和智能车间调度等问题的研究现状，对其存在的不足之处，进行了总结分析。并对调度的描述方法进行总结，接着以优化调度为核心，综合考虑了时间优化、能耗优化、成本优化等，给出了绿色柔性作业车间调度问题的优化目标及求解方法。

（2）针对作业车间调度和运输时间的问题，提出了一个集成作业车间与运输协调的数学模型，并在此基础上对问题进行了求解。以最小化最大完成时间和最少成本为目的，考虑时间运输需求，对集成调度问题进行求解。并通过引入双自适应权重机制对飞蛾扑火算法进行改进，增强了算法的性能和收敛速度，改进后的算法具有更优的性能和更佳的平衡性。

（3）对柔性作业车间多目标调度的理论及求解方式进行研究，建立了一个总能耗、总成本和最大完工时间的三目标数学模型。并提出了混合贪婪退火的飞鼠搜索算法，通过对ISSA进行标准测试函数测试，验证了改进算法的可行性与有效性，具有重要现实意义。

（4）针对考虑运输资源的柔性车间调度问题特点，在FJSP的基础上增加了AGV的调度，建立了考虑一个或多个AGV组成的柔性作业车间集成调度模型，用于解决机器和多个AGV的联合调度问题。在机器与AGV单目标集成调度模型中，考虑了 AGV 的空载和负载状态，构建基于工序、机器和 AGV 资源共同约束的混合整数规划模型。

（5）在单目标优化模型的基础上，增加了机器和 AGV 综合能耗优化目标，建立了多目标约束下绿色柔性制造车间 AGV 与机器集成调度问题模型。对传统的 MOSSA 算法进行了若干改进，引入 HDSSA 的改进策略，提出一种改进型的多目标樽海鞘群优化算法；通过快速非支配排序和拥挤度计算的方法构造 Pareto 最优解集，并对 Archive 中的非支配个体进行变邻域搜索操作。

绿色智能制造车间集成调度优化是未来制造业面临的一大挑战，本书所探讨的集成调度模型是一种综合运用了计算机技术、优化算法、自动化技术和人工智能等多种高新技术的前沿研究方向。调度系统的设计和实施是一项涉及工程技术、操作管理、数据分析等多领域的系统工程，由于研究的深度和广度以及作者能力的限制，本书只涉及了一部分关键技术环节，很多方面有待深入研究与探讨。具体归纳如下：

（1）综合考虑不确定性和机器使用率的问题，同时，对于订单的灵活性因素，如订单变更和紧急插单等，也可以加入之后的研究内容，以提高调度系统的适应性和灵活性。

（2）对于车间调度的研究方法的采用，大多选择启发式算法或是种群智能算法，尽管已取得较优的结果，但是仍存在提升空间。未来可以考虑超启发式算法或更新颖的种群智能算法用于解决更加复杂维度更高的问题。

（3）目前从机器与 AGV 集成调度研究应用到实际制造业的作业车间过程中，应该更多关注与车间中其他设备、工具、人员等资源的结合；此外，在未来的研究中，期待更多的学者能够结合数字孪生、大数据、人工智能等前沿技术的发展，对各类制造企业的实际问题展开深入研究，为提高企业生产效率提供有益的建议与策略。

参考文献

[1] Driss I, Mouss K N, Laggoun A. A new genetic algorithm for flexible job-shop scheduling problems [J]. Journal of Mechanical Science and Technology, 2015, 29 (3): 1273-1281.

[2] Tavakkoli-Moghaddam R, Azarkish M, Sadeghnejad-Barkousaraie A. A new hybrid multi-objective Pareto archive PSO algorithm for a bi-objective job shop scheduling problem [J]. Expert Systems With Applications, 2011, 38 (9): 10812-10821.

[3] Niu S H, Ong S K, Nee A Y C. An improved intelligent water drops algorithm for solving multi-objective job shop scheduling [J]. Engineering Applications of Artificial Intelligence, 2013, 26 (10): 2431-2442.

[4] Caldeira R H, Gnanavelbabu A, Vaidyanathan T. An effective backtracking search algorithm for multi-objective flexible job shop scheduling considering new job arrivals and energy consumption [J]. Computers & Industrial Engineering, 2020, 149: 106863.

[5] Ahmadian M M, Salehipour A, Cheng T C E. A meta-heuristic to solve the just-in-time job-shop scheduling problem [J]. European Journal of Operational Research, 2021, 288 (1): 14-29.

[6] Álvarez-Gil N, Rosillo R, de la Fuente D, et al. A discrete firefly algorithm for solving the flexible job-shop scheduling problem in a make-to-order manufacturing system [J]. Central European Journal of Operations Research, 2021, 29 (4): 1353-1374.

[7] Valenzuela-Alcaraz V M, Cosío-León M A, Romero-Ocaño A D, et al. A cooperative coevolutionary algorithm approach to the no-wait job shop scheduling problem [J]. Expert Systems with Applications, 2022: 116498.

[8] Öner-Közen M, Minner S. Impact of priority sequencing decisions on on-time probability and expected tardiness of orders in make-to-order production systems with external due-dates [J]. European Journal of Operational Research, 2017, 263 (2): 524-539.

[9] Aboolian R, Berman O, Wang J. Responsive make-to-order supply chain network design [J]. Naval Research Logistics (NRL), 2021, 68 (2): 241-258.

[10] Firat M, De Meyere J, Martagan T, et al. Optimizing the workload of production units of a make-to-order manufacturing system [J]. Computers & Operations Research, 2022, 138: 105530.

[11] Prakash, Chandra, Barua M K. Integration of AHP-TOPSIS method for prioritizing the solutions of reverse logistics adoption to overcome its barriers under fuzzy environment [J]. Journal of Manufacturing Systems, 2015, 37: 599-615.

[12] 黄明，刘鹏飞，梁旭．不确定条件下的作业车间多目标调度模型及其遗传优化[J]．大连交通大学学报，2012，33 (1)：38-42.

[13] Gong G, Deng Q, Gong X, et al. A new double flexible job-shop scheduling problem integrating processing time, green production, and human factor indicators [J]. Journal of Cleaner Production, 2018, 174 (10): 560-576.

[14] Jiang T, Zhang C, Sun Q. Green job shop scheduling problem with discrete whale optimization algorithm [J]. Journal & Magazines, 2019, 7 (3): 43153-43166.

[15] Sun J, Zhang G, Lu J, et al. A hybrid many-objective evolutionary algorithm for flexible job-shop scheduling problem with transportation and setup times [J]. Computers & Operations Research, 2021, 132 (8): 105263.

[16] 陈文洲. 模糊分布式柔性作业车间调度优化[J]. 现代制造工程, 2022 (1): 10-18.

[17] Huang S, Lu M, Wan G. Integrated order selection and production scheduling under MTO strategy [J]. International Journal of Production Research, 2011, 49 (13): 4085-4101.

[18] 冯健. 基于约束理论的订单选取模型研究 [D]. 沈阳: 东北大学, 2008.

[19] Lu C, Gao L, Li X. Energy-efficient permutation flow shop scheduling problem using a hybrid multi objective backtracking search algorithm [J]. Journal of Cleaner Production, 2017, 144: 228-238.

[20] Dai M, Tang D, Giret A, et al. Multi-objective optimization for energy-efficient flexible job shop scheduling problem with transportation constraints [J]. Robotics and Computer Integrated Manufacturing, 2019, 59: 143-157.

[21] Karuppiah K, Sankaranarayanan B, Ali S M, et al. An integrated approach to modeling the barriers in implementing green manufacturing practices in SMEs [J]. Journal of Cleaner Production, 2020, 265: 121737.

[22] Belhadi A, Kamble S S, Zkik K, et al. The integrated effect of big data analytics, lean six sigma and green manufacturing on the environmental performance of manufacturing companies: The case of North Africa [J]. Journal of Cleaner Production, 2020, 252: 119903.

[23] Logesh B, Balaji M. Experimental investigations to deploy green manufacturing through reduction of waste using lean tools in electrical components manufacturing company [J]. International Journal of Precision Engineering and Manufacturing-Green Technology, 2021, 8: 365-374.

[24] 黄启斌, 熊曦, 宋婷婷, 等. 智能制造能力对制造型企业竞争优势的影响机制研究[J]. 经济问题, 2023 (3): 76-83.

[25] 李稚, 周双牛. 面向绿色智能制造的高维多目标动态作业车间调度优化[J]. 运筹与管理, 2023, 32 (1): 47-53.

[26] 谷城, 张树山. 智能制造何以实现企业绿色创新"增量提质"[J]. 产业经济研究, 2023 (1): 129-142.

[27] Liu Z C, Guo S S, Wang L. Integrated green scheduling optimization of flexible job shop and crane transportation considering comprehensive energy consumption [J]. Journal of cleaner production, 2019, 211: 765-786.

[28] 罗聪, 龚文引. 混合分解多目标进化算法求解绿色置换流水车间调度问题 [J/OL]. 控制与决策: 1-9. [2024-04-02]. https: //doi. org/10. 13195/j. kzyjc. 2022. 2145.

[29] 徐宜刚, 陈勇, 王宸, 等. 改进 NSGA-Ⅲ求解高维多目标绿色柔性作业车间调度问题 [J/OL]. 系统仿真学报: 1-14 [2023-12-04]. https://doi. org/10. 16182/j. issn1004731x. joss. 23-0694.

[30] 马训德, 毕利, 王俊杰. 基于离散冠状病毒群体免疫算法的多转速绿色柔性车间调度研究 [J/OL]. 系统仿真学报: 1-14. DOI: 10. 16182/j. issn1004731x. joss. 23-0896.

[31] 王静, 雷德明. 考虑批处理机的绿色模糊混合流水车间调度问题研究 [J/OL]. 控制与

决策：1-8［2024-04-02］. https：//doi. org/10. 13195/j. kzyjc. 2023. 0914.

［32］Tian Z，Jiang X，Liu W，et al. Dynamic energy-efficient scheduling of multi-variety and small batch flexible job-shop：a case study for the aerospace industry［J］. Computers and Industrial Engineering，2023，178：109111.

［33］Zhou B H，Zhang J H. An improved bi-objective salp swarm algorithm based on decomposition for green scheduling in flexible manufacturing cellular environments with multiple automated guided vehicles［J］. Soft Computing，2023，27（22）：16717-16740.

［34］袁志玲，袁逸萍，孙文磊，等．采用遗传算法的双资源柔性车间调度问题研究［J］．现代制造工程，2013（12）：21-25.

［35］高丽，周炳海，杨学良，等．基于多规则资源分配的柔性作业车间调度问题多目标集成优化方法［J］．上海交通大学学报，2015，49（8）：1191-1198，1204.

［36］Ramya G，Chandrasekaran M，Arulmozhi P. Optimization of production cost for integrating job shop scheduling with production resources［J］. Materials Today：Proceedings，2021，37：1839-1844.

［37］张守京，杜昊天，侯天天．求解多目标双资源柔性车间调度问题的改进 NSGA-Ⅱ算法［J］．机械科学与技术，2022，41（5）：771-778.

［38］熊福力，张杏，曹劲松，等．预制构件并行生产线资源配置与生产调度集成优化［J］．控制与决策，2022，37（9）：2399-2406.

［39］李惠，王熙，左治亚．多目标下航天产品生产车间柔性资源配置与调度集成优化［J/OL］．中国管理科学：1-10［2024-04-02］. https：//doi. org/10. 16381/j. cnki. issn1003-207x. 2021. 1831.

［40］卫晨昊，胡晓兵，张哲源，等．改进的樽海鞘群算法求解带设置操作员的混合流水车间调度问题［J］．计算机集成制造系统，2023（9）：1-21.

［41］Luo Q，Deng Q，Xie G，et al. A Pareto-based two-stage evolutionary algorithm for flexible job shop scheduling problem with worker cooperation flexibility［J］. Robotics and Computer-Integrated Manufacturing，2023，82：102534.

［42］Wang H，Sheng B，Lu Q，et al. A novel multi-objective optimization algorithm for the integrated scheduling of flexible job shops considering preventive maintenance activities and transportation processes［J］. Soft Computing，2021，25（4）：2863-2889.

［43］Reddy N S，Ramamurthy D V，Lalitha M P，et al. Integrated simultaneous scheduling of machines automated guided vehicles and tools in multi machine flexible manufacturing system using symbiotic organisms search algorithm［J］. Journal of Industrial and Production Engineering，2022（4）：317-339.

［44］李红霞．基于时间竞争的 MTO 企业交货期决策研究［D］．广州：广东工业大学，2012.

［45］Geismar H N，Laporte G，Lei L，Sriskandarajah C. The integrated production and transportation scheduling problem for a product with a short lifespan［J］. INFORMS Journal on Computing，2008，20（1）：21-33.

［46］Volling T，Spengler T S. Modeling and simulation of order-driven planning policies in build-to-order automobile production［J］. International Journal of Production Economics，2011，131

(1): 183-193.

[47] Low C, Li R, Chang C. Integrated scheduling of production and delivery with time windows [J]. International Journal of Production Research, 2013, 51 (3): 897-909.

[48] Cakici E, Mason S, Geismar N, et al. Scheduling parallel machines with single vehicle delivery [J]. Social Science Electronic Publishing, 2014, 20 (5): 511-537.

[49] Hassanzadeh A, Rasti-Barzoki M. Minimizing total resource consumption and total tardiness penalty in a resource allocation supply chain scheduling and vehicle routing problem [J]. Applied Soft Computing, 2017, 58 (10): 307-323.

[50] Noroozi A, Mazdeh M M, Heydari M, et al. Coordinating order acceptance and integrated production-distribution scheduling with batch delivery considering third party logistics distribution [J]. Journal of Manufacturing Systems, 2018, 46: 29-45.

[51] Gharaei A, Jolai F. A multi-agent approach to the integrated production scheduling and distribution problem in multi-factory supply chain [J]. Applied Soft Computing, 2018, 65 (4): 577-589.

[52] Izadi L, Ahmadizar F, Arkat J. A Hybrid genetic algorithm for integrated production and distribution scheduling problem with outsourcing allowed [J]. International Journal of Engineering, 2020, 33 (11): 2285-2298.

[53] Mohammadi S, Al-e-Hashem S M J M, Rekik Y. An integrated production scheduling and delivery route planning with multi-purpose machines: A case study from a furniture manufacturing company [J]. International Journal of Production Economics, 2020, 219: 347-359.

[54] Ali gharaei, Fariborz J. A combinatorial benders cut for the integrated production scheduling and distribution problem [J]. Journal of Quality Engineering and Production Optimization, 2020, 5 (1): 1-18.

[55] Yagmur E, Kesen S E. A memetic algorithm for joint production and distribution scheduling with due dates [J]. Computers & Industrial Engineering, 2020, 142 (4): 106342.

[56] Ganji M, Kazemipoor H, Molana S, et al. A green multi-objective integrated scheduling of production and distribution with heterogeneous fleet vehicle routing and time windows [J]. Journal of Cleaner Production, 2020, 259: 120824.

[57] Solina V, Mirabelli G. Integrated production-distribution scheduling with energy considerations for efficient food supply chains [J]. Procedia Computer Science, 2021, 180: 797-806.

[58] Liu P, Hendalianpour A, Razmi J, et al. A solution algorithm for integrated production-inventory-routing of perishable goods with transshipment and uncertain demand [J]. Complex & Intelligent Systems, 2021, 7 (3): 1349-1365.

[59] Raheleh M G, Fardin A, Hiwa F. Integrated hybrid flow shop scheduling and vehicle routing problem [J]. Journal of Industrial and Systems Engineering, 2021, 13 (2): 223-244.

[60] Li W, Han D, Gao L, et al. Integrated production and transportation scheduling method in hybrid flow shop [J]. Chinese Journal of Mechanical Engineering, 2022, 35 (1): 1-20.

[61] Tang L, Gong H. The coordination of transportation and batching scheduling [J]. Applied

Mathematical Modelling, 2009, 33 (10): 3854-3862.

[62] 梁春华，周泓，赵健．一种求解供应链环境下生产-配送问题的集成优化方法[J]. 控制与决策，2011，26 (1)：27-36.

[63] 刘玲，李昆鹏，刘志学．生产和运输协同调度问题的模型和算法[J]. 工业工程与管理，2016，21 (2)：86-91.

[64] Fu L, Ali M, Triki C. Integrated production scheduling and vehicle routing problem with job splitting and delivery time windows [J]. International Journal of Production Research, 2017, 55 (20): 5942-5957.

[65] 吴瑶，马祖军，郑斌．有新鲜度限制的易腐品生产-配送协同调度[J]. 计算机应用，2018，38 (4)：1181-1188.

[66] Dwa B, Jz B, Xw C, et al. Integrated production and multiple trips vehicle routing with time windows and uncertain travel times [J]. Computers & Operations Research, 2019, 103: 1-12.

[67] 霍思云．差异容量平行机环境下生产与运输集成调度算法研究 [D]. 合肥：安徽大学，2019.

[68] 吴倩云，谢乃明，邵雨婷．考虑时间窗和装载约束的装配线集成物流调度[J]. 计算机集成制造系统，2020，26 (3)：806-814.

[69] Ulusoy G, Bilge Ü. Simultaneous scheduling of machines and automated guided vehicles [J]. International Journal of Production Research, 1993, 31 (12): 2857-2873.

[70] 吴斌，丁钰超，Basri A. 自动导引车与机器集成调度问题研究现状[J]. 计算机工程与应用，2023，59 (6)：1-12.

[71] Saidi-Mehrabad M, Dehnavi-Arani S, Evazabadian F, et al. An ant colony algorithm for solving the new integrated model of job shop scheduling and conflict-free routing of AGVs [J]. Computers & Industrial Engineering, 2015, 86 (8): 2-13.

[72] 贺长征，宋豫川，雷琦，等．柔性作业车间多自动导引小车和机器的集成调度[J]. 中国机械工程，2019，30 (4)：438-447.

[73] 苑明海，李亚东，裴凤雀，等．智能制造车间 AGV 与机器双资源集成调度问题[J]. Journal of Central South University, 2021, 28 (8): 2423-2435.

[74] 邹裕吉，宋豫川，王毅，等．基于离散型鲸鱼优化算法的 AGV 与机器集成调度方法[J]. 重庆大学学报，2022，45 (6)：55-74.

[75] Fontes D B, Homayouni S M. Joint production and transportation scheduling in flexible manufacturing systems [J]. Journal of Global Optimization, 2018, 74 (4): 879-908.

[76] Reddy S N, Ramamurthy D V, Prahlada K. Simultaneous scheduling of machines and AGVs using crow search algorithm [J]. Manufacturing Technology Today, 2018, 17 (9): 12-22.

[77] Bekkar A, Belalem G, Beldjilali B. Iterated greedy insertion approaches for the flexible job shop scheduling problem with transportation times constraint [J]. International Journal of Manufacturing Research, 2019, 14 (1): 43-66.

[78] Chaudhry I, Rafique A, Elbadawi I, et al. Integrated scheduling of machines and automated guided vehicles (AGVs) in flexible job shop environment using genetic algorithms [J].

International Journal of Industrial Engineering Computations, 2023, 13 (3): 343-362.

[79] Abderrahim M, Bekrar A, Trentesaux D, et al. Bi-local search based variable neighborhood search for job-shop scheduling problem with transport constraints [J]. Optimization Letters, 2020, 16 (1): 1-26.

[80] Homayouni S M, Fontes D B, Gonçalves J F. A multistart biased random key genetic algorithm for the flexible job shop scheduling problem with transportation [J]. International Transactions in Operational Research, 2023, 30 (2): 688-716.

[81] 伍乐，宋豫川，吕向飞，等. 基于差分进化算法的 FMS 中机器与 AGV 同时调度方法 [J]. 重庆大学学报, 2021, 44 (12): 116-129.

[82] 徐逸凡，张利平，唐秋华，等. 求解带 AGV 柔性作业车间调度问题的改进灰狼算法 [J]. 工业工程, 2021, 24 (6): 25-33.

[83] 李西兴，杨道明，李鑫，等. 基于混合遗传鲸鱼优化算法的柔性作业车间自动导引车融合调度方法[J]. 中国机械工程, 2021, 32 (8): 938-950, 986.

[84] 陈魁，毕利，王文雅. 柔性作业车间 AGV 与机器双资源集成调度研究[J]. 系统仿真学报, 2022, 34 (3): 461-469.

[85] 胡晓阳，姚锡凡，黄鹏，等. 改进迭代局部搜索算法求解多 AGV 柔性作业车间调度问题[J]. 计算机集成制造系统, 2022, 28 (7): 2198-2212.

[86] Liu Q H, Wang N J, Li J, et al. Research on flexible job shop scheduling optimization based on segmented AGV [J]. CMES-Computer Modeling in Engineering and Sciences, 2023, 134 (3), 2073-2091.

[87] 孙爱红，雷琦，宋豫川，等. 基于深度强化学习求解作业车间机器与 AGV 联合调度问题[J]. 控制与决策, 2024, 39 (1): 253-262.

[88] Zhang F, Li J. An improved particle swarm optimization algorithm for integrated scheduling model in AGV-served manufacturing systems [J]. Journal of Advanced Manufacturing Systems, 2018, 17 (3): 375-390.

[89] Xu W, Guo S. A multi-objective and multi-dimensional optimization scheduling method using a hybrid evolutionary algorithms with a sectional encoding mode [J]. Sustainability, 2019, 11 (5): 1329.

[90] 刘二辉，姚锡凡，陶韬，等. 基于改进花授粉算法的共融 AGV 作业车间调度[J]. 计算机集成制造系统, 2019, 25 (9): 2219-2236.

[91] 戴敏，张玉伟，曾励. 绿色作业车间机器与 AGV 的集成调度研究[J]. 南京航空航天大学学报, 2020, 52 (3): 468-477.

[92] Zhang G, Hu Y, Sun J, et al. An improved genetic algorithm for the flexible job shop scheduling problem with multiple time constraints [J]. Swarm and Evolutionary Computation, 2020, 54: 100664.

[93] Wang H, Sheng B, Lu Q, et al. A novel multi-objective optimization algorithm for the integrated scheduling of flexible job shops considering preventive maintenance activities and transportation processes [J]. Soft Computing, 2021, 25 (4): 2863-2889.

[94] Tan W, Yuan X, Huang G, et al. Low-carbon joint scheduling in flexible open-shop

environment with constrained automatic guided vehicle by multi-objective particle swarm optimization [J]. Applied Soft Computing, 2021, 111: 107965.

[95] Liu Z C, Reddy Q, Wang L, et al. The low-carbon scheduling optimization of integrated multispeed flexible manufacturing and multi-AGV transportation [J]. Processes, 2022, 10 (10): 1944.

[96] 邹裕吉，宋豫川，王馨坤，等．自动导向小车与加工设备多目标集成调度的聚类遗传算法[J]．中国机械工程，2022，33（1）：97-108.

[97] 李稚，周双牛．面向绿色智能制造的高维多目标动态作业车间调度优化[J]．运筹与管理，2023，32（1）：47-53.

[98] 马千慧，梁晓磊，刘星雨，等．多 AGV 和机器集成的多目标柔性作业车间调度研究[J]．计算机工程与应用，2023，59（1）：278-290.

[99] Zhang Y, Guo Z, Lv J, et al. A framework for smart production-logistics systems based on CPS and industrial IoT [J]. IEEE Transactions on Industrial Informatics, 2019, 14 (9): 4019-4032.

[100] Guo Z, Zhang Y, Zhao X, et al. Cps-based self-adaptive collaborative control for smart production-logistics systems [J]. IEEE Transactions on Cybernetics, 2021, 51 (1): 188-198.

[101] Wolpert D H, Macready W G. No free lunch theorems for optimization [J]. IEEE Transactions on Evolutionary Computation, 1997, 1 (1): 67-82.

[102] Carvalho D M, Jans R, de Araujo S A, et al. A heuristic approach for the integrated production-trans-portation problem with process flexibility [J]. Les Cahiers du GERAD ISSN, 2022, 711: 2440.

[103] Tajbakhsh Z, Fattahi P, Behnamian J. Multi-objective assembly permutation flow shop scheduling problem: a mathematical model and a meta-heuristic algorithm [J]. Journal of the Operational Research Society, 2014, 65 (10): 1580-1592.

[104] Xiong H, Shi S, Ren D, et al. A survey of job shop scheduling problem: the types and models [J]. Computers & Operations Research, 2022, 142: 105731.

[105] Johnson S M. Optimal two-and three-stage production schedules with setup times included [J]. Naval Research Logistics Quarterly, 1954, 1 (1): 61-68.

[106] Zhang J, Ding G, Zou Y, et al. Review of job shop scheduling research and its new perspectives under Industry 4.0 [J]. Journal of Intelligent Manufacturing, 2019, 30 (4): 1809-1830.

[107] Pezzella F, Morganti G, Ciaschetti G. A genetic algorithm for the flexible job-shop scheduling problem [J]. Computers & Operations Research, 2008, 35 (10): 3202-3212.

[108] Stadtler H. Supply chain management—an overview [J]. Supply Chain Management and Advanced Planning, 2008: 9-36.

[109] 徐云琴．含配送机器人的柔性车间调度问题研究［D］．上海：上海理工大学，2019.

[110] Bilge U, Ulusoy G. A time window approach to simultaneous scheduling of machines and material handling system in an FMS [J]. Operations Research, 1995, 43 (6), 1058-1070.

[111] Mirjalili S. Moth-flame optimization algorithm：A novel nature-inspired heuristic paradigm [J]. Knowledge-Based Systems，2015，89：228-249.

[112] Mirjalili S. SCA：a sine cosine algorithm for solving optimization problems [J]. Knowledge Based Systems，2016，96：120-133.

[113] Yang X S. Firefly algorithms for multimodal optimization [M]. Berlin：Heidelberg，2009，169-178.

[114] Jain M，Singh V，Rani A. A novel nature-inspired algorithm for optimization：Squirrel search algorithm [J]. Swarm and Evolutionary Computation，2019，44：148-175.

[115] 惠海波，张玲华. 基于改进模拟退火的 DV-Hop 定位算法[J]. 计算机工程与设计，2022，43（10）：2711-2717.

[116] Lu P，Wu M，Tan H，et al. A genetic algorithm embedded with a concise chromosome representation for distributed and flexible job-shop scheduling problems [J]. Journal of Intelligent Manufacturing，2018，29（1）：19-34.

[117] Wu M，Lin C，Lin C，et al. Effects of different chromosome representations in developing genetic algorithms to solve DFJS scheduling problems [J]. Computers & Operations Research，2017，80：101-112.

[118] De G L，Pezzella F. An improved genetic algorithm for the distributed and flexible job-shop scheduling problem [J]. European Journal of Operational Research，2010，200（2）：395-408.

[119] 吴锐，郭顺生，李益兵，等. 改进人工蜂群算法求解分布式柔性作业车间调度问题 [J]. 控制与决策，2018，15（4）：1-11.

[120] 张素云，杨勇生，梁承姬，等. 自动化码头多 AGV 路径冲突的优化控制研究[J]. 交通运输系统工程与信息，2017，17（2）：83-89.

[121] 泰应鹏，邢科新，林叶贵，等. 多 AGV 路径规划方法研究[J]. 计算机科学，2017，44（S2）：84-87.

[122] Chen T J，Sun Y，Dai W，et al. On the shortest and conflict-free path planning of multi-AGV system based on dijkstra algorithm and the dynamic time-window method [J]. Advanced Materials Research，2013，41（5）：22-28.

[123] 邱友航. 最优路径规划的智能消防疏散系统软件设计与实现 [D]. 大连：大连理工大学，2021.

[124] 刘光才，马寅松，齐福强，等. 基于改进 A* 人工势场法的城市物流无人机路径规划 [J]. 飞行力学，2022，14（3）：1-8.

[125] Bektas T，Laporte G. The pollution-routing problem [J]. Part B Methodol（0191-2615），2011，45：1232-1250.

[126] Brandimarte P. Routing and scheduling in a flexible job shop by tabu search [J]. Annals of Operations Research，1993，41（3）：157-183.

[127] Kacem I，Hammadi S，Borne P. Approach by localization and multi-objective evolutionary optimization for flexible job-shop scheduling problems [J]. IEEE Transactions on Systems，Man & Cybernetics：Part C-Applications & Reviews，2002a，32（1）：1-13.

[128] Khare A, Agrawal S. Scheduling hybrid flowshop with sequence-dependent setup times and due windows to minimize total weighted earliness and tardiness [J]. Computers & Industrial Engineering, 2019, 135: 780-792.

[129] Zitzler E, Deb K, Thiele L. Comparison of multi-objective evolutionary algorithms: empirical results [J]. Evolutionary Computation, 2000, 8 (2): 173-195.

[130] Neri F, Cotta C. Memetic algorithms and memetic computing optimization: A literature review [J]. Swarm and Evolutionary Computation, 2012, 2: 135-187.

[131] 白朝阳，张昊楠，苗琪琪，等．基于 GEP-DES 的柔性流水车间机器与 AGV 集成实时调度方法[J]．计算机集成制造系统，2023，29 (12)：4161-4174.

[132] Ding H D, Cao X G, Wang Z S, et al. Velocity clamping-assisted adaptive salp swarm algorithm: balance analysis and case studies [J]. Mathematical Biosciences and Engineering, 2022, 19 (8): 7756-7804.

[133] Bean J C. Genetic algorithms and random keys for sequencing and optimization [J]. ORSA Journal on Computing, 1994, 6 (2), 154-160.

[134] 王子实，吴耀华．基于差分进化算法的 FMS 中机器与多载 AGV 调度 [J/OL]．控制与决策：1-9 [2024-04-02]. https: //doi. org/10. 13195/j. kzyjc. 2023. 0597.

[135] 耿凯峰，叶春明．带工序跳跃的绿色混合流水车间机器与 AGV 联合调度[J]．控制与决策，2022，37 (10)：2723-2732.

[136] 贺长征，宋豫川，雷琦，等．柔性作业车间多自动导引小车和机器的集成调度[J]．中国机械工程，2019，30 (4)：438-447.

[137] 鲍秀麟，张惠珍，马良，等．考虑公众风险的多目标医疗废物选址路径问题及樽海鞘算法求解 [J]．计算机应用研究，2023，40 (3)：710-716.

[138] 袁帅鹏，李铁克，王柏琳．多目标炼钢—连铸生产调度的改进带精英策略的快速非支配排序遗传算法[J]．计算机集成制造系统，2019，25 (1)：115-124.

[139] 姚远远，叶春明．考虑节能的改进多目标樽海鞘群算法 TFT-LCD 面板阵列制程调度问题[J]．中国机械工程，2019，30 (24)：2994-3003.

[140] An Y J, Chen X H, Hu J W, et al. Joint optimization of preventive maintenance and production rescheduling with new machine insertion and processing speed selection [J]. Reliability Engineering & System Safety, 2022, 220: 108269.